從比較的觀點
看念住的實修方法

Perspectives on *Satipaṭṭhāna*

無著比丘（Bhikkhu Anālayo）著

釋心承、劉雅詩、呂文仁 譯

通序

1994 年，本校創辦人聖嚴法師（1930-2009）為提供中華佛學研究所之各種研究成果以及各種獎助或補助的佛學相關著作，給學術界與社會大眾參考使用，精選出版《中華佛學研究所論叢》（*Series of the Chung-Hwa Institute of Buddhist Studies*，簡稱 SCIBS），希望能達到出版優良學術作品之目的外，更能鼓勵佛教研究風氣，希望由作者、讀者的互動中能培養更多有志於佛教學術研究的人才。同時，也藉由國際各佛學研究機構的出版品相互交流，進而提高國內佛教研究的國際學術地位。

因此，2007 年，法鼓佛教學院延續中華佛學研究所 26 年辦學經驗而成立之後，也延續創辦人聖嚴法師的願望，將各種佛學研究與實踐修行成果、或研討會議論文集與研修論壇等，經過相關審查程序，依照不同性質或版型，分為《法鼓佛教學院論叢》（*Dharma Drum Buddhist College Research Series*，簡稱 DDBC-RS）、《法鼓佛教學院譯叢》（*Dharma Drum Buddhist College Translation Series*，簡稱 DDBC-TS）、《法鼓佛教學院特叢》（*Dharma Drum Buddhist College Special Series*，簡稱 DDBC-SS）等類別。

2013 年 7 月，原「財團法人法鼓人文社會學院」與「財團法人法鼓佛教學院」合併存續更名為「法鼓學校財團法人」。2014 年 8 月，教育部通過兩校合併申請，校名為「法鼓文理學院」（Dharma Drum Institute of Liberal Arts，縮寫 DILA）。原來「法鼓佛教學院」繼續以「法鼓文理學院佛教學系博士、

碩士、學士班」的名義招生。原來「法鼓人文社會學院」則以「法鼓文理學院人文社會學群」的名義招生，將於 2015 年春季開始招收「生命教育」、「社區社群再造」、「社會企業與創新」、「環境與發展」等四個碩士學位學程學生。因此，原來的各類叢書，也更名為《法鼓文理學院論叢》(*Dharma Drum Institute of Liberal Arts Research Series*，簡稱 *DILA-RS*)、《法鼓文理學院譯叢》(*Dharma Drum Institute of Liberal Arts Translation Series*，簡稱 *DILA-TS*)、《法鼓文理學院特叢》(*Dharma Drum Institute of Liberal Arts Special Series*，簡稱 *DILA-SS*)，可以更多元的發展學術出版成果。

為因應 Web 2.0 時代，繼續結合網際網路 (Internet) 與資訊數位化出版趨勢，於 2018 年，我們新開闢《法鼓文理學院 e 叢》(*Dharma Drum Institute of Liberal Arts eBooks Series*，簡稱 *DILA-eS*)，希望讓成果能更快分享 (share) 與互動 (interactive)，讓資訊內容可因使用者的參與 (participation) 而隨時產生，發展為更具互動性與分享性之開放性學術研究環境 (或許可稱為 Science 2.0)，進而產生更豐富的數位人文資源，則是我們應該持續努力的目標。

法鼓文理學院校長

2018 年 6 月 5 日序於法鼓文理學院

推薦序

　　無著比丘這本新書是建立在其先前的開創性著作——《念住：通往證悟的直接之道》之上，藉由探討在這部重要經典的巴利和漢譯本中所教導的念住修習，擴大了我們對這殊勝教法的認識。其出色的學術研究結合了對禪修的深度瞭悟，為佛陀教授的解脫修行提供了珍貴的指導。本書並不是為初學者所做的念住之概要介紹；相反地，這本著作以深入的研究與審查，對於如何能理解苦因和實現解脫的可能性，提供了全面且微妙的分析。

約瑟夫・戈德斯坦（Joseph Goldstein）
美國麻州巴里市內觀禪修社共同創辦人
著有 *Mindfulness: A Practical Guide to Awakening*

　　無著比丘說明了在三個傳統中對念住實修的教導，有些部分一致，有些則不相同。這些差異通常是趣味盎然，帶給我們新的觀點，同時由不同傳統的一致說法中，確認口誦教導的真實性，以及得以肯定其確為佛陀實際教誨的可能性。對於已有經驗的，追求實相的人——希望更深入、更細微地進入此一佛法核心的念住法門修行者來說，這本書會很有助益。

卡瑪拉希拉（Kamalashila）
英國威爾士金剛燈禪修中心共同創辦人
著有 *Buddhist Meditation: Tranquility, Imagination and Insight*

　　無著比丘的著作是無懈可擊的學術和修行寶典,對佛陀原始教法提供了明智、豁達、深刻的理解。他的作法對現代佛法圈帶來了深具啟發性的貢獻。

傑克·康菲爾德（Jack Kornfield）

美國加州伍德克爾市靈岩禪修中心創辦教授師

著有 *The Wise Heart*

　　無著比丘為我們提供了偉大的學術和睿智巨著,對於任何願意認真學習,或是建立念住修習的人而言,將有殊勝的助益。

雪倫·薩爾伯格（Sharon Salzberg）

美國麻州巴里市內觀禪修社共同創辦人

著有 *Lovingkindness*

致謝詞

我必須要感謝傑克・戴維斯（Jake Davis）、法施比丘尼（Bhikkhunī Dhammadinnā）、阿爾多・多梅尼柯（Aldo di Domenico）、西恩・法戈（Sean Fargo）、羅伯特・古德曼（Robert Goodman）、卡瑪拉西拉（Kamalashila）、空目（Michael Running）、蘇錦坤、釋心承、米什瓦帕尼（Vishvapani），和達維斯瓦里（Dhatvisvari），他們幫助我改善我的表達。本書的任何缺失，則皆應歸咎於我個人的愚癡。

以安立念住隨觀身，精勤、正知且具念，
調伏世間貪欲和憂惱。
同樣地以此方式……隨觀受……隨觀心……隨觀法。
這就是讓自己如島嶼般倚靠自己，
讓法如島嶼般倚靠法，
沒有其他島嶼，也沒有其他依靠。

前言

　　這本書是我先前的研究《念住：通往證悟的直接之道》的後續作品。[1] 本來我只是想修訂我早期的專著，但是後來，很明顯地，出版一本新的著作是比較好的方案。這本著作和先前研究之間的主要差異，在於我詳細討論保存於其他佛教傳統中與《念住經》對應的經文。以此方法，在這部著作裡，透過比較研究巴利經文的對應版本——其中主要為漢譯版，以及梵文和藏文版本——所呈現的觀點，我探討修行的各種議題。雖然我以學術研究方法表達經文，而且在部分討論中我需要處理較為理論性的議題，但是整體而言，這本書是為修行者所寫的，如何能對禪修實踐有幫助，是我這個研究的出發點。[2] 以本書開首的引文來說，對於我們實際進行禪修時所依止的念住禪修中的「佛法」的理解，我希望能做出少許貢獻。[3]

　　由於這部著作是我早前著作的續篇，我並不會全面涵蓋所有相關主題、原始資料來源和二手文獻。相反地，我選擇討論我認為對實修具有重要性者，並對之前著作做補充。因此須要對於我之前著作有基本認識，才能明白我在這本書中的論述。

---

[1]　Anālayo 2003b.

[2]　針對學術性讀者的《念住經》比較研究可參考 Anālayo 2011a: 73-97，這文章提供了比這部著作更詳細的參考和相關的二手研究文獻。

[3]　這引文取自 SĀ 639 at T II 177b3，有別於對應經典 SN 47.14 在 SN V 164,30（譯自 Bodhi 2000: 1645），明示每一念住修習都是於內、於外的以及同時於內和於外隨觀。另一差異是 SN 47.14 將法和自己當成自身的「歸依」。

　　我的探究是基於上座部巴利經藏《中部》的《念住經》引文，以及不同佛教宗派所弘揚的兩段主要對應經文。這兩段對應經文現存於漢譯《中阿含經》和《增一阿含經》。在本書最後的第十三章，提供了三個版本的經文。[4] 除了《念住經》和兩段對應經文之外，其他經文對念住修習也提供了重要的指引。我儘可能加入具代表性的精選文獻，包括主要取自漢譯《阿含經》的翻譯，另外也間有取自梵文殘卷或藏譯對應經文。據我所知，這些經文大部分到目前為止還未譯成英文。以下所有的英文翻譯都是由我所做的。

　　在翻譯保存於漢語和其他語言的對應版本時，我無意與巴利藏相比而對經典的相對價值做出任何評價。相反地，我提供的這些翻譯是一種善巧方便，使讀者能獲得對應版本的直接印象。由於缺乏翻譯的緣故，對一般讀者而言，保存於漢譯《阿含經》文本的豐富價值，大部分都是接觸不到的。因此我嘗試提供至少相關經文的選譯。在我翻譯的註腳中，我提供了巴利相關經文的標準英譯作參考，以便比較超出我選擇性觀察下所提供的對應經文差異。

　　除了經典中的資料外，不同部派的阿毘達磨或論典文獻也存有幾個相關原文做比較研究。一般而言，這些文獻比早期經典出現得晚，不過有些文獻也保存了一些早期的佛法教導。由於我主要關注於早期經典所提供的資料，所以較少討論其他文

4　我的翻譯完全依據 CBETA 版本，有時採用 CBETA 團隊建議的不同讀本或修正。由於本書是針對一般讀者，所以在我的譯文中並沒有標明這類狀況，僅表明我對該段經文的修正。

獻。[5] 這並非意圖評斷那些文獻的價值，只是反映出我儘量以
探究做為反映一般佛教思想史上最初階段文獻類型的最早期
經典為優先。以此方式，我希望能提供一個參照點，以便其他
人能詳述後期傳統對念住修習所做的重要貢獻。

　對應《中部》的《念住經》的兩部漢譯經典——《中阿含
經》和《增一阿含經》，均源於不同的佛教部派。《中阿含經》
很有可能是由說一切有部傳誦者所弘揚的。《增一阿含經》的
部派淵源則稍為不確定，經常被認為是大眾部的傳承。這兩部
經典均於公元四世紀末被譯成漢語。以下有些選譯段落取自可
能由法藏部傳誦者所弘揚的《長阿含經》，以及取自似乎是由
根本說一切有部傳統內部所弘揚的《雜阿含經》。有關梵文殘
卷，很有可能屬於說一切有部或根本說一切有部；幾乎所有藏
譯文獻都來自根本說一切有部傳承。

　一般而言，沒有任何一部《阿含經》或《尼柯耶》可以毫
無爭議地在歷史上被確認為比其他更早。每一部經典結集都含
有早期和後期的資料，認為某一部結集原則上比其他為早，是
把它過於簡化了。[6] 同樣的情況也適用於經典長度上，雖然在
口誦傳承時期有擴增或增補經典的傾向，導致幾部較長的經典
明顯是結合了來自不同地區出處的資料，但是這並不意味長篇
經典一定是後期的，而簡短的經典必定是早期的。後期發展
的，也可能以既新式且簡短的經典形式呈現，這種發展並不局

5　有一例外是在《俱舍論》*Abhidharmakośabhāṣya* 中止天（Śamathadeva）
　的經典引文雜錄，D 4094 或 Q 5595，儘管事實上是論典性質，事實上
　是經典的主要出處。於下文我會定期引用這個做為藏譯初期經典文獻資
　料重要出處的對應經文。
6　有關三分說（three-aṅga）主要推論的批判性審視，以及《雜阿含經》和
　《相應部》較早於其他經典結集的觀點，參見 Anālayo 2011a: 696-700。

限於長行，而是也可能以偈頌形式來表達。因此並不保證短的偈頌必為較早期的，而長行則較遲晚。這樣的過度簡單化儘管有其吸引力，但卻往往會令情況更含糊而非清晰。對於早期或後期的適當評量，首先須要對某段經文的所有現存版本做仔細的比較研究，以及須要評估對相關其他經典在同一主題的相關教法的背景，並對可能與此主題有關的佛教思想發展史上的階段多加留意。

因此保存在漢譯《阿含經》的文獻資料，原則上可以是如同四部巴利《尼柯耶》的文獻資料所稱，是佛陀以及弟子教法的真實記載，但是在實際上翻譯為漢語時，很明顯有翻譯錯誤的可能性。這在《增一阿含經》尤其顯著，它的翻譯是在戰亂中的困難處境下進行，可想而知是在一不穩定的狀態下。[7] 事實上，《增一阿含經》中相對應於《念住經》的部分有些是不規則的，有時候甚至於不一致，這很可能反映了翻譯時的艱困情況。然而，其中有部分則似乎保存了在典籍發展過程中比其他兩個經典更早的結構。

在比較對應版本時，我的目的並非重構「原本的《念住經》」。相反地，我主要嘗試探究三部經典所強調的共同教導中所呈現的觀點，繼而可以合理推論為是較早期的。[8] 這三部經典共有的文獻資料很自然地成為研究的優先，但是有些修習法雖然未見於所有版本中，仍然不失為真正的念住修習法。我沒有詳細討論這些修習法，並不是要忽略它們。相反地，我試著先把它們放在旁邊，成為那些在所有版本都出現的修習法的

---

[7] 這記載於《增一阿含經》的譯序；參見 T II 549a18。
[8] 我在此的立場是基於 Anālayo 2012c，文中我討論早期經典的歷史價值，以及經常對應指向共同早期核心的原則。

背景。換言之，為了反映《念住經》對應經典而做比較研究的複雜情況，我提出一個三維觀點，以避免非黑即白地在接受和拒絕之間無所適從。如是，在不同經典版本相傳至今的文獻資料，可以不同方式各安其位，以反映它們各自在修行上和更接近最原始版本的可能程度上的重要性。

從學術觀點來看，根本不可能重構歷史上佛陀曾說過什麼。[9] 不過，在我們所掌握的有限文獻裡，早期經典的比較研究，讓我們盡可能還原特定教導的原始版本，從而為認識佛教中最早的關於念住禪修的思想開啟了一扇窗。若我們以此最早期的教導做為不同佛教部派和傳統的共同起點，我希望我的研究可以引起不同佛教傳統信眾的興趣。為了表達這一共同點，我傾向儘量探討在不只一個部派經典的文獻都可見到的資料做依據。在少數情況下我偏離這方向時，我會提醒讀者我所討論的經文只保存於某一個傳統中。

當一段經文只見於巴利經藏時，因為缺乏對應經典導致無法做出明確的定論。漢譯的《阿含經》內容源自不同部派，因此這種缺乏對應經典的狀況，可能只是由於其他任何部派沒有像上座部所留下的完整經典結集。不過，在對應經典存在的情況下，巴利版本和對應版本之間的差異讓我們可以做出結論。事實上，透過比較對應版本，經典傳誦時的訛誤可被發現。

在以下章節的選譯中，我試圖避免性別化術語，以確保我的表達不會造成只是針對男性修行者的印象。原本經文通常只有一位比丘做為主要人物，在書末列出的三部經典，我保留了完整譯文的原文表述，在我翻譯能力範圍內，令讀者看到盡可

9　我修訂前本書的主要改變，是以「據聞佛陀曾說」的這種敘述取代「佛陀說」的用辭表達。

能忠於原典的譯文。然而穿插在我研討的選譯段落中，我以
「……行者」取代「僧人」，以確保禪修指導對任何讀者、僧
眾或俗眾、男眾或女眾，可以同等地適用。

　　本書使用的翻譯術語，在某些情況下與我之前的念住專著
有所不同。我決定採用一般的翻譯慣例，將 *saññā*（想）譯為
「perception」，[10] 並將 *paṭicca samuppāda*（緣起）譯為
「dependent arising」。在由漢譯典籍譯成英文時，為了便於
比較，我採用巴利術語，而並非我對其譯成漢語前的原始版本
有任何立場。例外的術語如「佛法」（Dharma）和「涅槃」
（Nirvāṇa），二者在西方出版品中都被普遍使用。

---

[10] Potter 1996: 128 譯為「(conceptual) identification」（概念）認同，在我看
來適切掌握到 *saññā*（想）的微細差別。但我理解使用譯語與大多數出版
品採用的標準翻譯不同時，結果只會對大多數讀者造成更多困擾，所以
我決定依循 Skilling 1997: 477 n.31 設定的前例，續用既定用法「perception」
（想）。

從比較的觀點看念住的實修方法

目次

通序 3

推薦序 5

致謝詞 7

前言 9

圖表目次 22

第一章　念住的面向 23

　　一、「直接之道」 24

　　二、念住的「定義」 29

　　三、念住的「重誦」 32

　　四、結語 36

第二章　念住 37

　　一、失卻念住 37

　　二、防護性的念住 40

　　三、念住做為守門人 44

　　四、念住和記憶 46

　　五、結語 54

第三章　身隨觀 55

　一、僅見於一個版本的身隨觀 56

　　（一）隨觀身孔 56

　　（二）對治不善心念 57

　　（三）領受四禪 58

　　（四）光明想和觀相 60

　二、見於兩個版本的身隨觀 62

　　（一）隨念呼吸 62

　　（二）姿勢和動作 66

　三、見於所有版本的身隨觀 69

　四、身隨觀的益處 71

　　（一）念定錨於身 72

　　（二）身念住和不執取 76

　五、結語 78

第四章　身分 81

　一、導言 81

　二、平衡 87

三、感官吸引的動力 89

四、感官吸引力的問題 92

五、更高層次的喜樂 96

六、結語 99

第五章　四界 101

一、導言 101

二、無我 107

三、車喻 109

四、業和無我 111

五、四界和無我 112

六、四界和解脫者 113

七、結語 116

第六章　腐屍 119

一、導言 119

二、身體過患 123

三、死隨念 126

四、剎那論 127

五、識和無常 130

六、死亡的必然性 131

七、死亡天使 134

八、死之現前 136

九、結語 139

第七章　受隨觀 141

一、導言 141

二、身受和心受 143

三、俗世受和出世受 146

四、緣起 147

五、諸受的「因緣」性 151

六、值得推崇的受 154

七、諸受的本質 157

八、痛與病 158

九、諸受和正覺 160

十、結語 165

第八章　心隨觀 167

一、導言 167

二、善心和不善心 171

三、對治不善念 174

四、念頭逐漸止息 180

五、心的正向狀態 184

六、心的解脫 187

七、結語 188

第九章　法隨觀 191

一、僅見於一個版本的法隨觀 191

（一）四禪 191

（二）五蘊 196

（三）四聖諦 198

二、見於兩個版本中的法隨觀 200

（一）六入處 200

三、在所有版本找到的法隨觀 202

四、結語 203

第十章　諸蓋 205

一、導言 205

二、念和煩惱 206

三、斷除諸蓋 209

四、諸蓋對治法 211

五、諸蓋現前 214

六、諸蓋的出現與消失 218

七、結語 224

第十一章　諸覺支 225

一、導言 225

二、諸覺支和諸蓋 229

三、長養諸覺支 235

四、覺支現前 239

五、療癒與諸覺支 242

六、念住與諸覺支 245

七、轉輪王 247

八、修習覺支 249

九、結語 255

第十二章　念住禪修 257

一、入出息念教導 257

二、十六行 260

三、十六行和四念住 263

四、修習十六行 265

五、一個靈活的修行方法 266

六、三念住 270

七、念住與平衡 274

　　八、念住與解脫 277

　　九、結語 283

第十三章　《念住經》 285

　　一、《中部》 285

　　二、《中阿含經》 303

　　三、《增一阿含經》 310

參考書目 317

縮語表 337

索引 339

圖表目次

表 1.1 綜觀《念住經》和對應經典 23

表 3.1 身隨觀 55

表 7.1 受隨觀 143

表 8.1 心隨觀 169

表 9.1 法隨觀 191

表 10.1 五蓋不食 213

表 10.2 五蓋現前 217

表 10.3 五蓋影響 220

表 10.4 五蓋困境 222

表 11.1 對治呆滯和擾動 234

表 11.2 七覺支之滋養食 238

表 11.3 覺支現前 242

圖 11.1 修習覺支基本面向 250

圖 11.2 綜觀覺支修習 252

第一章　念住的面向

　　做為探究念住各種觀點的起始點,我想提供在我的探究中所使用的三部主要經典版本的綜述:《中部》的《念住經》和分別在《中阿含經》、《增一阿含經》的兩段漢譯對應經典。在表 1.1,我列出在這三部版本中的修習,以便提供對應經典間差異上的初步印象。四種念住列於左側,每種念住的右側是這三部版本中的對應隨觀法,次第上是由簡至繁。

表 1.1 綜觀《念住經》和對應經典

念住	《增一阿含經》	《中部》	《中阿含經》
身	身分 四界 身有諸孔 死屍	出入息 姿勢 動作 身分 四界 死屍	姿勢 動作 治斷惡不善念 以心治心 出入息 領受四禪 光明想 觀相 身分 六界 死屍
受	3 受和 6 受	3 受和 6 受	3 受和 18 受

心	12 對心	8 對心	10 對心
法	七覺支 四禪那	五蓋 五蘊 六入處 七覺支 四聖諦	六入處 五蓋 七覺支

　　概觀表1.1可見三部對應版本在身隨觀和法隨觀有相當大的差異，這些和其他種種差異將是接下來章節中陸續探討的主題。

　　在此章節中，我首先審視念住的三個整體面向。我會從念住是「直接之道」的表達開始，接著我檢視經典中被我稱作「定義」和「重誦」部分的差異，下一章節我探究念的重要性，隨後的章節則致力於探討念的修習，即表1.1列出的念住禪修練習。

一、「直接之道」

　　三部經典的前言行文如下：
《中部》：

　　這是一條直接之道，可以清淨眾生，可以超脫憂傷和悲歎，可以減除苦與不滿，可以得取正法，可以實證涅槃，名為四念住。

《中阿含經》：

有一道淨眾生，度憂畏，滅苦惱，斷啼哭，得正法，謂：
四念處。

《增一阿含經》：

有一入道，淨眾生行，除去愁憂，無有諸惱，得大智慧，
成泥洹證。所謂：當滅五蓋，思惟四意止。

在這三個版本中的經文的基本涵意是相同的：念住是清淨
之道。[1] 此道在中文翻譯是稱作「一」道或「一入」道，據我
所知，譯文是對應於巴利版本 *ekāyana* 一詞。

儘管註釋傳統設想這用詞有各種微細差別，[2] 基於這用詞
在念住架構以外其它經文中的用法，我選擇「直接之道」這意
思，此可見於《獅子吼大經》和漢譯《增一阿含經》的部分對
應經文。在下文中為《增一阿含經》版本的相關部分：[3]

猶如去村落不遠有大池，水極清徹。若有人直從一道
來，有目之士遙見斯人來，知此人必至池水不疑。[4]

---

1 早期佛教對清淨概念更詳細的討論，參見 Anālayo 2012f。
2 參見 Anālayo 2003b: 27 的檢視和 Gethin 1992: 59-66 的討論。
3 EĀ 50.6 at T II 812a27-812b1.
4 對應經典 MN 12 at MN I 76,28（譯自 Ñāṇamoli 1995:172），較詳細描述
 水池的吸引性，指出水的清涼和池岸的平坦舒適，近傍有茂密樹叢。

《獅子吼大經》另外指出這人走向水池的直接之道
（*ekāyana*），是受迫於炎熱和口渴，[5] 導致對於邁向水池的期
望更為強烈，令整個比喻變得生動。這兩個版本接著描寫觀察
者隨後看到此人確實到達水池邊並沐浴。

對於理解直接之道（*ekāyana*）在早期佛教的用法，這比
喻是相當重要的，因為它與禪修沒有直接關聯，所以能顯現出
這用語在早期佛教文本一般如何使用。從這經文顯露出來的意
義，是說通往水池的一條直接之道，所以 *ekāyana* 表示「一條
直接之道」。

有些學者曾經提出理解 *ekāyana* 用詞的其它方法，考量在
佛教傳統之外的古印度典籍裡的對應用語，他們建議這詞有傳
達「聚集點」、「匯集點」或「統一」的意思。[6] 從這意義來
理解，《念住經》和對應經典所引介的念住之道，是為各種修
習的匯聚處，最終邁向一條統一或整合之道。

此一論點從實修的觀點上有其吸引力，因為它提醒我們在
初期佛教思想中，念住是諸多修習法其中之一，也必然是八正
道修習架構中所不可或缺。然而我認為，初期經典並沒有支持
念住做為一個匯集點的詮釋。雖然考量一個特定詞彙在古印度
典籍裡通用的含義是重要的，但是必須確認此一含義是否同樣
適用於初期佛教經典。

聚集或匯集的概念的確在初期經典裡出現，但與念住無
關。在《增支部》中有一部經典提到慧力為五根的聚集點，此

---

5   MN 12 at MN I 76,29.

6   Kuan 2001: 164 和 Nattier 2007: 196-9；亦參考 Sujato 2005: 177-86 詳述其
    類似的論點，試圖說明念住主要是做為輔助禪那的修習，在我看來並不
    具說服力。

五根含攝念根，其作用猶如屋頂。[7] 雖然這部經似乎並未有相
對應經典，但說明慧做為其他諸根的聚集點，猶如屋頂穩定其
他椽木的作用，於《相應部》和《雜阿含經》中也出現過。[8] 從
這比喻來看，如果要挑選一根做為「聚集點」，所選的是慧。
對比之下，念是匯聚慧的諸根之一，它是諸椽木之一，而並非
屋頂或聚集點。

　　《四十大經》及其對應經典也顯現出同樣的微細差別，經
中將八正道加上正智和正解脫而擴展成阿羅漢的十支。[9] 也就
是說，正智和正解脫是為慧學的代表，也是各種修習的聚集
點，綜合而成為一條整合之道。在初期佛教的觀點上，另一段
經文表明，一切法以解脫為本質。[10] 換句話說，在初期佛教思
想中，解脫可被視為各種修行的聚集點。總之，就我所知，在
初期經典中，念住並未被視為其他修習的聚集點。取而代之，
念住是匯集智慧和解脫的眾多修習之一。

　　聚集的意涵也不適用於《獅子吼大經》和其對應經典中的
比喻，經中描述的狀況是直接通往水池的一條道路，這比喻中
似乎未暗示此道路是其他路徑的聚集點。

---

[7]　AN 5.12 at AN III 10,7（譯自 Bodhi 2012: 636）。

[8]　參照 SN 48.52 at SN V 228,17（譯自 Bodhi 2000:1696），對應經典 SĀ 654
　　at T II 183b21。

[9]　MN 117 at MN III 76,1（譯自 Ñāṇamoli 1995:938），對應經典 SHT V 1125
　　R3, Sander and Waldschmidt 1985: 120, SHT VIII 1919 A1, Bechert and
　　Wille 2000: 100, MĀ 189 at T I 736b20，以及 D 4094 *nyu* 46b4 或 Q 5595
　　thu 86b2。

[10]　AN 8.83 at AN IV 339,8（譯自 Bodhi 2012: 1232），對應經典 MĀ 113 at T
　　I 602c12 有類似說法；亦參照 T 59 at T I 855c15。

　　若要與《獅子吼大經》和對應經典中的比喻相符，其概念
應為一條道路僅通往一個清楚方向。然而這並不適用於念住禪
修，因其具有多種利益。單是第一念住身隨觀就能有各種成
果，包括從克服不滿到體驗深定，以及內觀成就（我在第三章
將有更詳盡的討論）。舉阿那律尊者的例子來說，在初期經典
中，他常與修習念住有密切關係。根據《相應部》和《雜阿含
經》的對應經典，阿那律的種種成就，包括深定中獲得的神通
以及斷盡煩惱的解脫觀智，都是他修習念住的成果。[11] 因此念
住不僅是通往一個方向而已；相反地，念住是通往多個方向的
一種修習，因為它可做為修持慧與定的基礎。

　　簡言之，雖然非傳統的翻譯確實豐富了我們對 *ekāyana* 這
字詞的理解，在我看來，「直接之道」是最適合經典原意的用
法。從《雜阿含經》中的一段經文可以支持此議，透過對應巴
利詞語 *ekāyana* 的對隨念功能的表達，此經強調六隨念，指出
其意涵為一條「一乘道」。[12]

　　將此概念放在目前討論的文本上，我對念住的理解便是淨
化心意的直接之道，由此邁向解脫。在此，念住可直接發慧，

---

[11] SN 52.3 at SN V 298,5（譯自 Bodhi 2000: 1754）和對應經典 SĀ 537 at T II
139c22 記述阿那律獲得神通智是修習念住的成果。註釋書 Spk III 262,6
說明這涉及六種神通智：即神通力、天耳通、他心通、宿命通、天眼通
和漏盡通。

[12] SĀ 550 at T II 143b22+29（使用這翻譯術語的第一例，參考 Nattier 2007:
187f；Harrison 2007: 208 提出一乘道第二例，佐證 *ekāyana* 做為傳達筆
直方向的理解。）雖然巴利對應經典 AN 6.26 at AN III 314,22（譯自 Bodhi
2012: 885）並沒有使用 *ekāyana* 特定詞，對應梵文殘卷 MS 2380/1/1+2 r1,
Harrison 2007: 202 也談到 *ekāyano mārgaḥ*，但可惜沒有保存經文部分對
應於一乘道的解說。

因為它直接面對行者當下的經驗，揭示種種特性。直接面對自身當下的狀況，正是成就修習者在道上前進，做為個人在正式修行和日常生活中應該維持的適當態度。總之，我的觀點是，念住禪修的核心面向是以覺知直接面對事物。

二、念住的「定義」

我稱為「定義」的部分精要地概述了念住的修習，此定義在三個對應版本的行文如下：

《中部》：

> 何者為四〔念住〕[13]？在此……行者於身安住於隨觀此身，精勤、正知、具念、毋有世間的貪與憂。於受……心……法，他安住於隨觀諸法，精勤、正知、具念、毋有世間的貪與憂。

《中阿含經》：

> 云何為四？觀身如身念處，如是觀覺、心、法如法念處。

《增一阿含經》：

> 云何思惟四意止？於是，比丘內自觀身，除去惡念，無

13　編案：引文中的中括號〔〕，是在原文中有節略的部分，參見本書頁285說明。

有愁憂；外自觀身，除去惡念，無有愁憂；內外觀身，除去惡念，無有愁憂。內觀痛痛而自娛樂，外觀痛痛，內外觀痛痛；內觀心而自娛樂，外觀心，內外觀心；內觀法，外觀法，內外觀法而自娛樂。

對比上述經文，《中部》和《增一阿含經》版本均指出明確的心理平衡是念住的一個關鍵特點，以「毋有世間的貪與憂」或「除去惡念，無有愁憂」來表達。

《增一阿含經》中提到另外的一點，即以個人「內觀……而自娛樂」，此在本經文中有多處重提，包括修習如檢視身分或死屍腐爛的不同階段也是如此。這版本亦提及於內、於外修習念住的必要，關於這一點，在對應版本中只有在我稱為「重誦」的經文部分有提及。尤其是《增一阿含經》這方面的類似表達，可以在上座部傳統的早期阿毘達磨論典《分別論》中找到。[14]

然而《中阿含經》版本僅列出四念住，完全未提供進一步的說明。考慮到有許多其他經典皆提到念住修習須結合念與精勤、正知，以及放下世間貪欲和憂惱，此缺少的部分值得注意。這些經文出現在各種不同的文本裡，並不局限於對念住的詳細解說。就像在《增一阿含經》版本中，經常出現這類經文明確說到念住應於內、於外和於內外修習，同樣的說明也出現在《長阿含經》和《雜阿含經》裡，[15] 以四念住為主題的梵文殘卷

---

[14] Vibh 193,2（譯自 Thiṭṭila 1969: 251）。

[15] DĀ 4 at T I 35c27 和 SĀ 639 at T II 177b3（上述翻譯見本書開頭）。

中，[16] 還有在梵文《大般涅槃經》的殘卷裡。[17] 而在初期經典的範圍以外來看，同樣亦可見於說一切有部和法藏部傳統的阿毘達磨論典，如《法蘊足論》和《舍利弗阿毘曇論》，[18] 以及瑜伽行派的《聲聞地》。[19] 在其他典籍中如《決定義經》、[20]《十地經》[21] 和《般若波羅蜜多》也有出現。[22]

審視這些佐證《念住經》「定義」表達形式的經文，《中阿含經》版本中所欠缺的對應經文或許就不如乍看時那麼重要了。也就是說，雖然《念住經》的這部分並沒有以此方式在其他兩部對應經典中出現，它仍可能反映了念住禪修之基本面向的一種早期形式。

因此我的結論是要正確修持念住，似乎的確需要持續不斷的努力，這對應於「精勤」的素質，或是說「熱切」。這種念住須要結合「正知」或「正智」，以正念來理解當下心中所現起的繫縛，這種結合所導向的平等心，不為世間貪欲、憂惱或頹喪所擾動。

16　SHT I 614 aV+R, Waldschmidt 1965: 272，亦參考 Pischel 1904: 1143, SHT III 862 V+R, Waldschmidt 1971: 111, SHT V 1180 A+B, Sander and Waldschmidt 1985: 174，以及 SHT IX 3039, Bechert and Wille 2004: 333。

17　S 360 folio 167R and folio 173V, Waldschmidt 1950: 15 and 18.

18　T 1537 at T XXVI 475c28 和 T 1548 at T XXVIII 613a11。

19　Shukla 1973: 299,18.

20　Samtani 1971: 28,10.

21　Rahder 1926: 38,18.

22　Dutt 1934/2000: 204,4 和 Ghosa 1914: 1427。

三、念住的「重誦」

在《念住經》每一個隨觀之後，被我稱為「重誦」的經文部分，都有提供整體重要性的教導。在《增一阿含經》版本中，這經文看來只有在隨觀受、心、法時有完整保存，我認為缺乏身隨觀經文的完整重誦是由於傳誦訛誤的結果，由於此結集翻譯於動盪的時代，這很可能會發生。因此為了對比的緣故，我將譯出三個對應版本受隨觀「重誦」的部分。經文如下：

《中部》：

於受，他安住於對內隨觀諸受……或對外……對內並對外。

或行者安住於隨觀諸受其生起的本質……其滅去的本質……諸受其生起並滅去的本質。

或安立「於此有受」的覺念，其程度輕微到只足以察覺此念並能持續地繫念於其上。並且，行者安住於無所倚賴，不執取世間的任何事物。

《中阿含經》：

如是……觀內覺如覺，觀外覺如覺，立念在覺，有知有見，有明有達。

《增一阿含經》：

彼習法而自娛樂，亦觀盡法，復觀習盡之法。

或復有痛而現在前可知可見，思惟原本，無所依倚而自娛樂，〔除去惡念，無有愁憂，〕不起世間想。

於其中亦不驚怖，以不驚怖，便得泥洹：生死已盡，梵行已立，所作已辦，更不復受有，如真實知。

如是，內自觀痛，除去亂念，〔而自娛樂，〕無有愁憂，外自觀痛，內外觀痛。

如同前文就「定義」的討論，《念住經》中「重誦」的中心主題於《增一阿含經》中再次出現，其實際上更詳細地說明成功的念住禪修可預期的成就，即正覺的成就。相較於這兩個版本，《中阿含經》的對應經文再次顯得相當簡略。除了上述選文之外，《中阿含經》中亦提到即使以此方式短時間隨觀的比丘或比丘尼也被視為念住修習。

也許最顯著的差異是：《中阿含經》版本完全沒有提到隨觀無常。由於在《念住經》和《增一阿含經》版本能夠找到覺知生滅的必要，在我看來，這是另一例子反映在這部分對《中阿含經》可以較不倚重。也就是說，我傾向於依據其他兩部經典所說，將無常隨觀視為完整的念住修習中的一部分。事實上，有別於「定義」部分的解說，「重誦」很少獨自提供解說，這導致很難以找到相對應的經文來佐證此這一結論。不過，至少有一佐證實例，可見於法藏部《舍利弗阿毘曇論》所敘述的念住禪修，論中亦提及隨觀生、滅以及生滅二者。[23]

念住禪修中隨觀無常的關聯性亦出現在《中部》《安那般那念經》提到隨念呼吸時出現，《雜阿含經》和大眾部《摩訶

---

[23] T 1548 at T XXVIII 614b15.

《僧祇律》也有與此經同樣措辭的文字。(於第十二章會對這教導有更詳細的討論)這三個版本一致提到跟呼吸有關的幾個面向來做為實踐四念住的修法,所有這些都是以覺知入息和出息做為背景來修習。這種覺知是對呼吸之無常性的持續提醒,甚至延伸來說,是對整體個人經驗的無常性的持續提醒。在此覺知所觀察現象的變化本質,明顯是念住修習的必要部分。

這三個版本一致認為,念住不僅於內修習,也於外修習。在現代禪修界和佛教典籍裡對這教法都有不同的詮釋。[24] 試圖從初期經典的觀點來評價需要一定程度的推論,明確的定義在早期阿毘達磨文獻才開始。上座部傳統的《分別論》和說一切有部傳統的《法蘊足論》表明「於外」意指隨觀其他眾生。[25]

在初期經典中,類似概念可見於《闍尼沙經》和《長阿含經》中的對應經文,從《長阿含經》版本的相關經文如下:[26]

> 何謂為四?一者內身身觀,精勤不懈,專念不忘,除世貪憂。外身身觀,精勤不懈,專念不忘,除世貪憂。內外身身觀,精勤不懈,專念不忘,除世貪憂。
>
> 受、意、法觀,亦復如是,精勤不懈,專念不忘,除世貪憂。
>
> 內身觀已,生他身智;內觀受已,生他受智;內觀意已,生他意智;內觀法已,生他法智。

---

[24] 參見 Anālayo 2003b: 94ff;詳細研討各種佛教典籍對內隨觀和外隨觀的解說,參考 Schmithausen 2012。
[25] Vibh 194,2(譯自 Thiṭṭila 1969: 252),T 1537 at T XXVI 475c28。
[26] DĀ 4 at T I 35c27-36a3.

　　《闍尼沙經》的對應經文另外指出，當行者透過內在隨觀念住而達致定之後，就會生起對他人身體的如是智見等。[27] 所以這兩個版本明顯一致認為，念住修習從內至外的進展，須要將行者的覺知從隨觀自身轉向隨觀他身。

　　《六處分別經》和保存於漢譯和藏譯文的對應經文描述了一個覺知他人做為念住修習的的實例。經文描述了做為導師的佛陀所修習的三種念住（第十二章會有更詳細的討論）。三念住中的每一種都是以其弟子做為所緣，當所有弟子都在聞法並奉行教法時，或者當只有部分弟子在聞法時，或者沒有弟子正在專注時，佛陀都是保持覺知的。

　　雖然這種特別的念住法是佛陀的一項素質，不過，即使沒有禪修或定的預先訓練，覺察聽眾是否正在留心傾聽是一般人的能力。行者不需要具備他心通來覺察聽眾的反應，因為可以透過聽眾當下的身體語言和臉部表情推論得知。

　　根據《自歡喜經》和《長阿含經》，覺知他人心念的四種方法之一，正是由觀察他人身體和考量其說話方式以得知。《長阿含經》版本的相關經文如下：[28]

> 自觀己身，又聽他言，語彼人言：「汝心如是，汝心如是。」

---

[27] DN 18 at DN II 216,13（譯自 Walshe 1987: 298），另一不同處是次第的問題，正如 DN18 只有形容內觀自身後，轉向觀他身，所以沒有先前提到的於外和於內外隨觀身。接著 DN18 只有在敘說觀他身後討論受、心、法。另一部對應經典 T 9 at T I 216a9，沒有提供於外隨觀性質的任何明確說明。

[28] DĀ 18 at T I 78a3-78a4.

《自歡喜經》並沒有明確提到觀察身體，依據此經所說的了知方法，是從反思所聽到的內容，然後得出他人心念是處於某種狀態下的結論。[29]

因此得出以下的要點：

- 《闍尼沙經》與其對應經典是和早期阿毘達磨一致的，認為於外念住意指他人。
- 《六處分別經》和對應經典提供了念住與得知他人心態的明顯關係，在某種程度上甚至不需要依賴他心通。
- 《自歡喜經》和對應經典證實了可以透過推論知道他人的心念。

因此，似乎可以穩當地總結，於外念住修習的原意是有關於隨觀他人。

四、結語

透過以覺知直接面對所發生的一切，念住修習對於開展解脫觀智提供了一條「直接之道」。這需要精勤來確保念能持續安住，並且在現前結合正知。建基於培育這些心理素質，念住禪修透過修習平等心以遠離貪和瞋的習性反應。如是進行實際的念住修習，最終趣向覺知所觀現象的無常性質；由此行者「保持平靜地覺知變化」。念住禪修所不可或缺的一個面向，就是從觀察自身的現象進展至覺察這些現象何時和如何發生在他人身上。

---

[29] DN 28 at DN III 104,1（譯自 Walshe 1987: 419）。梵文殘卷有保存對應版本的部分經文，Or. 15009/137r6, Kudo 2009: 189。

第二章　念住

　　本章中，我將檢視念住本身的特質。我會先查閱一些經文，其中描述了失卻念住的狀況和其後果，接著將探討念住的防護功能，最後會再度檢視關於念住和記憶之間的關係，此在我先前一本關於念住的著作中已有一些的討論。[1]

一、失卻念住

　　要理解念住在早期佛教思想中的功用，可從描寫失卻念住的後果之經文得到有用的說明。從描述忘失念時所發生的一切，間接地顯現出念住有哪些功能。這類經文一個重複的主題，就是失念導致心被感官欲望所淹沒。

　　以念住來獲致「防護」的功用，這指出了修習念住的一個重要的好與壞的面向。《相應部》和《雜阿含經》中的對應經文，以一位比丘托鉢乞食時沒有建立正念為例子說明了此善惡層面。《雜阿含經》版本中的相關經文如下：[2]

　　　　有愚癡人依聚落住，晨朝著衣持鉢，入村乞食，不善護身，不守根門，心不繫念。[3]

---

[1]　Anālayo 2003b: 46ff.

[2]　SĀ 1260 at T II 345c14-345c17.

[3]　根據對應經典 SN 20.10 at SN II 271,6（譯自 Bodhi 2000: 711），除了不護身之外，他也不護言行和心念。

　　　　見諸女人起不正思惟，而取色相，[4] 發貪欲心，貪欲發
已，欲火熾燃，燒其身心。[5]

　　就如同於《相應部》中的對應經典一樣，《雜阿含經》指
明這比丘最終還俗。從修道的角度來看，他無法安立念住，再
加上未能守護身業和根門，因此是相當嚴峻的問題。

　　心繫念、善護身和守根門並列於經文中，說明這些修行密
切相關。事實上，行者於當下繫於念住，自然覺知身體動作以
及諸感官覺受。善護身和守根門又與所安立的念同時運作，使
行者能即時覺察經由根門擾動心平衡的事物。

　　前例的要點似乎並非由於比丘失念而令他忘記應做的
事。在對應版本的經文中，並不是說他沒能力托缽乞食，或是
他忘記回到住處的路徑，而是強調他最終脫下僧袍還俗。《雜
阿含經》版本在這一點上更為仔細，如經文所述，一旦他的身
心受欲火熾燃，他就不再能樂於安住在空閒處或樹下。也就是
說，記得眼前的標的顯然不是問題，但是問題在於他失卻念住
所導致感官欲望生起，繼而影響他後來的生活和修行，以至最
終決定還俗。由此可見，經文所描述的念住的特質並非指比丘
持續處理事情的能力。

　　當比丘失卻念住時，意思是他不再覺知自己身為比丘嗎？
畢竟，假如他能覺察到身為比丘，他就會避免以引起心中貪欲

---

[4] 「相」（*nimitta*）是指行者專注特定對象的特徵；更詳細的討論，參見
Anālayo 2003a。

[5] SN 20.10 額外提及這婦女穿著單薄；在 SN 20.10 的另一不同處是沒有說
到不正當注意。SN 20.10 也沒有明確指出比丘身心熾燃是由於所見的結
果。

的方式來看女人。在《相應部》和《雜阿含經》的另一段相似的經文，指出在這種情況下，這不是念住的核心功能。經文提到有一位面對相同問題的國王，當他進入內宮時，不守根門、不善護身、不安立念，他為貪欲所淹沒。[6] 對於一個國王來說，在這種情況下覺察自己的身分幫助不大，因為其身分與對宮女起欲望是相配合的。因此，忘失念導致感官欲望生起，似乎不必然關涉到忘記個人的身分或要處理的事情。

失念的問題導致貪欲生起，再次出現於《相應部》中經文裡的一組偈頌，其對應經文可見於《雜阿含經》和藏譯版經典的一段引文。這些偈頌對於簡明教法的意義有精鍊說明（根據《自說經》，在另一機緣下亦傳授與苦行者婆醯），即教導行者應只保持所見和所聞等。[7] 出自《雜阿含經》的相關經文如下：[8]

> 若眼已見色，而失於正念，
> 則於所見色，而取愛念相。
> 取愛樂相者，心則常繫著。

《雜阿含經》與對應經典一致指出在其他根門失去念住時，同樣的負面影響是可以預期的。[9] 由於偈頌中沒有提及善

---

[6] SN 35.127 at SN IV 112,28（譯自 Bodhi 2000: 1199）和對應經典 SĀ 1165 at T II 311b16。

[7] Ud 1.10 at Ud 8,5（譯自 Ireland 1990: 20），參見 Anālayo 2003b: 229ff。

[8] SĀ 312 at T II 90a20-90a22.

[9] SN 35.95 at SN IV 73,18（譯自 Bodhi 2000: 1176）和 D 4094 *ju* 241b6 或 Q 5595 *tu* 276a5；亦參照梵文殘卷 SHT V 1311, Sander and Waldschmidt 1985: 215f，以及 SHT X 4097 和 Wille 2008: 265。

護身和守護根門，很顯然地正是當眼見色時，因失卻念住而導致心中現起貪欲等。相反地，當念安立時，行者保持所見等，沒有不善反應生起。[10]

在經文中提及失念的影響，這有助於說明念住的功能。當安立念時，修習者完全覺知當下現前的一切，不被內心的反應所牽制。如是繫念於當下，對所見的一切將如實地只有所見，這不在於避免將事物一體同視，而是看見事物時沒有不善的反應。完全覺知於當下所發生的一切，不會以不善的方式起反應，這正是念住防護功能的核心。

二、防護性的念住

在《相應部》和《雜阿含經》中的另一段經文，可以找到與猴子有關的譬喻，說明安立念住的保護功用。《雜阿含經》版本中的譬喻如下：[11]

> 大雪山中，寒冰嶮處，尚無獼猴，況復有人。或復有山，獼猴所居，而無有人；或復有山，人獸共居。[12]
> 於獼猴行處，獵師以黐膠塗其草上，有黠獼猴遠避而去，愚癡獼猴不能遠避，以手小觸，即膠其手；復以二手

---

[10] Brown et al. 2007: 212 解說：「一個念住的處理方式是指一種接納性的心態，此處維持注意對事實的純然觀察。當以這種方式延長與世界的初步接觸時，覺知和注意的基本能力允許個人如實的在『當下』，而非對現實做出反應。」

[11] SĀ 620 at T II 173b21-173b29.

[12] 對應經典 SN 47.7 at SN V 148,8（譯自 Bodhi 2000: 1633）描述的處所並未提及冰寒，而是描繪這區域難以到達和崎嶇的特徵。

欲解求脫，即膠二手；以足求解，復膠其足；以口嚙草，
輒復膠口，五處同膠。[13]

聯捲臥地，獵師既至，即以杖貫，擔負而去。[14]

　　對應版本一致指出，此譬喻說明行者需要提防偏離原始教
誨：四念住。當行者偏離教誨而追求五種感官欲樂時，《相應
部》版本形容那是去往魔羅的領域，也是佛教中將解脫道上的
障礙以擬人化的方式來表達了。[15]

　　前述《雜阿含經》中則接著用比丘托鉢乞食時不善護身和
不守根門的例子，來說明如何偏離四念住的祖傳教誨。在接觸
五根的對象時，貪欲和執著生起，因此比丘受五種方式所繫縛
並任憑魔羅擺布。這呼應了上述討論的經文，提及比丘在托鉢
乞食時失念地看女人因此成為感官欲望的獵物。

　　在猴子的譬喻裡，沒有安立念所提供的防護距離，行者處
於被五種感官世界所「黏著」的危險。一旦這情形發生，內心
中做詮釋和演繹的傾向會導致更為黏著，結果就像這愚蠢的猴
子一樣，所有四肢都被樹脂黏著了。為了避免被感官的世界所
黏住，行者最好是安住於念住修習的高山裡。

　　另一個以念住做為修習者安全境地的譬喻，則是說到一隻
鵪鶉被老鷹捉走的例子。《雜阿含經》版本的譬喻如下：[16]

---

[13] 在 SN 47.7 中，猴子首先用一隻腳，腳被黏住後，牠用另一隻腳。
[14] SN 47.7 說到猴子吱吱尖叫，但沒有將牠的困境比擬為捲成一團。此經也
在描述獵人採取行動之前，先說到猴子以此方式遭遇不幸，只能任憑獵
人擺布。
[15] SN 47.7 at SN V 149,8.
[16] SĀ 617 at T II 172c2-173a8.

　　過去世時有一鳥,名曰羅婆,為鷹所捉,飛騰虛空,於空鳴喚言:「我不自覺,忽遭此難,我坐捨離父母境界而遊他處,故遭此難。如何今日為他所困,不得自在。」

　　鷹語羅婆:「汝當何處自有境界而得自在?」羅婆答言:「我於田耕壠中自有境界,足免諸難,是為我家父母境界。」

　　鷹於羅婆起憍慢言:「放汝令去,還耕壠中,能得脫以不?」[17]

　　於是羅婆得脫鷹爪,還到耕壠大塊之下,安住止處,然後於塊上欲與鷹鬥。[18]

　　鷹則大怒:「彼是小鳥,敢與我鬥!」瞋恚極盛,駿飛直搏,於是羅婆入於塊下,鷹鳥飛勢,臆衝堅塊,碎身即死。[19]

　　《相應部》中對應經文說到鵪鶉被捉之後,悲嘆自己的福薄與不幸,而不是責備自己。[20] 相較之下,《雜阿含經》版

---

[17] 對應經典 SN 47.6 at SN V 147,2(譯自 Bodhi 2000:1632),指出老鷹對自己的能力有自信,但並不自誇。不過註釋書 Spk III 200,14 的解說看來,反而是老鷹對牠的實力自信且誇大。可參考 Bodhi 2000: 1918 n.131。SĀ 617 的用語佐證了註釋書的解說,也更合適文本。

[18] SN 47.6 沒有提到土塊下方有安全處可以停留,根據此經在 SN V 147,13 的描述,當老鷹很靠近時,鵪鶉鳥躲到土塊「裡面」。躲進土塊內的說法相較於躲進大土塊下的小地方,略顯不直截了當。這譬喻的另一版本 T 212 at T IV 695a19,說到二土塊或二石頭間的地方,然後指出鵪鶉鳥躲入這「內部」空間。依據 SN 47.6 at SN V 147,7,在到達土塊處後,這隻鵪鶉鳥公然挑戰老鷹來抓牠;在 T 212 是同樣情況。

[19] SN 47.6 沒有描述老鷹的憤怒,只說到鵪鶉鳥一直等到老鷹已接近時。

[20] SN 47.6 at SN V 146,20.

本更為強調鶴鶉的疏忽是被老鷹捕捉的原因,這符合二個版本中的譬喻要點,也就是修習者不應疏忽而偏離行者安全的境地——四念住,以避免被「捕獲」。

譬喻說明了念住的防護功能有如安全的基地,能使修習者可抵擋感官上的誘惑吸引,這與之前所討論的經文一致,形容失卻念住如何導致被感官欲望所淹沒。而這隻弱小的鶴鶉鳥能擊敗強大老鷹的事實,似乎也傳達了一個訊息,即繫於念住令行者能度過困境,而這些困境在失卻念住時可能是相當難以抵抗的。

猴子和鶴鶉鳥的譬喻中以安立念住做為防護的觀點一致,其他經典也強調念住確實是提供防護的因素。[21] 如是安立念能使修習者面對外在世界時,不被欲望或瞋恚之流所席捲。[22] 這可見於《經集》的簡明偈頌和存於《瑜伽師地論》的對應偈頌如下:[23]

世間諸流漏,
是漏念能止。

---

[21] 念住在 AN 10.20 at AN V 30,24(譯自 Bodhi 2012: 1360),和 EĀ 52.7 at T II 827a19 中是被引介為防護因素。

[22] 念住的潛能是防止被瞋恚之流所走,可從 Arch and Craske 2006: 1857 的發現獲得佐證:「以 15 分鐘專注呼吸導引先前沒有正念禪修經驗者為示例」,其中「在導引後,並沒有教導關於如何處理所看到的刺激畫面」。這研究顯示出:「面對持續接觸不可預知、負面的刺激時,專注呼吸導引促使行為意願和容忍力增強。」關於研究說明在面對令人不愉快和愉快的刺激情況下,念住促成降低神經反應,參考 Brown et al. 2013。

[23] Enomoto 1989: 34,對應於 Sn 1035(譯自 Norman 1992: 116)。

三、念住做為守門人

防護的觀點也以不同方式出現在兩個譬喻中，將念住比喻為邊城的守門人。下文為《雜阿含經》中兩個譬喻之一：[24]

> 譬如有邊國王善治城壁，門下堅固，交道平正，於四城門置四守護，悉皆聰慧，知其來去。當其城中，有四交道，安置床榻，城主坐上。[25]
>
> 若東方使來，問守門者：「城主何在？」彼即答言：「主在城中四交道頭，床上而坐。」彼使聞已，往詣城主，〔在傳達訊息後〕，[26] 受其教令，復道而還。南、西、北方遠使來人，問守門者：「城主何在？」彼亦答言：「在其城中四交道頭。」彼使聞已，悉詣城主，受其教令，各還本處。[27]

《雜阿含經》中持續以四念住來指涉四位守門人。《相應部》中的對應經文只說到一位守門人來表示念住，[28] 保存於

---

[24] SĀ 1175 at T II 315c19-315c28.

[25] 巴利對應經典 SN 35.204 at SN IV 194,11（譯自 Bodhi 2000: 1252，經號 245），城牆卻有六道門。藏傳對應經典 D 4094 *nyu* 43a4 或 Q 5595 *thu* 82b1 與 SĀ 1175 在這點上一致。不過 SN 35.204 和藏文版本一致說到守門人能幹地阻止陌生人，而允許熟人進入。SN 35.204 和藏文對應經典也都沒有說到為城主安置的坐位，只有指出他在城鎮中央。

[26] 我的補充基於 T II 316a4 的 SĀ 1175 的文本和譬喻中說明一真實訊息，它在譬喻的對應版本和後來解釋同樣有被提及。

[27] SN 35.204 和藏文對應經典是一對使者往詣守門人。

[28] SN 35.204 at SN IV 194,34.

藏譯的第三部對應經典也僅有一位守門人，據其說明是代表身
念住。[29] 另一個差異是雖然以上《雜阿含經》版本將使者等
視為觀（*vipassanā*），《相應部》的版本和藏文版本都提到代
表觀和止（*samatha*）。

　　不論使者是僅有觀或是止觀一起，譬喻中守門人的任務是
指出使者能抵達城主的路徑，根據所有版本城主指識
（*viññāṇa*）。[30] 因此譬喻的守門人看來是反映念住對於止觀
的監察角色，藉由念住——不論是一般的念住、身念住、或所
有四念住，行者了知培育止觀的正確路徑。因此這譬喻突顯念
住的功能在於監察解脫道上前進的心理素質，從而防護行者免
於誤入岐途。

　　《增支部》和《中阿含經》對應經文中的另一個譬喻，也
提到以念住為守門人的主旨。在《中阿含經》版本的譬喻如
下：[31]

　　　如王邊城立守門大將，明略智辯，勇毅奇謀，善則聽入，
　　不善則禁，為內安隱，制外怨敵。

　　　如是，聖弟子常行於念，成就正念，久所曾習，久所曾
　　聞，恒憶不忘，是謂聖弟子得念守門大將，除惡不善，修
　　諸善法也。

---

[29] D 4094 *nyu* 43b3 或 Q 5595 *thu* 83a2。

[30] Bodhi 2000: 1429 n.209 評論：譬喻的要點是「識是個人經驗的功能中心」。

[31] MĀ 3 at T I 423c14-423c19 更多譬喻的對應可見於 EĀ 39.4 at T II 730b6 和
　　T 212 at T IV 652c9。

　　《增支部》中有一段對應經文，同樣說明念住做為守門人具備回憶和不忘過去所作或所聞的能力。[32] 兩個對應版本所提及的記憶過去所作和所聞，都包括不同類型的記憶。第一種類型是自傳事件的記憶。而回憶所曾聽聞，正是古印度口誦文化中相當重要的一種能力，也就是記憶。早期佛教傳誦者必須只靠這種能力，以將佛陀和其弟子的教法代代相傳。因此可以如此假設：能善於憶念長久前所聽聞的實際需要，一定會對早期佛教的理論和念住修行有用。

四、念住和記憶

　　這兩種記憶與上述譬喻所描述的情況的關係並非直接顯而易見，守門人防止壞人入城和念住防止不善法進入心這兩者之間有明確的對應關係。不過，需要進一步探討記憶在這方面的角色。

　　守門人需要依賴他的記憶力以區分有資格和無資格入城的人。然而，這種對記憶的倚賴可見於任何心念狀態，而不僅止於執行守城門任務時。工作完畢回家，他須要記得回家的路。隔天回到城門工作，也須要記得如「城門」、「我的工作職責」等概念的意義，負責這種記憶的心智層面是「想」（*saññā*），[33] 想配合先前學習的概念的經驗，[34] 這幾乎是任何心的狀態都必須要的。事實上，很難想像人的意志行為能完

---

[32] AN 7.63 at AN IV 111,1（譯自 Bodhi 2012: 1078，經號 67）。

[33] Ñāṇaponika 1949/1985: 69 解釋：「古代佛教心理學將記憶過程中的主要部分歸屬於想（*saññā*）。」

[34] 參見 Anālayo 2003b: 204。

全不受過去經驗所影響，也不倚賴先前所學習的概念和觀點。將這些過去經驗、概念或觀點的記憶介定為念本身是有問題的，因為所得出的結論是，任何不經禪修訓練的人都能持續念住。為了保持念住獨特的功用和含義，在我看來，如果這種基本記憶被視為想的功能，較能反應經典的立場。

從初期佛教的觀點來看，正如經文所提失卻念住的後果，清楚地表明念住必須要是有意而帶起的。[35] 這些經文並不是說僅只有記憶概念的能力就是念住的核心。事實上，上述引文並非只提到守門人辨識的能力，反而著重於允許好人進入和防止壞人。

另一方面，在這譬喻中念住與記憶的關係，或許可以在守門人須要記住他應做的事找到。雖然與經文後來的解說不太一致，但適合這個譬喻。根據經文的解釋，譬喻的目的是說明，行者透過念住能回憶起長久以前所發生的事。這種能力與記憶所應做的事並沒有直接關係，這一點也可從忘失念的經文中看到，經中的例子顯然也不是有關於忘記應做的事。

要執行讓好人進入和防止壞人的職責，守門人須要全然覺知當下在城門口發生的事，他的任務是覺知此刻誰正在進入，並且必定不會因過去記憶而分心。在我看來，以念住為守門人的主旨，意為全然覺知當下的意門，正是這素質能防止「不善」——貪和瞋——進入內心的城。也就是說，我認為守門人的譬喻與念住的防護功能相同，正如猴子和鵪鶉的譬喻。

因此念住和記憶的關係自然地從這事實顯現出來，即全然覺知當下就是促成後來得以記憶的內心素質。唯有行者已經覺

---

[35] 正如 Bodhi 2011: 28 解釋：「念住……不會自動發生，而是一種被培育的素質（*bhāvetabba*）。」

知到時才有可能記得。行者愈能覺知，就更能記得。如果曾經建立念住，即便是發生在久遠時，也的確可能回憶起過去所作或所聞。

從守門人的例子來看，他當下的覺知須要是較廣泛或全面性的，因為他須要對城門口的全部狀況保持警覺，不能讓自己聚焦在個別來訪者身上，因而漏看了其他正在進出城門的人。正如第一個守門人譬喻所顯示，他對整體情況的掌握並不只限於在城門口所發生的事，因為他有可能被要求告知使者從城門口到城主的路徑。但他駐留在城門口，擔負起全面覺知當下所任何發生事情的任務，從而能識別好人與壞人。

從實務上來說，這意味著如果行事時能有這般在之後能輕易回憶起事物的覺知，那麼表示行者確實是保持念住現前。例如在走向禪堂時，我可以是具念行走，或妄想紛飛，也許是老想著過去的往事。就已到達禪堂這一事實來說，這顯然表明我必然是走到那裡了的。但若行走時我沒有念住，將無法憶起行走時的經歷。我只能由推斷得出結論，我一定是走到禪堂來的，因為我現正在禪堂裡。而假如我在過程中保持念住，就能回憶起此一步行的經歷。這並不必然是指能記得路上詳盡的細節，而是曾經步行到禪堂的這段經歷能被回憶起，就只是因為這經驗發生時，我是保持覺知的。

即使失掉念住，走路時都還是會具備一定程度的專注，否則將不可能持續在路上前進，或是踏出下一步。但這種半自動化行為所需的專注是相當粗淺的。在當時，大部分的心念仍可以旁及其他事情，例如做白日夢、耽於回憶中、或是預想著未來。但如果在行走時保持念住，而且心念以開放與接納的態度來經驗步行，如此行者就完全只是即於此行走的經驗，因而更

能全面且精確地覺知。以此方式保持行走念住，專注變得有些
像是全景視野，其覺知是對整體狀態，而非針對其中的一個細
節，排除其他任何事物而專注於此。這種廣闊而接納性的覺
知，的確能使行走時的經歷，在以後有需要時能夠回想。正是
這種警覺、寬廣、接納性的覺知，造成個人回憶過去行為的能
力有所不同。

雖然念住有別於這種似乎在任何心理狀態都出現的基本
專注，[36] 不過專注與念住有著密切相關。[37] 事實上，在幾段
經文中，如理作意（yoniso manasikāra）正相當於念住禪修的
一些面向，[38] 然而彼此的差異在於，這種專注的基本功能在
任何心理狀態下都能出現，有異於念住或如理作意是須要修習
並且有意識地提起，[39] 修習這種強化且較為寬廣的專注能
力，便能輕易回憶起過去所曾做過的事。

加強和擴大這兩個面向在某種程度上相互關聯。持續穩定
地安住於念，而沒有即時以批判態度做出回應，也沒有被內心

---

[36] 遍行心所是指在任何心的狀態下都會現起的心所法，此概念在初期經典
的先例就是「名色」中關於「名」的定義。SN 12.2 at SN II 3,34（譯自
Bodhi 2000: 535）和 EĀ 49.5 at T II 797b28 一致說到作意是構成「名」法
的要素之一。此處「名」所含攝的心所法是識知目標所需要的內心素質，
因而是概念形成的原因。這些心所法與歸屬於「色」的物質法是為識（在
此定義中不是「名」法之一）所依著的行處。

[37] Griffiths 1992: 111 解釋念住「基本上包括注意和明記所知的對象，它是
內心有意的行為，因此與注意（manaskāra）在意義上有相當的重疊」。

[38] Anālayo 2003b: 59f；對如理作意更詳細的探討，參見 Anālayo 2010b: 69ff
（再版 Anālayo 2012b: 193ff）。

[39] Bodhi 2011: 30 告誡：「混淆了念（sati）和注意（manaskāra），有意識
的念住和自動的注意行為。」

的雜念所捲走,讓對當下的覺知能包括更多的面向和細節。[40]
因此更大範圍的訊息都可以被心接收。以攝影的術語來表達,
保持念住就像拍攝時採取長時間曝光和廣角鏡頭。

　　簡言之,從念住禪修的觀點來考慮時,我認為念住在記憶
上所造成的微細差別,其中核心要點是對當下正在發生的事物
能提起較強化、寬廣的注意,以對現前事物的覺知更為充實,
進而增強了在事後仍能夠回憶起所發生之事實的能力。[41] 正
是這種在現前當下更詳實的覺察,形成了貫穿於不同的念住修
習作法中連貫的主題,讓行者得以覺知身體的狀況,感官覺受
的貪樂傾向,行者的心境的當下狀態等。

　　做為在當下把事物掌握於心上的精神質素,念住不只能夠
正確保存記憶,而且也是心能夠在之後較易於將事物回憶起來

---

[40] Bishop et al. 2004: 233 指出:「因為注意的容量有限⋯⋯當它從繁雜思慮
中釋放出來以後,更多資源可用來處理與當下經驗有關的訊息。這使得
可獲取的訊息增加,含括了可能原本未能覺察的訊息,進而獲得更寬廣
的在經驗。」

[41] Bodhi 在 Ñāṇamoli 1995: 1252 n.560 中解釋:「念(sati)的二個含義:
記憶和作意,其間的關係可如此闡述:當下敏銳注意力成為對過去正確
記憶的基礎。」Griffiths 1992: 114 同樣指出:「正是密切關注當下內心
念頭的這個行為,得以在一段時間後能夠回想起那些心念。」他解說(p.
111):念住「本身與記憶一些過去識知的對象基本上無關⋯⋯也許更自
然的是將念住的主要意義視為當下所指。念(smṛti)明記的事實⋯⋯而
使得這些對象得以保存做為識的所緣對象⋯⋯因此說明這用語的引申至
少涵蓋一些相同語義的理由,如英文字『記憶』及其同源詞。換句話說,
我建議在佛教專門經典中念(smṛti)的基本意義和衍生詞——在時間上
和邏輯上都優先於其它含義的基本意義——是與觀察和注意有關,而與
覺知過去的對象無關。」

的原因。[42] 正如我在前作中提出，[43] 有關念住的這方面，很
明顯的例子是當心念極度專注時，反而會無法回憶起某些事
情。把問題先放在一旁，讓心回到更為開放、寬廣的狀態，便
可能會發現所需的訊息在內心自然浮現出來。

　　念的這個方面涉及有助於實際回憶過去的訊息，顯然是與
修習隨念（anussati）有關，而與念住禪修關聯較少。雖然這
兩種禪修法有很多共同之處，念住主要要求是行者保持攝心住
於當下，[44] 主要任務是審知身體目前的狀況，覺察當下感受
如何，以及心如何在當下現行，而不是回憶起之前所發生的

---

[42] 舉例來說，如同 Muzzio at al. 2009: 2837 提到：「集中注意力的重要性不
僅是為了最佳編碼，也是為了後來的檢索取出。」從神經生物學的角度
來看注意力和記憶之間的相互關係，亦參考 Chun and Turk-Browne 2007。

[43] Anālayo 2003b: 48f.

[44] 從入出息念來看，舉例說，正如 Bodhi 2011: 32 所指出：「呼吸是當下
發生的事，不在過去，這意味著在此情況下，念（sati）是注意當下的事
件，而非回憶過去。」是故當 Gethin 2011: 270 將同樣修習概念化為意指：
「一個人必需記住正應該做的，就是記住呼吸」，我認為他使用「記住」
這詞，其用意是以較為寬廣的含義來理解，以反映此一事實：念住將事
物明記於心，進而行使類似於記憶的功能，但這不意指修入出息念時，
行者真的記起過去某些事。雖然我理解 Gethin 的意圖是銜接念覺知當下
的含義及其與記憶有關的微細差別，但若過於強調記憶這方面時，我認
為就會變得有問題了。有一例子是 Ṭhānissaro 2012: 86 將念（sati）界定
為記憶後，則必須找另一個詞做為當下覺知，於是就用上了正知
sampajañña。他對於念的闡釋，使他難以理解念有接納和純然觀察的特
質，甚至念住教導本身在他看來也是不完整的，是需要加以補充的，參
考 Ṭhānissaro 2012: 150。為了要避免這類問題，我認為我們在面對念住
關於記憶這部分的概念時，在某種程度上，應保留念（sati）的基本特質
是為當下覺知的納受。

事。透過念住禪修而發展的這種當下的念,即是通往解脫的八聖道中不可或缺的一部分。

如果念只是有關於記得過去的事情,就不需要四念住修行架構來做為正念道支的詳細解釋。為了反覆灌輸回憶過去的能力,早期佛弟子受持記憶經典以傳承他們認為的「佛陀的話」,這修習就已經充分足夠了。依循吠陀口誦傳承的模式,這可能已是他們培養記憶能力的主要訓練基礎。根據《摩奴法典》,回憶過去世的能力需要背誦吠陀(這意指他們的記憶力),以及行為清淨和修苦行。[45] 因此,正是四念住修行架構存在的事實,清楚表明初期佛教思想中的念不僅僅是回憶過去。

行持念住禪修時,念不僅不關於記住事物,甚至也不以其他方式積極涉入其中。事實上,在對應版本所共有的個別修習中的實修教導並沒有提到「念」,*sati*,本身。[46] 只有在個別修習的教導之後,我稱作「重誦」的部分明確提及念。[47] 如是在《念住經》和對應經典的解說描述了不同禪法修習,其修行成就時也引生念的安立。不過,而在這些不同禪法修習裡,念本身不被賦予積極任務。在沒有積極涉入下,念提供了接納和警覺當下的基本條件,容許更多特定的禪修活動進行。

---

[45] Bühler 1886: 152 (IV.148):「由於每天背誦吠陀,(持戒)清淨,(修行)苦行,以及不傷害眾生,個人(得有能力)憶念前世。」
[46] 七覺支列表是一個例外,其中念是位於列表中的首位,然而在此也一樣,實際的禪修作法是「了知」念或其他覺支是否現前或不現前。
[47] 感謝 Gil Fronsdal 提醒我注意與《念住經》有關的模式,在個別修習的教導中,念只有在入出息念的前言說到:「繫念在前,具念入息,具念出息。」在隨後的修習教導中,這詞就不再出現,其禪修要行是「了知」(*pajānāti*)和「學習」(*sikkhati*)。

　　以巴利術語來說，根據念住禪修的實修指導，修行者所須
執行的是「了知」（pajānāti）、「審察」（paccavekkhati）
和「比較」（upasaṃharati）。審察和比較的行為是身念住的
三個版本所需要的，關涉到身體較粗顯的所緣對象。其餘三個
念住各自的所緣對象較為微細，在禪修時就只要行者「了知」
（pajānāti）而已。

　　這種了知、審察、比較是指在進行這些活動時，能奠定、
建立和強化當下念住現前的心理能力。因此巴利文的念住法
（satipaṭṭhāna）主要是關於修行者如何建立和維持念住。換句
話說，念住並不在於做了什麼。其實，修習念住就只是持續念
念隨覺。

　　如此隨時保持現前念念隨覺便成為覺醒的因素，依此方式
理解，四念住構成念覺支以便其能善安立。念覺支是其他覺支
和邁向解脫的基礎，核心素質自始至終是當下一刻「現起」
念。

　　除了實現內心覺醒的潛能之外，一旦如此建立起對當下一
念的清楚繫念之後，也能成為日常生活裡遷流變化的導航而不
發生意外。念住的這個面向出現在《相應部》的經文譬喻中，
其將許多心的素質比喻為馬車的各個部分，而念住是謹慎的駕
御者。[48]《雜阿含經》對應經文是以受持「正念」來表達相同
觀點。相關經文敘說如下：[49]

---

[48] SN 45.4 at SN V 6,10 （譯自 Bodhi 2000: 1526），與梵文殘卷中的對應經
文 Waldschmidt 1967: 248。
[49] SĀ 769 at T II 201a4。相同譬喻再現於 SĀ 98 at T II 27a28、SĀ² 264 at T II
466c1 和梵文殘卷對應經文 Enomoto 1997: 98。不過，此例在巴利對應經
文 SN 7.11 at SN I 172,30 （譯自 Bodhi 2000: 267），亦見於 Sn 77，反而
將念住比喻成犁頭和刺棒。

> 正念善護持，以為善御者。

若要理解這譬喻所隱含的意旨，這善巧或謹慎的駕御者首先是全然了知當下一切的，不讓任何可能的分心干擾手頭上的工作。完全在「當下」時，駕御者也能綜觀整個交通路況：他覺察正在發生的事，不只是正前方，而且也顧及兩側，甚至某種程度上的後方。以清晰的方向感在當下行駛，知道旅程應去向何處。然而，好的駕御者能適應交通而不會因過度的目標導向而焦躁不安。缺乏方向感是有害的，因為駕駛者不知要駛向何方；同樣地，過度專注於要到達的最終目的地，則會削弱當前狀況下平穩駕駛的能力。

這與個人的念住修習大有關聯，也就是結合了必須要有方向感以及不過度專注於追逐目標。主要關鍵是以接納和清明的廣闊心態安住於當下；簡言之，即保持念住。行者保持念住的不同方式將於以下章節探討。

五、結語

忘失念會導致修習者陷於五種感官世界而動彈不得，就像愚蠢的猴子一樣，其注意力被誘惑的感官對象所吸引，就像是偏離適當境界的鵪鶉。禪修者的適當境界是安立念住，正如行者心裡的明智守門人一樣。以此方式全然覺知者，以後將能輕易回憶曾經發生的事。

第三章　身隨觀

　　在《中部》的《念住經》和兩部漢譯《阿含經》的對應經典中，對於身隨觀的各種修習，可看到有相當大的差異，即如表 3.1 所列示出三個版本中身隨觀由簡至繁的次第。以粗體字標示出的三種觀法，包括隨觀身分、諸界和死屍，是其中共通的，並在後面章節中會詳細討論。

表 3.1 身隨觀

《增一阿含經》	《中部》	《中阿含經》
身分	出入息	姿勢
四界	姿勢	動作
身有諸孔	動作	對治不善心念
死屍	**身分**	以心治心
	四界	出入息
	死屍	領受四禪
		光明想
		觀相
		身分
		六界
		死屍

　　除了探討這三種修習法之外，本章節會先探究只出現在

某一個版本而不見於其他版本的修習法。接著在以對比的方式探討身隨觀之後，我將討論修習身隨觀可獲得的益處。

一、僅見於一個版本的身隨觀

（一）隨觀身孔

《增一阿含經》版本中有一隨觀身孔的修習法，而此並未見於其他兩個版本。其教導如下：

> 觀此身有諸孔，漏出不淨，猶如彼人觀竹園，若觀葦叢。如是……觀此身有諸孔，漏出諸不淨。

類似的描述也出現在《增支部》的《癰經》，[1] 此經將身體九孔漏出不淨比喻為化膿的癰。《經集》的《勝經》中亦可見相同的主題，同樣意指身有九孔漏出不淨，例如：眼屎從眼睛流出，耳垢從耳朵流出，鼻涕從鼻孔流出，膽汁和痰從口吐出，[2] 連同排尿和排便的孔竅就構成了身體的九孔。

如此在《增一阿含經》種特有的此修習法，類似於巴利經典中所描述觀察身體的方法，與念住修習沒有直接關係。《增一阿含經》中描述這種修行方式所用的譬喻，描述從遠

---

[1] AN 9.15 at AN IV 386,24（譯自 Bodhi 2012: 1270），此經有一對應經典在《增一阿含經》的另一結集本，其中只有部分保存在漢譯 EĀ² 29 at T II 880a30；這結集本的研究可參考 Harrison 1997。

[2] Sn 197f（譯自 Norman 1992: 22）。《舍利弗阿毘曇論》，T 1548 at T XXVIII 613c2，在說明身隨觀時包括了類似的修習。

方所見的美麗竹林，以對比近觀時發現是長在臭水淺灘上的蘆葦叢，以此說明了近觀身體時所會發現的不淨汁液。

身有諸孔漏出不淨的主題配合《增一阿含經》的經文脈絡，其中有些體液和不淨的議題已在此經前面隨觀身分的部分介紹過。此修習法並未見於《中部》和《中阿含經》中，有可能是此修習屬後期才在《增一阿含經》增編。然而，從修行的角度來說，這增訂的部分似乎是另外提供了一個可行的方法來探索身體的本質。

（二）對治不善心念

另有一些修習法只見於《中阿含經》中。例如在說明正知姿勢和動作之後，《中阿含經》有下列教導：

> 生惡不善念，以善法念治斷滅止，猶木工師、木工弟子，彼持墨繩，用絣於木，則以利斧斫治令直。

隨其後的修習法則說到以類似的方法對治心意：

> 齒齒相著，舌逼上齶，以心治心，治斷滅止。猶二力士捉一羸人，處處旋捉，自在打鍛。

對治不善念或甚至極力克服不善念的教導可見於《尋止息經》和該經於《中阿含經》中的對應經文，[3] 其主旨是逐

3　MN 20 at MN I 119,5（譯自 Ñāṇamoli 1995: 211）和對應經 MĀ 101 at T I 588a10（翻譯和討論見第八章）。Kuan 2008: 86f 已指出這種對應性，提出《身至念經》，MN 119 at MN III 89,22 中，規律性地說明據此心如

漸斷除不善念，這應該比用以觀身更為合適。也許在說到修
治心念時「齒齒相著，舌逼上齶」這種在色身上用功的意象
導致將這類修習與身隨觀連結起來，並將同部經典中的其他
修習法以及木工師的譬喻串聯在一起，一併成為《中阿含
經》中念住教導的一部分。這種經文片段的組合，在經典口
誦傳承時期是很自然的情況。[4]

（三）領受四禪

在敘述四個步驟的入出息念之後，在《中阿含經》中接
著闡述進入四禪時的身心體驗，並以譬喻來說明這些體驗。
在初禪方面的教導如下：

> 離生喜樂，漬身潤澤，普遍充滿於此身中，離生喜樂
> 無處不遍。
> 猶工浴人器盛澡豆，水和成摶，水漬潤澤，普遍充滿
> 無處不周。[5]

是入定，也是引用自《尋止息經》。然而《身至念經》和對應經典的整
個要點是呈現身隨觀如何趣至各種益處，特別是定的成就。因此就我來
看，沒有必要認為是來自直接引用，因為心如是入定的說明很適合這修
行架構。Kuan 2008: 95 對於《身至念經》譬喻說到身念住的利益持相
同看法，亦認為是借用。這些部分一定是借用的認定，進而使 Kuan 得
出在我看來不具說服力的假設：即身至念的原義不只是繫念於身體。

[4] Von Hinüber 1996/1997: 31 解釋：「心已知的經文片段一旦有相對應關
鍵詞時，則幾乎可以插入所有的文脈中。」

[5] MN 119 at MN III 92,32（譯自 Ñāṇamoli 1995：953）的對應譬喻額外指
明沐浴粉團沒有滲出。另一項差異是除了澡堂侍者之外，MN119 還說
到他的徒弟。

　　《中阿含經》接著相似地提及遍滿全身的定生喜樂（二禪），遍滿全身的離喜妙樂（三禪），和遍滿全身的心清淨（四禪）。各自以譬喻說明如下：

二禪：

　　猶如山泉，清淨不濁，充滿流溢，四方水來，無緣得入，即彼泉底，水自涌出，流溢於外，漬山潤澤，普遍充滿無處不周。[6]

三禪：

　　猶青蓮華，紅、赤、白蓮，水生水長，在於水底，彼根莖華葉悉漬潤澤，普遍充滿無處不周。[7]

四禪：

　　猶有一人，被七肘衣或八肘衣，從頭至足，於其身體無處不覆。[8]

　　隨觀色身以歷四禪的原始出處可能是《身至念經》和《中阿含經》中的相對應經典，一致從對身體的效果之角度來描繪禪那經驗。在這點上《身至念經》甚至較《中阿含經》對應經文更詳盡，因為它以各種禪那境界的標準以做出

6　MN 119 at MN III 93,10 反而形容湖水自內湧出。

7　根據 MN 119 at MN III 94,1 遍滿蓮花的水是冷的。

8　MN 119 at MN III 94,16 的譬喻沒有提供衣的尺寸，但指出衣是白色。

遍滿全身的描繪說明。

（四）光明想和觀相

在《中阿含經》對應於《念住經》的經文中，有另外兩個修習法，光明想和觀相（即是重複審視行者內觀時所見的特性），原本應是出自不同的地方。關於光明想的教導如下：

> 念光明想，善受善持，善憶所念，如前後亦然，如後前亦然，如晝夜亦然，如夜晝亦然，如下上亦然，如上下亦然。如是不顛倒，心無有纏，修光明心，心終不為闇之所覆。

觀相的教導如下：

> 善受觀相，善憶所念，猶如有人，坐觀臥人，臥觀坐人。如是比丘善受觀相，善憶所念。

這兩種修習中，前者也見於《增支部》中，做為五隨念中的一部分，在此之前須先達到三禪，以及隨觀身分和隨觀死屍。[9]《增支部》的另一部經典則說到心取觀相以及四禪，[10]隨後的譬喻則相對應於《身至念經》和《中阿含經》對應經

9　AN 6.29 at AN III 323,14（譯自 Bodhi 2012: 890）；Kuan 2008: 86 指出這經文有可能是目前見於 MĀ 81 教導的原始經文脈絡。

10　AN 5.28 at AN III 27,13（譯自 Bodhi 2012: 649）；Kuan 2008: 95 提出這經文有可能是目前見於 MĀ 81 教導的原始經文脈絡。

典所使用的譬喻。

儘管《增支部》中的這兩部經典似乎沒有已知的對應經典，很可能是因為這些教法在說一切有部的傳統中雖已出現，但是並未保存在我們目前所留存的文獻中。在此情況下，口誦傳承時期中，因為光明想與領受四禪、隨觀身分、隨觀死屍一起並列，很自然地導致將光明想也列入另一部同時提到禪定境，隨觀身分和隨觀死屍的文本中，例如是《身至念經》的版本。同樣地，觀相出現在與禪定境有關的文本中且伴隨有譬喻的狀況下，也容易導致將觀相攝入於另一部提及禪定境和這些譬喻的文本中。此一狀況為在口誦傳承時期時常有的傾向——也就是將各種原本不相關的經文片段結合在一起，解釋了為何這些修習法目前在《中阿含經》會出現在與《身至念經》對應的經文中。

這進而可能影響到《念住經》在《中阿含經》的對應經文。在《中阿含經》中，對應於《身至念經》的經典早於與《念住經》對應經典，因此可能在經典傳承過程中，造成前期經典的說明被應用在後來的經典裡。如此一來，這些說明也就成為了四念住中身隨觀的一部分。

相對地，《念住經》在《中部》裡先出現，而《身至念經》在後。因此前述的複製在《中部》裡就自然不會發生。這兩部經典在《中部》裡內容就不一樣：《念住經》不包括領受四禪，而只在《身至念經》才提及。

簡言之，這些只在《中阿含經》中出現的修習法，與《念住經》念住修習中的身隨觀並無明顯關係，而似乎是後來編入的。這樣的增編也與第一念住中身隨觀的一個趨勢，即經由併入其他經文段落而增添發展。

二、見於兩個版本的身隨觀

（一）隨念呼吸

於《中部》和《中阿含經》兩個版本均可發現的身隨觀是隨念呼吸，其教導如下：

《中部》：

> 到森林裡，或到樹下，或到空屋……行者坐下，盤腿，端正身體，並且立念於前，吸氣時保持覺知；呼氣時保持覺知。
>
> 入息長時，他知道：「我入息長」；出息長時，他知道：「我出息長。」入息短時，他知道：「我入息短」；出息短時，他知道：「我出息短。」他練習道：「我在吸氣時體驗全身」；他練習道：「我在呼氣時體驗全身。」他練習道：「我在吸氣時使身行安定」；他練習道：「我在呼氣時使身行安定」……。
>
> 像一個熟練的車床師或其學徒，當他正在做長轉時，他知道：「我做一個長轉」；或當他正在做短轉時，他知道：「我做一個短轉」。

《中阿含經》：

> 念入息即知念入息，念出息即知念出息。入息長即知入息長，出息長即知出息長。入息短即知入息短，出息短即知出息短。學一切身息入，學一切身息出。學止身

行息入，學止身行息出。[11]

這兩個版本中的教導相當一致。之間有一個差異是：
《中阿含經》裡並沒有用車床師在車床上做長轉或短轉的譬
喻來說明覺知息長和息短。不同於《中部》中的其他譬喻，
即針對所討論的整個隨觀修習會做完整的解釋，此譬喻只解
說了隨念呼吸四個步驟中的前兩個。此外，《身至念經》也
沒有車床師的譬喻，而此經中關於隨念呼吸的其他面向都跟
《念住經》中一致。[12]

另一項差異是《中阿含經》沒有敘述修習隨念呼吸的地
點，而根據《中部》，修習者會到僻靜的地方，結跏趺坐，
並端正身體。同樣教導可見於《入出息念經》中所描述入出
息念十六行，[13] 以及在《雜阿含經》和大眾部《摩訶僧祇
律》中的對應經文。

《雜阿含經》中此段經文首先描述比丘如何在乞食時善
護身，守護根門，令心安住。用餐後，他收拾衣鉢，洗滌雙
足，走向適合禪修的地方，如林間或空屋處。比丘接著坐在
樹下或空閒處，保持端身繫念在前。[14] 在此處《雜阿含經》
中的版本提及去除五蓋，接著比丘修習隨念呼吸十六行。

在大眾部《摩訶僧祇律》對隨念呼吸十六行的說明，同
樣地首先描述比丘如何在乞食時收攝行為，隨觀身、安住

---

[11] 經文中實際上說到當息出時學止「口行」，這明顯看來是經文訛誤，因
此我已校訂為「身行」，與當息入時所經驗的一致。

[12] MN 119 at MN III 89,9（譯自 Ñāṇamoli 1995: 949）。

[13] MN 118 at MN III 82,24（譯自 Ñāṇamoli 1995: 943）。

[14] SĀ 803 at T II 206a20 是 SN 54.1 at SN V 311,7（譯自 Bodhi 2000:
1765）的對應經典，其十六行敘述對應於 MN 119。

心、守護根門。在用餐後，於寂靜處安坐，如開放空間、山洞、或塚間，敷草為座，端身正直。在克服五蓋後，以十六行修習隨念呼吸。[15]

以《念住經》來說，只有隨念呼吸這修習有明確提及合適的地點和姿勢，其他的身隨觀修習法則沒有提及。由於《中阿含經》對應經典中的教導並未特別指出合適的姿勢或地點，所以有可能這並非出自原有的念住文本。也許隨念呼吸的前四行的教導源自於較為完整的十六行，類似於目前在《入出息念經》和對應經典所見的。由於十六行的架構本身是一完整的修行指導，其中會包括有關於合適地點和姿勢的說明，就比這些說明出現在《念住經》中的修習法中要顯得更為合適。

另一個問題是根據《念住經》對隨念呼吸的教導之後的「重誦」，此修習應該是分別要於內和於外進行的。以各版本中共有的修習法——組成身體的各個部分、構成此身體的四大，以及色身在死後的毀壞——來說，是可以較容易以他人的身體行之；但要說到以他人的呼吸來修習，這應該不容易找到有意義的實作方法。[16]

此外，《念住經》僅列出前四步驟，導致十六行架構中內含的順暢性消失了。十六行的整個用意是在於明示如何從隨念呼吸發展成含攝所有四念住的修習，這個議題隨後將於第十二章詳細討論。當只有前四步驟——覺知息長、息短、

---

[15] T 1425 at T XXII 254c9.

[16] Gethin 1992: 53 評論：「觀察他人身體的概念無疑是夠清楚的，如果我們指的是身體某部分或屍體。但是當我們談到呼吸時，這概念可能就有點難以掌握。」

全身、止息身行時，被從較廣泛的架構中取出而單獨呈現，如此便失去了將完整四念住法透過單一所緣來修習的這種殊勝的教導呈現。

在口誦傳承中，很常見從較長的經文說明中摘取較短的段落，隨念呼吸的前四步驟屬於身隨觀的一種修法，可能就自然地造成它們更直接地與第一念住身隨觀結合，也就是我們目前在《中部》和《中阿含經》版本所看到的結果。

簡言之，可得下列重點：

- 《增一阿含經》版本沒有入出息念。
- 《中部》和《中阿含經》經典中，身隨觀的次第有不同安排。
- 《中阿含經》版本沒有車床師的譬喻，沒有說到適宜的地點和姿勢。
- 只有將此前四行放入完整十六行的架構中成為其部分時，其要點才能清楚顯現。
- 若要將此四行做為念住禪修隨觀外緣的所緣，如此修習並不容易進行。

基於這些論點，《念住經》和《中阿含經》對應經典中關於隨念呼吸的四行，我認為有可能是在身隨觀的原始架構之上所增補的部分。

認為說入出息念前四步驟可能是增編入《念住經》的，並不意味這修習本身是較晚期的，或者說它不應被視為念住禪修的一種修法。根據上座部、根本說一切有部、大眾部傳統的經文有關入出息念十六行的描述之高度相似，而從我們能接觸到的經典原文來看，依次第以覺知呼吸的修習法無疑是初期佛教教法不可或缺的部分。因此，提及此增編之可能

只是指出，複製自其原始出處的某些經文段落，有可能在口誦傳承時期的某個時間才成為較廣泛的念住修習架構一部分。由於說一切有部和上座部傳統均一致將隨念呼吸含攝於其念住修習的解說中，可知此複製必然是在較早時期所發生。

隨念呼吸前四行可能不是最早期身隨觀之一部分的建議，也不是指說隨念呼吸不是念住禪修的一種修習。相反地，隨念呼吸十六行提供整全四念住修習架構的完整實踐，顯示出修習隨念呼吸比起單一念住修習更能提供較全面的指引。換句話說，將隨念呼吸四步驟視為《念住經》的增編，是在明確表明本身趣向解脫潛能下，還原了這禪修做為所有四念住完整實踐的整全位置。在第十二章我的研究裡，我將回到這主題，因為這十六行的架構揭示了四念住的整體意義。

（二）姿勢和動作

在《中部》和《中阿含經》中所見的兩種身隨觀，是了知身體姿勢和正知各種動作動作，關於了知身體姿勢姿勢的教導如下：

《中部》：

　　當行走時，行者知道：「我正行走著。」或當站立時，他知道：「我正站立著。」或當坐著時，他知道：「我正坐著。」或當躺著時，他知道：「我正躺著。」或者，無論其身體是何種姿勢，他都相應地知道。

《中阿含經》：

> 行則知行，住則知住，坐則知坐，臥則知臥，眠則知
> 眠，寤則知寤，眠寤則知眠寤。

《中部》中的教導沒有說到睡眠或醒來時，[17] 另一差異
是《中部》的版本在列舉四種姿勢之後，指出修習者應了知
任何身體部位的安置。換句話說，明確提及四種姿勢只是做
為範例，並無意將此修習只限定於行者端正坐著或站立等的
時刻。

正知各種動作的教導如下：

《中部》：

> 當向前行及折返時，他清楚地知道所行。當向前看及
> 向旁看時，他清楚地知道所行。當彎曲及伸直〔其肢
> 體〕時，他清楚地知道所行。當著袈裟、搭〔大〕衣及
> 〔持〕鉢時，他清楚地知道所行。當吃、喝、咀嚼及嘗
> 味時，他清楚地知道所行。當大便、小便時，他清楚地
> 知道所行。當行走、站著、坐著、入睡、醒來、說話、
> 沉默，他清楚地知道所行。

《中阿含經》：

---

17 Jaini 1979/1998: 66 n. 56 引用了明顯類似於耆那教徒修行方式的教導，
即要求修習者在採取四種姿勢中的任何之一時，以及在吃飯時或說話時
皆保持覺知；亦參考 Schmithausen 1976: 254。

> 正知出入，善觀分別，屈伸低仰，儀容庠序，善著僧
> 伽梨及諸衣鉢，行、住、坐、臥、眠、寤、語、默皆正
> 知之。

因此在《中部》中將正知擴展到前觀後視、飲食、大小便。[18] 雖然在《中阿含經》版本中動作較少，但更精準地指明所謂「正知」的意涵。如此出行和回來應善觀分別，肢體動作應儀態合宜，行者應恰當地著衣持鉢。

這些額外的規範是符合於對僧眾適當行止的整體描述的，其中攝念審慎的行為是邁向解脫的漸次學習的重要步驟。在幾部經典中，正知身體動作與四念住是分別出現的，在這些經文中，正知是做為趣向四念住的修習，而非念住的必要部分。[19] 由於《增一阿含經》版本也沒有提及此修習法，似乎正知動作也可能是後來才加入在念住修習架構中。

了知姿勢也是如此，亦不見於《增一阿含經》版本。事實上，由於很難從了知他人正「走著」、「站著」等，或是「彎曲」、「伸直」等看到修習的利益，也進一步地加強這印象：即這二種修習可能一開始就不是念住修習架構中的一部分。也就是說，了知身體姿勢和動作的修習，只提供從自身的姿勢動作來定錨念。這些修習應用在「外部」時，則不

---

[18] 《長阿含經》，DĀ 2 at T I 14a3，提到正知於看往不同方向時，正在飲食時，如《聲聞地》的情形一般，Shukla 1973: 11,12。在耆那教傳統說到合宜舉止時，Deo 1956: 487，也包括大小便。

[19] AN 10.61 at AN V 116,7 和 AN 10.62 at AN V 119,17（譯自 Bodhi 2012: 1417f），對應經典 MĀ 51 at T I 487c17, MĀ 52 at T I 489a18 和 MĀ 53 at T I 489c21（同樣說明在 T 36 at T I 820b12 和 T 37 at T I 821a9 僅有說到念，沒有明確帶入正知）。

具有如此的效果。相較之下，就所有版本的三種身隨觀：身分、四界、死屍來說，外部修習法看來確實是有意義的。無論是自身還是他身都可正觀為不淨，透視身體僅是物質元素的產物，徹見終將必死和崩壞。

　　正如入出息念一般，這假設並非意指覺知身體姿勢和正知動作本身是後來才出現的；也不意味這些不適於修習念住。這建議所指的僅僅是：原本出自其他經典的一種修習法，可能在口誦傳承時期中相對較早的一個時間點，被含攝在身隨觀的敘述裡。這情形的發生，正是因為此修行法與念住修習有密切關係，且對念住修習具有重要性。

三、見於所有版本的身隨觀

　　所有版本均有的身隨觀修行方式是檢視身體的解剖結構與其成份、還有將自身與腐敗中的死屍做比對，在接下來的三章我會詳細討論。對應版本不但一致地列出這三種修習，而且呈現的次第也一致。根據這次第，身隨觀的第一種修習直接面對身體之美好的概念，這是很自然的，因為對美好的重視是一個重要議題，不論是對於自己的身體或與他人的。事實上，上座部阿毘達磨結集的一部早期論典《分別論》中，隨觀身分是唯一的身隨觀修習；[20] 在說一切有部早期阿毘達磨論典《法蘊足論》中，身隨觀只有提及身分和四界。[21]

---

[20] Vibh 193,17（譯自 Thiṭṭila 1969: 251）。

[21] T 1537 at T XXVI 476a7；在《無礙解道》Paṭis II 232,9（譯自 Ñāṇamoli 1982: 398）中身分和諸界也是身隨觀的兩個面向，從各種角度討論。

　　透過修行隨觀身分而逐漸地不執取，《念住經》和兩部對應經典接著列出隨觀諸界，進一步削弱對身體認同感。行者體悟到自身以及他身，如同自然界外面任何其他物質一般，都是由相同的四大所組成的。

　　就身體的死亡而言，所有版本的第三種身隨觀所討論的主題，是行者學習接受自己身體是無常和必然崩壞的事實，如此修習者將不再被恐懼和執著所影響。

　　從教義術語來說，這三種身隨觀所處理的三個主題為：

- 不淨（asubha）
- 無我（anattā）
- 無常（anicca）

　　故此三部版本的經典所共有的身隨觀核心目的，是從身體並無根本的清淨美好、無我的本質，以及無可避免地會邁向死亡的觀點，將覺知導向對身體本質的正知。這些主題的進展開始於審察身分，以解構身體美麗的概念，而這概念在現代生活的許多層面具有相當影響。關於身體吸引力背後存在著個人將身體認同為我的傾向，所以下一個修習應用隨觀四界來瓦解身體的我見。只要認同身體為我，身體會死亡的事實則始終成為存在的威脅，[22] 接著第三種修習則對治無視和逃避自身死亡的傾向。如此，身隨觀的整體方向，是透過了解身體實相而不執著於身體。

　　若只考量《念住經》中於身隨觀所列舉修習時，其中包

22　Harmon-Jones et al. 1997: 24 解釋：「死亡的恐懼是根植於人類和其他物種所共有自衛的本能。雖然我們與其他物種共有這本能，但只有我們了知死亡是不可避免的……自衛的本能驅動與覺知死亡必然性的結合，創造了癱瘓恐怖的潛力。」

括像是入出息念或覺知姿勢，此觀點則較說不通。儘管這些修習肯定對趨向覺醒之道有其重要功能，對應版本中所共有的三種修習，與此處身隨觀諸修習法的差異在於，並非只念住於身體或其特定部位，如呼吸隨觀時般。相反地，身隨觀的這些修習最主要在於領悟身體的本質；即是，重點在於以觀智開展，而非只是念住本身。

　　在我看來，這是從《念住經》對應經典的比較研究所得出的重要結論，亦即突顯修習念住以契入覺知身體本質是身隨觀的根本意趣。這對那些未見於各版本的身隨觀法並不減損其實用性，只是表明了第一念住的核心任務是克服色身美好的概念，放下做為身體擁有者的想法，並對治逃避身體將會死亡之事實的天生傾向。

四、身隨觀的益處

　　在《中部》和《中阿含經》版本中緊隨在這三種修習之後的經文，我稱之為「重誦」，表示由如是正觀身體本質而安立念和生起智。此兩版本表達這點如下：

《中部》：

　　他安立「有這麼個身體」的覺念，其程度輕微到只足以覺察此念並能持續地繫念於其上。

《中阿含經》：

　　立念在身，有知有見，有明有達。

　　各對應版本共有的三種隨觀法有助於將念重複導引至身，整個身體成為個人更能在意識上連結於自身經驗的一部分，即修持身隨觀的自然結果是強化個人在身體任何姿勢和動作上都能有覺知。因此從修行的面向來看，以了悟身體本質為目的來修持身隨觀並不否定覺知身體姿勢和動作，因為這是此修習方式的自然結果。雖然身隨觀並不只是關於覺知行者的姿勢，如此覺知仍是關鍵的重要修習，可確保在各種活動中都能持續練習念住。

（一）念定錨於身

　　如是修習覺知致使能透過念而專注於身，念可做為日常活動中保持覺知的重要定錨。這種由念定錨於身的說明見於《相應部》和《雜阿含經》中的兩個譬喻，第一個譬喻描述六種動物被綁在一支堅固的柱子上，而第二個譬喻說到有一人捧著滿滿的油鉢，穿過正在觀看一名跳舞女孩的人群。下文為《雜阿含經》版本中六種動物的譬喻：[23]

> 　　譬如士夫遊空宅中，得六種眾生。一者得狗，即執其狗，繫著一處。次得其鳥，次得毒蛇，次得野干，次得失收摩羅，次得獼猴。得斯眾生，悉縛一處。[24]
> 　　其狗者，樂欲入村。其鳥者，常欲飛空。其蛇者，常

[23] SĀ 1171 at T II 313a15-313a24.

[24] 六種動物所列出的順序在對應版本中有所不同：巴利版本 SN 35.206 at SN IV 200,7（譯自 Bodhi 2000: 1256，經號 247）一開始是蛇（不附合有毒），鱷魚、鳥、狗、狐狼和猴子。藏文對應版本 D 4094 *nyu* 80a2 或 Q 5595 *thu* 125b6 列出狗、鳥、狐狼、鱷魚、蛇（也不附合有毒）、猴子。

欲入穴。其野干者，樂向塚間。失收摩羅者，長欲入
海。獼猴者，欲入山林。

此六眾生悉繫一處，所樂不同，各各嗜欲到所安處，
各各不相樂於他處；而繫縛故，各用其力，向所樂方，
而不能脫。[25]

《雜阿含經》與其對應經典一致表明：這些動物被綁的
地點是一根堅固柱子，說明了柱子代表身念住，六種動物代
表六根。這譬喻意味著：身念住提供了如同堅柱的中心，使
能對抗由六根門生起種種吸引的拉力。

以不同的例子來討論相同主題，則是頭上頂著滿滿油鉢
的另一個譬喻。《雜阿含經》版本的譬喻如下：[26]

若有世間美色，世間美色者，在於一處，作種種歌舞
伎樂戲笑，復有大眾雲集一處，若有士夫不愚不癡，樂
樂背苦，貪生畏死。

有人語言：「士夫，汝當持滿油鉢，於世間美色者所
及大眾中過，使一能殺人者，拔刀隨汝，若失一渧油
者，輒當斬汝命。」……

彼持油鉢士夫能不念油鉢，不念殺人者，觀彼伎女及
大眾不？[27]

---

[25] 在 SN 35.206 at SN IV 200,13 蛇要入蟻丘，鱷魚要進入水中。D 4094 *nyu*
80a5 或 Q 5595 *thu* 126a3 與 SĀ 1171 一致說到蛇要入穴（依據 D 的說
法），但也與 SN 35.206 一致提及鱷魚要進入水中。

[26] SĀ 623 at T II 174b21-174b29.

[27] 對應經典 SN 47.20 at SN V 170,3（譯自 Bodhi 2000: 1649）描述人們逐

　　在這樣的處境下，這可憐男子顯然不會忘記他的任務，因為如果他分心看女孩，他可能會潑灑出油而性命不保，《雜阿含經》說明此譬喻中滿鉢的油代表身念住。[28] 要注意的是，在印度容器通常是用頭頂著，頭頂油鉢的意象傳達了透過覺知而專注於身的意涵。

　　由於這男子必須覺察到他周圍的人群，以便穿過群眾而不潑出油，譬喻中所描述的情況清楚地表達重點並非聚焦於自己身體，而排除任何其他一切。相反地，注意力的範圍充分擴增，使得在保持專注於身念住同時，行者也覺知周遭環境而能做出有意義的回應。

　　六種動物和持油鉢的譬喻，提供了對於身念住在日常生活中的益處有用的指示。行者根門的六種「動物」足以拉往各個方向，維持某種程度定錨於覺知身體能提供關鍵的專注力。以此方式，行者甚至能安然地穿過一大群正在觀看最美麗女子歌舞的人群，同時背後還有殺手隨時準備在念散逸時砍下他的頭，即便僅是一剎那的散逸。

　　在平常活動時，這種專注於身體的念，對於在日常環境裡保持覺知是有用的。若試圖跨越密集修行和正常生活之間的差距，一個常見的挑戰是，在禪期環境中發展的高度集中的注意力，以及強調突然停止純然根門的感官訊息，在外面世界可能無法運作。

　　做為實修的說明，我以在禪期之後開車為例：如果交通

漸聚集，最初只是聚集看美女，當她開始唱歌跳舞時，更多人來加入群眾。另一差異是 SN 47.20 說到不再作意於油鉢，出於放逸而將注意轉向外部。

[28] SN 47.20 at SN V 170,18.

號誌燈已轉為紅燈，駕駛者最好清楚注意到這轉變，而不只是保持專注在呼吸的覺受。此外，除了只是注意「紅色、紅色」，駕駛者也必須依一般習慣來辨識紅色號誌燈的意義。儘管這可能看起來明顯只是反射作用，在心能夠適應禪堂之外的情況前，依實際的經驗，這可能要花點時間才能反應。

在這種情況下繼續修行的方式，可以保有開放的心，能有能力參與外面世界，在這同時也透過覺知身體來定錨於心。也就是說，並非將注意力集中在任何特定事物上，例如呼吸或腳底的觸覺等，覺知整個身體可做為定錨念於當下的方法。

事實上，這種錨定對於行者是否真實保持正念提供了有用的檢核，因為檢驗後可以很快清楚是否已經失去錨定。相對地，試圖保持念而無任何特定的參照點，意味著對任何發生的事保持念住，不一定容易修習，雖然聽起來是容易的。對於某些行者來說，至少有自欺的危險，即使實際上已失念，可能最後自以為做任何事都保持念住。

安立在覺知全身的基礎上，不僅提供一個明確的參照點，有助於覺察是否真實地繫念當下，也自然地讓心處於寬廣且開放的狀態。因此身念住的作用就像靠背一樣而不是造成狹隘的聚焦範圍，所以不會干擾處理外面世界的能力。再者，覺知身體有助覺知諸受，進而覺知由渴愛而可能生起的反應，這可導引到第二念住，受隨觀。[29] 因此用全身來承載念的「鉢」提供了堅強的「柱」，能擋得住六根門上不斷往

---

[29] Hölzel et al. 2011: 549 解說：「加強身體覺知……有助於察覺目前感受的生理層面（例如：身體緊繃，心跳急促，呼吸短淺），以及所提供的關於內部對刺激反應的訊息，是為精準識別所引發情緒的先決條件。」

各個方向的拉扯，使行者得以入世而不被牽走。

（二）身念住和不執取

　　從《身至念經》與其《中阿含經》對應經典可獲得關於身念住利益的更深一層面向。這兩部經典集中於探討第一個念住，因此其中列出在《念住經》和《中阿含經》對應經典中構成身隨觀的相同修習。[30] 在列出身念住的修習法之後，《身至念經》與其《中阿含經》對應經典探討由這些修習法可期的益處。

　　這兩個版本用幾個譬喻來說明身念住的利益成效，特別是由慧觀身體的本質來闡明心不執取的正面效用。在每一種身隨觀之後所提及的主要利益，其實是成就心的專注。下文為《中阿含經》版本中說明身念住利益的譬喻。[31]

　　　若有如是修習念身、如是廣布者，彼諸善法盡在其中，謂道品法也。若彼有心意解遍滿，猶如大海，彼諸小河盡在海中。[32]

---

[30] 就 MN 119 來說，如上所述，禪修列表也含攝身體領受四禪，除了列在 MN 10 的修習以外。

[31] MĀ 81 at T I 556c9-557b4（譯自 Kuan 2008: 162）。Kuan 2008: 131 指出大海為所有流水匯聚點的意象，亦見於《廣林奧義書》*Bṛhadāraṇyaka Upaniṣad* 2.4.11（譯自 Radhakrishnan 1953/1992: 199）。

[32] MN 119 at MN III 94,23（譯自 Ñāṇamoli 1995: 954）將諸善法等同為明分法。MN 119 沒有說到完成心意解遍滿的能力，雖然同樣描述的確出現在稍後說明的地方。MN 119 中大海譬喻則說到心遍滿大海，由此含攝所有流入大海的河川，AN 1.21 at AN I 43,12（譯自 Bodhi 2012: 129，經號 575）中身至念也同樣用此譬喻。

換句話說，身念住在修心上奠定基礎，變得像大海一樣廣闊，導向其他諸善法的修習，猶如諸小河都流入大海一般。

這兩個版本接著說到得以對抗魔王的一組譬喻，《中阿含經》提供下列譬喻以說明如何由修習身念住而超脫魔王的勢力範圍：

> 猶如有瓶，水滿其中，正安著地，若人持水來瀉瓶中……彼瓶如是，復受水不？

當然水瓶將不接收任何額外的水，這情況與空瓶接收額外注入的水成對比。

> 猶如力士，以輕毛毬擲平戶扇……彼為受不？

顯然這球不會黏在門上，與此相反的是，有一強壯男人以重石丟在爛泥堆中。

> 猶人求火，以濕木為母，以濕鑽鑽……彼人如是，為得火不？

不用說，他必不能得到火。與他用乾木材和乾燥的鑽子來取火時正好相反。

這些對應版本中的三個意象非常相似，除了順序有差異之外。《身至念經》首先說明：那些沒有修身念住的人將如何墮入魔王的魔掌，就如同重石丟入爛泥堆中，以乾木柴生

火，以及水注入空瓶中一般容易。接著《身至念經》就已修習身念住的人來說，在此情況下魔王沒有機會，這比喻為丟輕毛球在門板上，設法用濕木生火，以及試著注水入滿瓶中。不過在《中阿含經》版本中，空瓶隨後是滿瓶，重石丟入爛泥，接著輕毛球丟在門板上，以及乾木生火後接濕木生火。

　　《身至念經》接著以三個譬喻將已修習身念住者能自在達到證悟，比喻為強壯男子可自在打翻滿水的瓶，或鬆動滿水池塘的堤防，或是熟練的調御師可自在駕駛馬車去任何他喜歡的地方。

　　這兩個版本所共有的譬喻是水瓶、毛球、柴薪，生動地強調身念住對修心的重要性。《身至念經》和《中阿含經》對應經典接著提供一個列表，列出修習身念住成就時可預期的利益。雖然列表中有一些差異，這二個版本的共同處是身念住將使行者能堅毅忍受寒熱饑渴等，以及不滿足和恐懼。這些利益明示，由於不執取身體，因而可以在變化無常中安住平穩。

　　身念住更深層的利益是有助於成就四禪，這反映出需要超越感官欲望以便能經驗深定的心的喜樂，進一步的利益是獲得六神通，而最後漏盡通則是成就正覺時的摧毀諸漏。如是，對於已經在解脫道上前行的行者來說，身念住幾乎就像如意寶珠一般。

五、結語

　　首個念住的核心主題是慧觀身體真實性質做為培養不執

取的方法。將覺知導向身分揭示身體的不淨；隨觀自己身體裡面的物質四界削弱其自我認同；以及面對身體無可避免的死亡導向其無常本質。反覆地導引覺知去探究身體的性質，使念得以安住於身體，提供強而有力的堅「柱」，有助於在日常活動中承載念的「缽」而不散亂。

第四章　身分

一、導言

從解剖的觀點來檢視色身的組成是三種身隨觀的第一種修法，見於《念住經》和漢譯《阿含經》中的二部對應經典，下文中我將比較這三個版本相關經文的說明，然後探討其重要性。

《中部》：

行者檢視這同一具身體，從腳底往上、從頭髮往下，由皮膚所覆蓋並充滿著種種的不淨：

「這身體內，有頭髮、體毛、指甲、牙齒、皮膚、肌肉、筋腱、骨骼、骨髓、腎臟、心臟、肝臟、橫隔膜、脾臟、肺臟、腸、腸間膜、胃容物、糞便、膽汁、痰、膿、血液、汗水、脂肪、淚液、油脂、唾液、鼻涕、關節滑液和尿液。」

……就像一個有好眼力的人打開一個兩端有開口的袋子，袋中裝滿各種不同的穀物，像是山米、紅米、豆子、豌豆、小米和白米。此人依次檢視道：「這是山米；這是紅米。這些是豆子；這些是豌豆。這是小米；而這是白米。」

《中阿含經》：

此身隨住，隨其好惡，從頭至足，觀見種種不淨充
滿：
我此身中有髮、髦、爪、齒、麁細薄膚、皮、肉、
筋、骨、心、腎、肝、肺、大腸、小腸、脾、胃、摶
糞、腦及腦根、淚、汗、涕、唾、膿、血、肪、髓、
涎、膽、小便。
猶如器盛若干種子，有目之士，悉見分明，謂稻、粟
種、蔓菁、芥子。

《增一阿含經》：

觀此身隨其性行，從頭至足，從足至頭，觀此身中皆
悉不淨，無有可貪。
復觀此身有毛、髮、爪、齒、皮、肉、筋、骨、髓、
腦、脂膏、腸、胃、心、肝、脾、腎之屬，皆悉觀知。
屎、尿、生熟二藏、目淚、唾、涕、血脈、肪、膽，皆
當觀知，無可貪者。

當與《中部》對照時，《中阿含經》的起頭特地指定應
觀此身「隨住」，這似乎意味著此修習法不局限於坐姿。換
句話說，觀察身體的組成部分可以，甚或是應該要依身體的
任何姿勢隨時修習。[1]《中部》中對於隨觀諸界也有類似說
法，說到應觀察身體「不論身體在何處，姿勢為何」。

---

[1] 在揵陀羅《雜阿含經》殘卷中，有一類似指定說到不淨（aśua）的認
知，Glass 2007: 150。

　　《增一阿含經》版本的說明是應審觀身體「隨其性行」，此處「行」這個中文字可以理解為「作用」，也可理解為「活動」。整體教導所傳達的微細差別不僅在於得以洞察身體的組成構造，也許在某種程度上還有覺知不同身分的作用。這點很重要，不僅因過度耽著於某些身體部位的吸引，而對其它部位感到極度嫌惡，可能會造成忽視這些身體部位其只為維持身體存活和正常運作的事實。

　　《中阿含經》版本的教導說到應審觀身體「隨其好惡」，使平等的微細差別變得明確清楚。雖然這項指定沒有出現在對應版本中，但類似的態度某程度上呈現在實際所列出的身體部位上。在所有版本中，此列表提及身體部位如牙齒、皮膚、頭髮，這些通常被視為有吸引力的特性，其它並列的身體部分如黏液、膿、糞便、尿液，一般經驗為嫌惡的。因此身體部位的列表似乎例證了《中阿含經》所明白指出的：以平等的方式隨觀，審察一般被視為有吸引力的和嫌惡的身體特徵。[2] 在此所要學習的重點，就是最終所有這些身體部分都具有相同性質，而將它們區分為具吸引力的和嫌惡的都是出於心識的評量。

　　《中阿含經》的敘述接著指出修習也需「觀見種種不淨充滿」，在同樣的經文脈絡下，《增一阿含經》教誡「此身中皆悉不淨」，且此教導於《中部》也說到身體是「充滿著種種不淨」。

　　在古印度的時空背景下，不淨是相當自然地與身體聯繫

2　Hamilton 1995: 58 在評論巴利身分列表時提出：其措詞「清楚地說明做
　　為分析禪修的部分，是以達到相同客觀程度的角度來觀察每一個部分，
　　不論這是否牙齒、黏液、或是膿。」

的特質，[3] 然而，我將漢譯《阿含經》段落裡的「不淨」譯為「impure（不淨）」，並非是原文唯一可能的譯法。即使這是中文用語「不淨」最顯而易見的譯詞（在巴利對應用語 *asuci* 的字義顯然意味著「不淨」或「不潔」），在中文裡「不淨」同樣可適當地表達其意涵「不美好的」（*asubha*）。[4] 一個明顯的例子是在漢譯《阿毘達磨俱舍論》的段落用「不淨」來翻譯梵文原典的用語「不美好的」（*aśubha*）。[5]

在初期經典以及《決定義經》、《大乘集菩薩學論》、《聲聞地》等典籍中，隨觀身分其實經常歸在「不美好」之下。[6] 同樣地，在《增支部》中的一部經典其「不美好」的標題是指觀察身體的部位，不過同部經其後在引介身體的部

---

[3]　Olivelle 2002: 190 解釋說，一般在古印度，「苦行經典顯示身體本質是非常不淨的」。

[4]　Hirakawa 1997: 54 在該字下列出 *aśubha*，*aśuddhi*，*aśuci* 做為可能是「不淨」的梵文同義字。

[5]　《阿毘達磨俱舍論》，*Abhidharmakośabhāṣya* 6.9，Pradhan 1967: 337,8 提及 *aśubha* 中文對應字在 T 1558 at T XXIX 117b6 以及 T 1559 at T XXIX 269c9 譯為不淨；參見下面註腳 38 和頁 212 註腳 15。

[6]　《決定義經》，*Arthaviniścaya-sūtra*，Samtani 1971: 41,7 中使用 *aśubha*（不美好）一詞來介定身分列表，特別是引入正念的例子以防比丘看到女子時為情欲所支配（雖然在同一典籍中先前段落使用 *aśuci*（不淨）的用語，參見 Samtani 1971: 23,5）。《大乘集菩薩學論》，*Śikṣāsamuccaya*，Bendall 1902/1970: 209,7 是在 *aśubhabhāvanā*（非善美修習）的標題下引介身分列表。《聲聞地》，*Śrāvakabhūmi*，Shukla 1973: 203,1 將身分列表描述為修習 *aśubha*（不美好）的方法，在此情況下，漢譯 T 1579 at T XXX 428c24 使用「不淨」的譯詞，而在這之前指出它們是「朽穢不淨」。

位的實際列表時有用到「不淨」這素質。[7] 換句話說，從經典的觀點來說，不美好的和不淨的概念似乎是可互換的。

不論決定使用哪個語詞，這一修習法的重點是揭示身體並不美好。《增一阿含經》中的版本在總結如何實際隨觀的起始敘述時，指明是由身體「無有可貪著」來實行，「無有可貪著」這句在身體各部位列表完之後再次重複。這句話明確地指出不執取，並且說明「不淨」或「不美好」這兩個概念，不論行者可能會較喜歡哪一個，實修上應如是以生起不執取的平等態度來進行。

為能正確理解念住禪修的特性，要特別注意此修習法是關聯到價值判斷剝離的這個要素。[8] 不論是「不淨」或「不美好的」，從身分的角度來說，身隨觀會結合念住與明顯涉及價值判斷的概念。也就是說，念住在初期佛教思想中並不只是非評斷性的。不言可喻的，如此藉由漸次剝離的價值判斷以利趣向解脫，跟以批判方式對體驗做出強制性反應是相當不同的。[9]

---

[7]　AN 10.60 at AN V 109,18（譯自 Bodhi 2012: 1412）引介身分列表為「不具吸引力想」（*asubhasaññā*），但列表本身則有觀察「不淨」（*asuci*）的標準用語，唯一可知的對應經典是保存在藏文 D 38 *ka* 277a1 或 Q 754 *tsi* 293b5（顯然是譯自巴利原典，參見 Skilling 1993），說到兩個不淨（*mi gtsang ba*）的例子。這教導的敘事背景顯示一位病比丘被告知「想」的各種禪修法，而這教法的結果是比丘恢復健康了。因此在初期佛教的背景裡，如目前這種修習是被認為可以引生激勵後效的。

[8]　Bodhi 2011: 26 評論：關於「念一般註釋是視為本質上不具有分別、評價和判斷的一類覺知」，而這「不太符合經典所說，甚至可能對如何修習念造成知見扭曲」。

[9]　Kabat-Zinn 2011: 291f 實際上解釋說，把修習念說成是「不具判斷性的，並不意味著……評斷不再生起於一些理想狀態中」。這要點僅是避

　　關於身分的實際列表，對應版本呈現出少許的差異。有一例是兩部漢譯《阿含經》版本明確提及腦。[10] 這類差異反應出一個事實，即這些列表可能最好理解為所選擇列舉的部分是為了來例示身體的解剖結構。[11] 而這些部位本身並不如全面明瞭身體真實性質那麼重要。

　　三個版本間最突出的差異，是《增一阿含經》沒有以觀看各類穀物的譬喻，來舉例說明這修習的進行方式。從《中部》中的敘述來看，這些穀物是出現在一種播種用的布袋裡。[12]

　　《中部》和《中阿含經》譬喻說明禪修時的正確態度，從而證實《增一阿含經》版本教導所傳達的印象，即無有任何身體的部位是「值得貪著的」。正如看著各類穀物不會激起觀察者的貪執或瞋厭，以同樣的方式審觀身分，應引生出遠離貪執和瞋厭的平等態度。

　　對於將身體視為「不淨」，以觀看各類穀物的譬喻來說，可確實演示將事物視為不具美好吸引力的一個方法，然而此意象似乎與不淨沒有任何明確的關聯性。不論是稻米、豆子或其它種子，觀看這些穀物在乾燥狀態下準備好要播種，似乎並不是在說明不淨，而若有其他譬喻會更適切。故以這譬喻的意義來說，是可以將此修習法理解為與「不美好的」（*asubha*）有關。

　　免對當下經驗做出習慣性的評斷反應。
[10] 在巴利經典其他經文有說到腦，參見 Sn 199。
[11] Hamilton 1996: 10 指出：「這列表顯然並不全面的事實，意味著這種描述無意被理解為身體由何組成的明確列表；而是舉出許多示例；亦參見 Dhammajoti 2009: 250-2 關於身分的各種列表。」
[12] Schlingloff 1964: 33f n.10.

二、平衡

　　接下來是為了正確修習所須的平衡態度，並不會由隨觀身分而自動生起。實際上有著以不平衡的方式進行修習的記載存於每部現有的主要律典中，其中描述一群比丘在隨觀他們自己身體不美好的性質之後，因此而自殺。記載中接著說到佛陀勸導比丘應修習念呼吸來替代。[13] 顯然地，修習對身體的厭惡到想擺脫此身的程度，並不是比丘們應有的修行方式。

　　當試圖去理解這令人費解的情況時，也許重要的是，沒有任何一部對應經典中記載佛陀有說到應如何修習覺察身為「不淨」或「不美好」的實際教導。在記載中他只是大概地教導這種修行法。因此在我看來，這故事的要點是隨觀身分若以不平衡的方式進行，可能是有害的。《中部》和《中阿含經》譬喻所傳達的微細差別，以及《增一阿含經》敘述中明確教誡不執取，都指向同一個方向：心智平衡和不執取是至關重要的。

　　心智平衡的整體重要性，在早期經典也以另一種方式出現，其中說到漸進性地修習對事物覺受而生起厭離或不厭

---

[13] 此記載可見於於法藏部《四分律》T 1428 at T XXII 576b7，大眾部《摩訶僧祇律》T 1425 at T XXII 254c6，化地部《五分律》T 1421 at T XXII 7c6，說一切有部《十誦律》T 1435 at T XXIII 8a13，和上座部律 Vin III 70,19（= SN 54.9 at SN V 321,21，譯自 Bodhi 2000: 1774）。這故事版本在根本說一切有部律中並沒有引進入出息念的教導，而是佛陀對此做出裁定，參照 T 1443 at T XXIII 923b24 和 D 3 ca 134b4 或 Q 1032 che 120b8。不過這事件在根本說一切有部另一版本 SĀ 809 at T II 208a3（Anālayo 準備翻譯中）是有入出息念的教導。

離，最後的結果是平等捨。《雜阿含經》中有段經文直接將
此連結到建立念，其教導如下：[14]

　　於內身起厭離想，於內身起不厭離想，厭離、不厭離
　　俱捨想，正念、正知。

　　這段經文接著應用相同教導於身的外在，身的內在和外
在，然後以同樣方式應用在其他三種念住上。上述段落於
《相應部》的對應經文更詳細，經中說到認知不厭離為厭
離，以及厭離為不厭離等。[15] 此經文清楚表達修習的要行是
為了對治平常的覺知方式。但這種另類的覺知本身並無絕對
的價值，只是為了說如能適當地修習，如此會能引生平等心
並建立起隨念和正知。這為隨觀身分設立了合適的文本，此
處的整體目標應同樣是達到對於身體的不執取的平等心，同
時建立隨念和正知。
　　除了需要合適的態度之外，隨觀身分另一重要層面是在
實修上首先關注自己的身體。這在《中阿含經》版本中有明
確說到，經文在列示身體部位時，指明「我此身中」。對應
版本也使用相同意義的「此身中」來表達，由於此段經文是
從禪修者的角度來闡述，即使沒有明確指明「我的」，其意
指禪修者自己的身體是清楚明了的。當其他經典為了觀察身
體不美好而列示身分時，核心問題同樣是在於觀察禪修者自

[14] SĀ 536 at T II 139b28-193c1.
[15] SN 52.1 at SN V 295,11（譯自 Bodhi 2000: 1751）。另一差異是 SN 52.1
　　在念和正知之外，再加上捨。

己的身體。[16]

　　《相應部》和《雜阿含經》中的對應經典有一段明確處理年輕比丘如何能過獨身生活的問題。除了視女子為自己的親人（母親、姊妹或女兒），並且修習守護根門之外，經典中也提到以隨觀身分做為幫助年輕比丘克制感官欲望的方法。在這兩個版本中，其教導提到「此身」中的身體部位，即是在這位修習比丘的身體裡。[17]

三、感官吸引的動力

　　強調首先要觀自己的身體，其背後的邏輯在《增支部》中有經典做了澄清，可惜似乎沒有其他相對應的經典被保存下來。雖然在此段討論中，我通常以保存在不同傳統中的文獻資料為根據，此處我想破例並提供一段我所做的相關經文的翻譯，即便以我所知它僅見於上座部傳統中。這段經文對於為何在隨觀身分時首先須要從自身開始，提供了重要的說明。此《增支部》經文如下：[18]

　　　一名女子於內注意到女性特徵：女性的行為、女性的態度、女性的方式、女性的欲望、女性的聲音、女性的

16　只有在身分列表是用來隨觀諸界時，才沒有指明「此身中」，關於這點將於下一章討論。

17　SN 35.127 at SN IV 111,17（譯自 Bodhi 2000: 1198）和 SĀ 1165 at T II 311a27 。同樣的明確說明亦見於犍陀羅《雜阿含經》殘卷中，Glass 2007: 150。

18　AN 7.48 at AN IV 57,4-58,1（譯自 Bodhi 2012: 1039，經號 51）。

妝飾，她喜歡上這樣並樂於其中。在享受並樂於其中時，她於外注意到男性特徵：男性的行為、男性的態度、男性的方式、男性的欲望、男性的聲音、男性的裝飾，她喜歡上這樣並樂於其中。當享受並樂於其中時，她渴求對外交合，並渴求於外在交合中獲得歡樂愉悅。

享受女性特徵的眾生會與男子交合……如是，女子無法超脫女性特徵。

一名男子於內注意到男性特徵：男性的行為、男性的態度、男性的方式、男性的欲望、男性的聲音、男性的裝飾，他喜歡上這樣並樂於其中。在享受並樂於其中時，他於外注意到女性特徵：女性的行為、女性的態度、女性的方式、女性的欲望、女性的聲音、女性的妝飾，他喜歡上這樣並樂於其中。當享受並樂於其中時，他渴求對外交合，並渴求於外在交合中獲得歡樂愉悅。

享受男性特徵的眾生會與女子交合……如是，男子無法超脫男性特徵。

經文接著解說在相反情況下，當個人不喜歡自己的性別特徵時，也就不會喜歡上相對性別的特徵，因此不會渴求外在交合。

這段經文的分析，對於將隨觀身分做為超越感官欲望之外的一種修行方式之目的和修習架構，提供了重要的指示。像這段經文清楚地表明，無論後期佛教文獻中的觀點如何，從初期佛教來看，此處涉及的問題並非是能單純歸類為異性感官吸引的問題。相反地，性欲根源於對自身性別的特質和特徵之認同和隨之出現的喜悅。無法超越這種基於女性或男

性的狹隘身分認同，就會導致向外追求自身所沒有的經驗。若能放下狹隘的性別認同感，放下喜愛自身性別特徵的傾向，便開啟了通往解脫的超越之道。

這清楚說明為何隨觀身分首先須要從自己身體開始修，也只有在先以自己的身體建立基本修持之後，才能清楚明白地隨觀他人身體。[19]

實際隨觀自己身體的解剖結構，則可以列出身體的各部位來做為起點。不用說，將此付諸實踐的要點不僅只是記憶或背誦各身分名稱，儘管可以以此開始。實際上，要能順利如此修行，須要對身體各部位有基本的解剖上的知識，並且試圖想像，甚至最好是能知道這些部位於自身內的實際身體感覺。

《自歡喜經》和《長阿含經》中的對應經典皆提及從隨觀身分到捨離皮膚和肌肉以進展到能僅覺知到骨頭的修習。[20] 這表明此修習法確實與取得身體部位的體感有關，如皮膚和肌肉等，並於最終達到身體最內層部位的骨頭，而這

---

[19] 《分別論》以於內修習法開始解說念住，Vibh 193,18（譯自 Thiṭṭila 1969: 251）引介「此身中」用語，因此是關於自己的身體，與於外修習法對比，其採用「彼身中」的措辭，Vibh 194,4。Vibh 193,23 在描述於外隨觀他身之前，明確指出在開始此類於外隨觀前，一定是善修習、多修習於內隨觀自己的解剖身分。

[20] DN 28 at DN III 105,12（Walshe 1987: 420 的翻譯似乎不完全合於原文）提到血與肉並列，對應經典 DĀ 18 at T I 77b18 除了骨頭之外還說到牙齒。其他對應經典 T 18 at T I 256a13 教誡觀察皮膚、肉、骨頭、骨髓。值得注意的是，在 DN 28 at DN III 105,12 的描述使用同樣動詞 paccavekkhati（觀察），如同隨觀身分的標準敘述所使用的，這在 DN 28 前段經文和 MN 10 at MN I 57,15 都有提及，表達的印象是二種修習法都涉及到相同的基本觀察模式。

透過對身體敏感的訓練,事實上是可以感覺得到的。

四、感官吸引力的問題

不論行者如何來實踐這些教導,隨觀身分的主要目的是去除感官欲望。初期佛教之所以將感官欲望視為問題的理由,由《摩犍提經》和《中阿含經》中的對應經典可清楚得知,其中的寫實譬喻提到痲瘋病人抓破傷口上的疥瘡,並且用火炙燒。[21]

以此方式經歷的解脫,說明了沉溺在感官欲樂的樂受,痲瘋病人愈是搔抓傷口,病情就更惡化;正如愈是沉溺於感官享受的人,感官欲望將進而變得更強烈。事實上,根據《摩犍提經》和《中阿含經》中的對應經典,即使是有權任其支配以滿足感官欲望的國王,由於對感官欲望的渴求,亦將不得內心的安穩。換句話說,感官欲望的滿足不是真正的解決方法,因為它只提供短暫的舒緩,卻付出感官欲望長期增長的代價。

《摩犍提經》和《中阿含經》的相應經典指出,如果是一位痊癒了的痲瘋病人,見到痲瘋病患用火燒烤傷口,已痊癒者肯定不會覺得這麼做有吸引力,也不會覺得痲瘋病患有任何可欣羨之處。如果他被強行拖拉到火邊,已痊癒的痲瘋病人將會盡全力逃脫,因為不再患此疾病,他不會想再靠近曾經如此渴望的用來燒烤傷口的火。

---

[21] MN 75 at MN I 506,6(譯自 Ñāṇamoli 1995: 611)和 MĀ 153 at T I 671b25。譬喻的概略說明是依據 MĀ 153,此經在我看來呈現較順的次第。

　　這兩部對應經典中的比喻，敘述了對於沉溺在感官欲樂的斷然捨棄。《摩犍提經》和《中阿含經》中的對應經文最後提出結論，正如痲瘋病患會以受火烤為樂只是因為生病而產生扭曲的認知，以沉溺於感官的享受為樂只是因為此人帶有扭曲的認知，換句話說，只是此人在某種程度上心理染上了感官欲望的疾病。除非是適當地用藥，比如是對自己身體修隨觀身分，否則這種沉溺於感官欲望的疾病會威脅損害身心的自然之美，並將人變成精神上的痲瘋患者。

　　《哺多利經》和《中阿含經》中的對應經典也以一系列譬喻討論感官欲樂的主題，下文譬喻從《中阿含經》版本摘出，每一個譬喻都以獨特的意象說明沉溺於感官享樂的本質：[22]

　　　　猶如有狗，飢餓羸乏，至屠牛處，彼屠牛師、屠牛弟
　　　　子淨摘除肉，擲骨與狗。狗得骨已，處處咬嚙，破脣缺
　　　　齒，或傷咽喉，然狗不得以此除飢……。[23]
　　　　猶去村不遠，有小肉臠，墮在露地，或烏或鵄，持彼
　　　　肉去，餘烏鵄鳥競而逐之……。[24]
　　　　猶如有人，手把火炬，向風而行……。[25]
　　　　猶去村不遠，有大火坑，滿其中火，而無烟燄。若有
　　　　人來，不愚不癡，亦不顛倒，自住本心，自由自在，用

[22] MĀ 203 at T I 774a20-775a13.
[23] MN 54 at MN I 364,12（譯自 Ñāṇamoli 1995: 469）沒有說到狗因啃骨頭而傷到自己。
[24] MN 54 at MN I 364,30 指出其它鳥類啄抓這隻啣著肉塊的鳥。
[25] 根據 MN 54 at MN I 365,5 火炬是由草做成。

樂不用苦，甚憎惡苦，用活不用死，甚憎惡死……此人寧當入火坑耶？……。[26]

猶去村不遠，有大毒蛇，至惡苦毒，黑色可畏。若有人來，不愚不癡，亦不顛倒，自住本心，自由自在，用樂不用苦，甚憎惡苦，用活不用死，甚憎惡死……此人寧當以手授與及餘支體，作如是說：「蜇我蜇我耶？」

猶如有人，夢得具足五欲自娛，彼若寤已，都不見一……。

猶如有人假借樂具，或宮殿樓閣，或園觀浴池，或象馬車乘，或繒綿被，或指環臂釧，或香瓔珞頸鉗，或金寶華鬘，或名衣上服，多人見已而共歎曰：「如是為善，如是為快，若有財物，應作如是極自娛樂。」[27]

其物主者，隨所欲奪，或教人奪，即便自奪，或教人奪，多人見已而共說曰：「彼假借者，實為欺誑，非是假借。」……[28]

猶去村不遠，有大果樹，此樹常多有好美果。若有人來，飢餓羸乏，欲得食果。彼作是念：「此樹常多有好美果，我飢羸乏，欲得食果，然此樹下無自落果可得飽食及持歸去，我能緣樹，我今寧可上此樹耶？」念已便上。

復有一人來，飢餓羸乏，欲得食果，持極利斧，彼作

---

[26] MN 54 at MN I 365,16 指出炭火坑比一個男子的高度還深，且沒有火焰。

[27] MN 54 at MN I 366,1 僅有說到車乘和飾有珠寶的耳環，這借用者以此裝飾自己走到市場。

[28] MN 54 沒有描述人們如何反應。

是念：「此樹常多有好美果，然此樹下無自落果可得飽食及持歸去，我不能緣樹，我今寧可斫倒此樹耶？」即便斫倒……若樹上人不速來下者，樹倒地時，必折其臂、餘支體耶？[29]

《哺多利經》中的譬喻有一些小差異，如落入炭火坑是因為被兩位有力的男子扔下坑洞，以及在夢中所見是怡人的園林、樹林，而非五種感官欲樂具足。[30] 最值得注意的區別，也許是《哺多利經》並沒有毒蛇的譬喻。

相對應的版本中在每一個譬喻之後都有結論，說到感官欲樂所提供的樂受微小，與耽溺在感官欲樂所造成的大過患形成對比。因此陷於感官欲樂，就像是一隻飢餓的狗啃咬沒有肉的骨頭，這對於緩解饑餓是無濟於事的。或相當於得到一小片食物的鳥，立即陷入為其它鳥所追逐的困境，必須放棄這一小片食物以求活命，這譬喻說明追逐感官欲樂所造成的競爭。同樣問題在《苦蘊大經》和對應經典有更詳細的解說，依據經典，犯罪和戰爭皆可以追溯到因滿足欲樂的渴求而引起的競爭。[31]

逆風握著燃燒的火炬，因此或多或少會燒到自己，描繪了感官享受之火如何不可避免地令自己陷入苦惱。沉溺在感官享受而招致的傷害，可比擬為墮入燃燒的炭火坑，此意象

29　根據 MN 54 at MN I 367,1，他甚至可能死亡。

30　MN 54 at MN I 365,16.

31　MN 13 at MN I 86,28（譯自 Ñāṇamoli 1995: 181），對應經典 MĀ 99 at T I 585a28, T 53 at T I 847b2, EĀ 21.9 at T II 605a28 和 T 737 at T XVII 539c26。

或許旨在說明如此業果是來自為得到感官欲樂而採行的不善行為。最好避免感官享受,正如人會避開毒蛇。

分析到最後,感官欲樂是虛幻不實的,猶如一場夢。陷於感官的追逐,就像是炫示借用的物品,或像是爬上果樹結果卻發現這棵樹正要被砍倒。

五、更高層次的喜樂

這些意象裡的所提到的感官欲樂最終並不在於否定其樂受,而是強調沉溺於某感官欲樂的危險,以及無視於它們根本的缺點。《摩犍提經》和其對應經典清楚表明,佛陀能不倚賴感官而得以享受殊勝喜樂:即深定的喜樂。因此他對感官欲樂毫無興趣,並不會對此有任何一點渴望。[32]

在《身至念經》和《中阿含經》的對應經典中,隨觀身分是一套禪修方法,其目的是令心專注。[33] 根據這些經典對觀察身體的各種方式做更精細的審驗時,可以澄清在初期佛教禪修中,身體並非單純地被視為負面的。[34] 除了檢視身體的解剖結構之外,《身至念經》和《中阿含經》對應經典也描述覺知身體的姿勢,這裡所指的是不論身體是何種姿勢,盡可能持續不斷地與身體相應。這種「與身體相應」無關乎對身體的厭惡。嫌惡此身體將造成難以順利地依此修習,因

---

[32] MN 75 at MN I 504,34(譯自 Ñāṇamoli 1995: 610)和 MĀ 153 at T I 671b1。

[33] MN 119 at MN III 90,33(譯自 Ñāṇamoli 1995: 951)和 MĀ 81 at T I 556a24。

[34] 對這主題更詳盡的解釋,參見 Anālayo 2014b。

為修習目的在於使行者能於當下穩固地以自身的身體經驗為基礎——正與逃避身體的企圖恰恰相反。

《身至念經》和《中阿含經》對應經典的說明還包括四禪的身體體驗，這兩個版本中描述了遍滿全身的喜樂，到身上每一細微處都被此滲透感染的程度。因此在體驗禪定時，身體成為強烈喜樂的焦點，似乎與全然否定身體相距甚遠。

在隨觀身分中看似對身體所持負面的態度，實際上是有效的禪修動力，導向由禪定而獲得極度喜樂的身體體驗。這背後的理由單純是感官欲望應被克服，心才能安穩並且達致增上的喜樂。因此覺知身體的解剖結構，是從感官欲望獲得解脫的第一步，有助於從不執取的面向來看待身體，而超越喜愛或厭惡。

根據禪那的標準敘述，獲得初禪的先決條件，是心遠離感官欲望，這是五蓋中的首個禪定障礙。以此方式捨離感官欲樂，並不是剝奪行者的喜樂而枯留在沉悶灰色世界。相反地，其目的是趣向從感官享樂的束縛中解脫，以便能得到內在更殊勝的喜樂來源。

事實上經典常將感官欲樂的穢樂、凡夫樂、非聖樂和定心的殊勝樂作對比，[35] 如同《法句經》的偈頌所宣說：

　　若由捨離物質樂，
　　可得見於勝妙樂；
　　智者捨棄物質樂，

---

[35] MN 66 at MN I 454,12（譯自 Ñāṇamoli 1995: 557）和 MĀ 192 at T I 743a12。

於此觀見勝妙樂。[36]

　　正如捨棄感官欲樂可以引生更高層次的喜樂一般，所以解構身體美好的概念，可由隨觀身分而導向對美好有更精細的概念。明確棄捨身體的吸引力，是為當今念住修習所提倡，這並非意味著初期佛教思想全然拒絕美麗的概念。反之，美好的概念在初期佛教思想中確實占有一席之地。

　　這背後的義理論點是，培養一個遠離瞋恚或惡意的精神狀態是導致未來世得美好身體的條件之一。[37] 此處與身體美好的關聯顯而易見，因為即使在當下生起瞋怒也會導致面部表情和身體姿勢不算美，毋須等待來世的果報。

　　美好的概念在早期佛教經典中，其實是直接應用於心的狀態：一個專注的心、遠離感官欲望和瞋恚而修習 *mettā*——「慈愛」或更像是「仁慈」，構成美好之極致。《雜阿含經》解釋：[38]

---

[36] Dhp 290（譯自 Norman 1997/2004: 43），對應經典有犍陀羅《法句經》Gāndhārī *Dharmapada* 164, Brough 1962/2001: 145，巴特那《法句經》Patna *Dharmapada* 77，Cone 1989: 123f，梵文《法句經》*Udānavarga* 30.30, Bernhard 1965: 399。我的翻譯依據 Norman 1997/2004: 142 的解釋；根據註釋書的註解 Dhp-a III 449,4，這首偈並非關於捨棄來自「物質」事物的喜樂，而是捨離「小」喜樂。

[37] MN 135 at MN III 204,18（譯自 Ñāṇamoli 1995: 1054），對應經典 MĀ 170 at T I 705a29, T 78 at T I 887c27, T 79 at T I 889c25, T 80 at T I 892a28, T 81 at T I 897a8, T 755 at T XVII 589a27, Lévi 1932: 37,18 and 185,25，以及 D 339 *sa* 301a4 或 Q 1006 *shu* 312b8。

[38] SĀ 743 at T II 197c11，特別是中文的「淨」代表「美」的例子，而不是「清淨」。

心與慈俱多修習，於淨最勝。

　　《相應部》中的對應經典指出，以慈心解脫心靈可獲致最上的美好。[39] 如是，透過徹底解析美好的真實意義和條件為基礎，美好這一概念在早期佛教思想是有正面意義的。從早期佛教的觀點來看，執迷於美化身體是誤將手指當作月亮的典型例子，而重要的是應該以心做為美好的來源。基於這樣的轉換，禪修在某種程度上可視為恰當的美化方法。
　　正如以捨棄感官欲樂做為審察身體部位的基礎可以導向更高層次快樂的體驗，所以在此修習法中，解構身體的美好可以清楚導向另一種美好的概念：心的美好，而此是由根除對身體或其他任何事物的執取和厭惡以達成。因此，解構身體美好不會使修行者處於一個毫無美好可言的世界。相反地，這是以由鍊心而來的恆久概念，來取代依賴當前時尚所指定之身體理想外形的概念。

六、結語

　　隨觀身分須以平衡的方式來進行，且以自己的身體做為起點。此修習主要目的是對治感官欲望的疾患，其在某種程度上破壞行者心的自然美，並可能將人變成心理上的痲瘋病人。從感官享受的束縛中得到解脫，行者能獲得內心裡喜樂的殊勝源頭：處於深定中的心的美好。

---

[39] SN 46.54 at SN V 119,17（譯自 Bodhi 2000: 1609），根據註釋書 Spk III 172,24 提供的經文說明。

第五章　四界

一、導言

在三種身隨觀中的第二種修法,可見於《念住經》和兩部漢譯《阿含經》中的對應經文裡。此修行法是檢視身體的組成元素(諸界)。下文為此三個版本中的教導,並且會研討其意涵。

《中部》:

> 行者從四大的觀點來檢視這同一具身體,不論身體在何處,姿勢為何:「這身體內,有地界、水界、火界、風界。」
> ……就像一個熟練的屠夫或他的學徒,在宰殺了一頭牛之後,他坐在十字路口,身邊是那頭牛被剁成一塊塊的肉。

《中阿含經》:

> 觀身諸界,我此身中有地界、水界、火界、風界、空界、識界。
> 猶如屠兒殺牛,剝皮布於地上,分作六段。

《增一阿含經》:

> 還觀此身有地種耶？水、火、風種耶？如是……觀此身。
>
> 復次……觀此身，分別諸界，此身有四種，猶如巧能屠牛之士，若屠牛弟子解牛節，解而自觀見：此是脚，此是心，此是節，此是頭。

當比較對照經典教導時，有一顯著差異是《中阿含經》增列另外二界。雖然在其他初期經典中也出現六界列表，包括空界、識界而與物質四界並列，但在此處文本中似乎有些格格不入，識的覺知很少列為隨觀身分的一部分。因此似乎可以安全地將其視為後來才加入到《中阿含經》之版本中，並總結念住修習的要旨為隨觀物質四界。

在《增一阿含經》中的教導，藉由提問句的方式來闡述隨觀法，如：「還觀此身有地種耶？」等，此呈現方式更增添了對觀行的探究感。在《增一阿含經》中用以說明此修習法的譬喻也特別生動，在某種程度上清楚明示了在其他版本中較隱晦的意涵，如當屠夫殺好牛準備販賣時，他不再將其看做為「牛」，而是已解體的各個部位。[1] 同樣地，修習者以諸界觀來看待身體，就會只是看到諸界而已。也就是說，此修習法的目的是瓦解將身體認知為一堅固和個別的實體之觀點，因此解構對自己身體極易生起的「我」的堅實感。

這中間或許有個明顯的對比，即此段經文使用宰殺牛和剁成肉塊的這種強烈譬喻，而在隨觀身分的經文部分則是以檢視各類穀物顆粒的細節這種較和平的意象來說明。從前一章討論眾多比丘自殺事例可以看出，著重於身體不淨或不具

---

[1] 這相當於巴利註釋書 Ps I 272,1 對這譬喻的解說。

吸引力之本質，需要以內心平等的敏銳觀察力來實行。因此
選擇以觀各類穀物做為譬喻，或許是有意要傳達遠離執取或
厭惡的一種平衡的審究。

　　從此處隨觀四界來說，也許這鮮活譬喻是有意賦予修習
一種犀利感。以此方式來理解，則屠夫殺牛剁成肉塊意象所
傳達的訊息，即此修習應採這樣方式來進行：確實地在內心
裡破除身體為一堅固的實體這種感受，從而「宰殺」這種堅
實、具體的「我」的安適感，這種屬於未證悟者執有的身體
經驗。

　　關於隨觀四界的進一步資訊，可見於專門分析諸界的
《界分別經》和對應經典。

　　《中阿含經》版本的對應經文如下：[2]

　　　　分別身界：今我此身有內地界而受於生，此為云何？
　　謂髮、毛、爪、齒、麤細膚、皮、肉、骨、筋、腎、
　　心、肝、肺、脾、大腸、膼、糞，如斯之比，此身中餘
　　在內，內所攝堅，堅性住內，於生所受，是謂……內地
　　界也……。[3]

　　　　若有內地界及外地界者，彼一切總說地界，彼一切非
　　我有，我非彼有，亦非神也。如是慧觀知其如真，心不
　　染著於此地界，是謂……不放逸慧……。

　　　　分別身界：今我此身有內水界而受於生，此為云何？

2　MĀ 162 at T I 690c12-691a22.

3　對應經典 MN 140 at MN III 240,27（譯自 Ñāṇamoli 1995: 1089），T 511
　　at T XIV 780a15 和 D 4094 *ju* 37a2 或 Q 5595 *tu* 40a7 的對應經文沒有提到
　　內界是受於生。

謂腦髓、眼淚、汗、涕唾、[4] 膿、血、肪、髓、涎、痰、小便,如斯之比,此身中餘在內,內所攝水,水性潤內,於生所受,是謂……內水界也……。

若有內水界及外水界者,彼一切總說水界,彼一切非我有,我非彼有,亦非神也。如是慧觀知其如真,心不染著於此水界,是謂……不放逸慧……。

分別此身界:今我此身有內火界而受於生,此為云何?謂熱身、暖身、煩悶身、[5] 溫壯身,謂消飲食,如斯之比,此身中餘在內,內所攝火,火性熱內,於生所受,是謂……內火界也……。

若有內火界及外火界者,彼一切總說火界,彼一切非我有,我非彼有,亦非神也。如是慧觀知其如真,心不染著於此火界,是謂……不放逸慧……。

分別身界:今我此身有內風界而受於生,此為云何?謂上風、下風、脇風、掣縮風、蹴風、非道風、節節風、息出風、息入風,如斯之比,此身中餘在內,內所攝風,風性動內,於生所受,是謂……內風界也……。

若有內風界及外風界者,彼一切總說風界,彼一切非我有,我非彼有,亦非神也。如是慧觀知其如真,心不染著於此風界,是謂……不放逸慧。[6]

4　此處翻譯是採用 Glass 2007: 162 的建議,讀作一種黏液,而依《大正藏》的標點符號是二種黏液。

5　身煩悶的參考文獻亦見於 D 4094 *ju* 37b4 或 Q 5595 *tu* 41a2,在 MN 140 at MN III 241,15 第二次說明時,對應詞用法顯示不同版本間的些許差異,但似乎意指熟化。

6　對應版本在此處接著論及空界和識界。

　　這些教導對於每一界的性質均提供了有用說明，顯示身體堅硬的部分示例為地界，而體內液體對應於水界。二者之間的差異並非總是顯而易見，例如上述經文將腦髓歸屬在液體，[7] 然而《增一阿含經》的經典是將腦分類為地界。[8]

　　隨觀身分中的詳察身體各部分再度出現，成為隨觀四界的方法之一，說明這隨觀與檢視身體的解剖結構有很多共同點。以這兩種修習法來說，其差異主要是對於身體各部分所採取的觀點。鑒於先前隨觀身分中的要點，是解構身體美好的概念，而此處隨觀則是解構對於身體為一堅固具體的「自我」感覺，透徹說明構成身體的物質與大自然的物質一樣的事實，行者自己的身體跟任何他人的身體，或任何其他事物顯現並無本質上的差異。

　　因此在實際修行上，前二界是基於已知的基本解剖知識，類似於隨觀身分，使得修習者能夠想像，並如理地產生對身體各部分的客觀感覺。地界、水界以不同的身體部分來示例，另二界則是火界和風界。火代表一切與身體產生熱能有關的，而風則代表身體內的動力。在古印度醫學，風負責驅動神經系統，身內風的不平衡可以引起疾病。[9]

　　隨觀火界意味著覺知體內各種溫暖度的呈現，了知身體皮膚溫度會是實用的選擇，或是覺察身體不同部位的溫度差異，像是腳冷或腋窩熱等例子。這種修習需要更清楚覺知身體內的自然敏感性，其作用是提醒對於溫暖度多或少的需求。

---

[7] 在《聲聞地》*Śrāvakabhūmi*，Shukla 1973: 213,8 中內界和外界列表也是如此，將腦歸入內水界。

[8] EĀ 28.4 at T II 652a19.

[9] 各種風病參考 Zysk 1991: 92-6 and 110-13。

　　此外，在隨觀呼吸時也可覺知身體溫暖度，因為入息通常是較出息冷。《增一阿含經》明確以注意入出息冷暖的性質，做為念呼吸教導的一部分，[10] 這部分在巴利經典隨念呼吸的標準說明中沒有提及。

　　入息和出息同時也是體驗風界的一個明顯例子，然而除了呼吸之外，在身體內發生的任何各種移動，微細的或粗顯的，都可說明風界。同樣地，在正式禪坐時微調身體的姿勢，以及在其他各種活動中的任何身體移動，都可觀作是風界的顯現。

　　從某種程度上來說，呼吸過程以相當明顯方式，透徹說明此種隨觀法的主要教導。吸入的空氣，對身體生存極其重要，須要立刻呼出讓它回到外面世界。以此相同方式，整個身體與外在環境物質交流的連續過程，不能獨立存在。在本質上，它不過是四界暫時的和合體，這四界將會被回收，再次成為外在環境的一部分。

　　上文中說明四界的方式清楚闡明此處的隨觀法並不是依據基本粒子的觀點。事實上，原子理論（*kalāpa* 或 *paramāṇu*）在佛教思想史上後期階段才出現，[11] 所以這段經文或其他初期經典中的教導並非基於這樣的概念。不以基本粒子的觀點來看，四界單純代表明顯的堅、濕、暖、動的感覺，這可以在外面大自然觀察得到，也可透過轉向自身覺察而得到。

---

[10] EĀ 17.1 at T II 582a17 指導行者覺知入出息的冷，或是入出息的暖；亦參照 T 1507 at T XXV 49c3。

[11] Karunadasa 1967/1989: 142.

二、無我

　　上述經文提供另一重要說明，即這種觀無我方式是全面性適用的，不僅包括自身，且還包含任何四界的外在顯現。不論是自內身或外部，四界中沒有任何一界在各方面符合做為「我所有」，或等同為「我是這個」，更別說是明定某種與之相關的「自我」。

　　這是值得注意的，因為在佛教思想的後期發展，似乎已有某種程度的實有論現起，所依學理是諸法有其獨立自性（*svabhāva*）。另一後期發展至少有部分是對這一學理的回應，而強調一切法空。有些則轉向到唯心論的對立立場，認為整個世界僅是心的投射。

　　早期佛教的立場相當於實有論和唯心論二個極端之間的中道，四界是變異法被視為不依心而存在，然而感受四界的唯一方法是經由心。如是生起經驗世界是為領受心與外在現象接觸心的相互依緣關係。從義理來說，能領受的是識，而名色（*nāma-rūpa*）是接觸外在現象以及心的了別和概念化功能，彼此之間存有相互依緣的關係，由此而展開整個緣起（*paṭicca samuppāda*）的連鎖。[12]

　　如此所體驗到的世界完全不須有我或任何恆常實體，《相應部》和《雜阿含經》對應經典強調這一點，以「空世間」的宣說做為開始。《雜阿含經》對此的解說如下文：[13]

---

[12] DN 15 at DN II 56,31（譯自 Walshe 1987: 223）和對應經典 DĀ 13 at T I 61b13, T 14 at T I 243c2, MĀ 97 at T I 580a1 以及 T 52 at T I 845b11。此處「名」不代表整個心，因為不包括識；亦參考 p. 33, n. 36。

[13] SĀ 232 at T II 56b24- 56b29（譯自 Choong 2000: 93）。

> 　　眼空，常、恒、不變易法空，我所空。所以者何？此
> 性自爾。若色、眼識、眼觸，眼觸因緣生受，若苦、若
> 樂、不苦不樂，彼亦空，常、恒、不變易法空，我所
> 空。所以者何？此性自爾。
>
> 　　耳、鼻、舌、身、意亦復如是，是名空世間。

　　經典原文節略部分意指其他根門都應採用相同處理法，在每一根門所對應的境、識、觸，和任何生起的受，都應了知為空，即無自性、我所。

　　空的定義在《相應部》對應經典更為簡潔，關於每一根門和對應的境等，經文僅有表明這些是我空、我所空。[14] 兩個版本的說明基本上一致，明確指出「空」的名稱適用於內、外經驗的每一個面向。也就是說，「空世間」的教法須以最全面方式來理解，絲毫不容「我」的立足之地，正如《雜阿含經》中更為詳盡的說明釐清，將事物稱為「空」意味著沒有任何是不變異的，因此肯定沒有一個恆常的我。

　　相對應的「無我」有同樣全面性的應用範圍，無我教法的簡明表達可見於梵文《法句經》（*Udānavarga*）偈頌，以印度語保存的異本《法句經》（*Dharmapada*）結集有相似語句的對應偈頌。對應於梵文版《法句經》的經文如下：[15]

---

[14] SN 35.85 at SN IV 54,7（譯自 Bodhi 2000: 1163f）。Baba 2004: 944 指出 SĀ 232 更詳細的解說可能是增補；亦參考 Lamotte 1973/1993: 18。

[15] 梵文《法句經》*Udānavarga* 12.8, Bernhard 1965: 194，對應偈頌在 Dhp 279（譯自 Norman 1997/2004: 41），犍陀羅《法句經》*Dharmapada* 108, Brough 1962/2001: 134，巴特那《法句經》*Dharmapada* 374, Cone 1989: 203。

一切法無我，

以慧觀見時；

厭離於諸苦，

是為清淨道。

　　偈首「一切法」（*dharmas*）的措辭清楚無誤地表明，無有一法不含攝在「無我」特性中，此偈的其餘部分則簡潔描述正觀無我的成果。慧見和正觀一切法無我導向厭離和不執取凡是終究無法長久滿足的事物，進而淨化心達到正覺的至高清淨。

三、車喻

　　表明事物無我之要義在《相應部》經典中由一比丘尼以車喻做了很好的說明，其對應經文在《雜阿含經》存有兩個版本，另有一個版本保存於藏譯經典中。根據前言敘述比丘尼在寂靜處禪修時，魔王前來挑戰，試圖以懷有實質、常恆我的意思提問「存在」來干擾，想知道誰創造眾生，眾生又從何處來。

　　為了理解魔王來挑戰的重要性，必須要略為檢視他在初期佛教經典中的角色。傳統識別魔王的幾個面向，從象徵性代表到真實存在的天界眾生，其角色是做為佛陀及其弟子的對立者。魔王的角色作用經常是各種搗亂，像是打擾在禪修的比丘、比丘尼，或佛陀說法時製造噪音。對付他的方法都是一樣：只需將魔王認出來，看他是誰，一旦被識破就失去力量，因此被擊退而不得不消失了。

　　一般解說魔王做為挑戰者的事件時，假設他是演示出被挑戰者內心中的不確定性或煩惱。仔細檢視這些紀錄，即可清楚得知這種解釋不具說服力。[16] 在魔王接近佛陀或阿羅漢的場合中，主要關鍵其實是他把對佛教僧團行者提出的挑戰人格化。在本例中，魔王質問「存在」，並不意味著此比丘尼內心對這問題有任何不確定性或疑惑。因此魔王在此事件中的角色因而是用來演示，或甚至是諷刺描述古印度同時代的人所持有的思想和見解。根據《雜阿含經》兩個版本之一，比丘尼對魔王提問的回答如下：[17]

　　　　汝謂有眾生，此則惡魔見，唯有空陰聚，[18] 無是眾生者。
　　　　如和合眾材，世名之為車，諸陰因緣合，假名為眾生。

　　在兩個版本中，她所回應的對象是實體論者的見解，認為存有意為有一常恆的自我。剖析這種自我的概念，在某種程度上則類似於拆解車子，一旦車子不同的零件都散在地面時，這情況就類似於屠夫殺牛後，將不同部位散於地面上販

---

16 更詳細討論參考 Anālayo 2013a。

17 SĀ 1202 at T II 327b7-327b10（譯自 Anālayo 2013a），對應於 SN 5.10 at SN I 135,18（譯自 Bodhi 2000: 230）和 SĀ² 218 at T II 454c27（譯自 Bingenheimer 2011: 171）；亦參見 Enomoto 1994: 42 和 D 4094 *nyu* 82a1 或 Q 5595 *thu* 128a2。雖然 SN 5.10 說此比丘尼是 Vajirā，而對應經典則說是 Selā。

18 SN 5.10 at SN I 135,19 說到「諸行」而非「諸陰」；亦參考 Vetter 2000: 157。

售。「車」或「牛」的概念似乎不再有關連,只有各個不同零件散落一地。

這並不意味著「車」的字詞毫無所指的意義,不同零件散在地面肯定不是車,但從某種程度上來說,一旦組裝整合而能一起運作,結果成為一部「車」,而且可以行駛。這譬喻完全沒有否認車或眾生的存在,事實上,這位比丘尼並不是說沒有車,她僅是說明「車」的字詞所指為何,即零件的組合有其功能作用。她的重點是對應車或眾生的概念無有實體。行者仔細檢視車或眾生,可發現的都會是條件式的或諸蘊依緣而生的變異過程,而這諸多相互作用的因緣則成就了車子或眾生具有功用的現象。

四、業和無我

無我的教法須與完全無所有的見解區別開來,這可從《滿月大經》和其對應經典中找到。經典描述比丘的作出錯誤的結論,認為無我教法引申無人會經驗業報。根據此經的《雜阿含經》版本,他的理由如下:[19]

> 若無我者,作無我業,於未來世,誰當受報?

這段經文描述對無我義理的根本誤解,錯認無我教法是指毋須對個人的行為負責,完全錯失了重點。無我的教法只

---

[19] SĀ 58 at T II 15a12f 對應經典 MN 109 at MN III 19,12(譯自 Ñāṇamoli 1995: 890),SN 22.82 at SN III 103,27(譯自 Bodhi 2000: 927)以及 D 4094 *nyu* 56a6 或 Q 5595 *thu* 98a4。

是說沒有不變和永恆的我。[20] 但是五蘊做為過程肯定存在，而一旦五蘊生起，依意念產生的行為，將不可避免地在未來造成依此諸蘊流轉的果報。

從屠夫的譬喻來說，切牛之後，屠夫不再以牛來看待的事實並非指完全無所有。牛的不同部位正在他眼前，他可以將其賣給任何前來的顧客。此外，即使他不再視之為「牛」，他仍然必須面對先前殺牛的業力果報。

若應用在身體上，如此依現前念住修習來引生起行者的洞察力，就不是忽視一切。相反地，其目的在於直觀身體僅是四大和合而成，以此來取代捨離堅實具體化的自我感。因隨觀四界而有無我善巧，藉由瓦解實有之感受來去除我見。

五、四界和無我

瓦解我所有感，也是教導佛陀兒子羅睺羅四界主題時的核心觀點，《雜阿含經》版本中的教導如下：[21]

> 所有地界，若過去、若未來、若現在，若內、若外，若麁、若細，若好、若醜，若遠、若近，彼一切非我……如實知，水界、火界、風界……。[22]

---

[20] Gombrich 2009: 9 評論「無我」教法：「若插入『不變異』一詞，可以避免所有異議和誤解，所以這二字合成的英文詞變成『無不變異我』……對於佛陀的聽眾來說，ātman/attā（我）這字的定義意指不變異的。」

[21] SĀ 465 at T II 118c29-119a8.

[22] SĀ 465 還帶入其他空、識二界，除了「無我」之外，也有相當於巴利對應經典 AN 4.177 at AN II 164,27（譯自 Bodhi 2012: 542）所提及的無

　　如是知、如是見，於我此識身及外境界一切相，無有我、我所見、我慢繫著使……。

　　於此識身及外境界一切相，無有我、我所見、我慢繫著使，是名斷愛縛諸結。

　　《增支部》中的對應經文與此段落的差異，在於沒有詳細說明各個界如何於過去、未來、現在等，而只是說到內界和外界。[23] 根據《增支部》的敘述，如實慧觀每一界依「不是我所有」、「不是我」、「不是我自己」，其結果是修習者於界生厭離，而心得離染。以此方式來斷除渴愛，捨斷諸結，透過完全明白我慢而滅苦。

　　這兩個版本的主要目標在於因認為「我就是」而發展出認同的傾向，以及因「我所有」的概念而生起喜好的傾向。這會是問題是因為它們構成渴愛生起的基礎。放下這種植根渴愛滋長的認同和挪用，從而趣向解脫。

六、四界和解脫者

　　不消說，從渴愛解脫並非意味著阿羅漢不再使用「我」或不能夠用「我的」表達來區別他或她自己的身體以及別人身體，問題不在於語言文字上，而是通常伴隨其遣詞用字之間的潛在執取。這點從《六淨經》中描述阿羅漢對於四界的

　　有「我」、「我所」。中文對應經典的闡述是隱晦的，而我在別處（參照 Anālayo 2010a: 127 或 Anālayo 2010c: 50）已討論過了，這裡已略去經文，以避免需對中文錯綜複雜的闡述做詳細討論。

23　AN 4.177 at AN II 164,26.

態度可以看出，《中阿含經》版本的相關經文如下：[24]

> 我不見地界是我所，我非地界所，地界非是神，然謂
> 三受依地界住，諸使所著，彼盡、無欲、滅、息、止，
> 得知無所受，漏盡心解脫。如是，水……火……風……
> 非是我所，我非……界所……界非是神。[25]

雖然上述經文呈現阿羅漢對於每一界的態度是沒有三種
執取，而《六淨經》僅以兩種態度說明相同主題：阿羅漢既
不認為界為我，也不認為依止界者為我。[26] 這要點是相同
的：執著和執取已被克服，由此獲得究竟解脫。然而這種解
脫並不妨礙阿羅漢使用「我」的這一個詞彙，因此上述見每
一界「不是我」和「不是我所」的作法，並不是針對個人用
來指涉自己身體時使用的語言，而是意在瓦解和最終完全根
除「我是這樣」或「這是我所有」的任何執著或執取。

斷除對於四界的執著和執取後，修習者在回應挑戰和困
難經歷時會有顯著的改變。這在《象跡喻大經》和《中阿含
經》對應經典有所說明，這兩個版本以同樣方式敘述如何面
對口語辱罵，甚至遭到以拳頭、石塊或棍棒來攻擊身體，已
證悟四界無我性者能夠來承受這些體驗，因為他了知色身的
本質就是易受這些事物影響。[27]

---

[24] MĀ 187 at T I 733a2-733a6（譯自 Anālayo 2012d: 233）。
[25] MĀ 187 也同樣應用於空界和識界。
[26] MN 112 at MN III 31,23（譯自 Ñāṇamoli 1995: 905）。
[27] MN 28 at MN I 186,5（譯自 Ñāṇamoli 1995: 279）和 MĀ 30 at T I
464c25。

在《增支部》和其對應經典中，可發現另一個從完全解脫「我」慢的態度的描述，經中敘述阿羅漢舍利弗尊者如何回應另一比丘的虛妄指控。在平靜地澄清像他這樣的人不可能做出被指控的行為之後，他借用四界來描述他對於這種虛妄指控的內心態度。《增一阿含經》版本中他的聲明如下：[28]

> 亦如此地，亦受淨，亦受不淨，屎尿穢惡皆悉受之，膿血涕唾終不逆之，然此地亦不言惡，亦不言善，我亦如是……。
>
> 亦如水，亦能使好物淨，亦能使不好物淨，彼水不作是念：我淨是、置是。我亦如是……。[29]
>
> 猶如熾火焚燒山野，[30] 不擇好醜，終無想念。我亦如是……。

《增一阿含經》版本沒有提到風界，有可能是經文漏失的一種情況，因為《增支部》和《中阿含經》對應版本確實說到風界，並採用與其他諸界相同方式來示例阿羅漢舍利弗尊者的態度。[31] 事實上，《增一阿含經》另一部經典也藉助四界來說明忍辱的態度，將風界與地、水、火並列敘述。[32]

在此文本中，四界是用來示例內心的態度，因此在某種程度上，其作用方式不同於隨觀身分。然而其下的主題是一

---

[28] EĀ 37.6 at T II 713a9-713a18.

[29] 對應經典 AN 9.11 at AN IV 375,6（譯自 Bodhi 2012: 1262）以及 MĀ 24 at T I 453a25 說到其他諸界是與地界的敘述相同。

[30] AN 9.11 at AN IV 375,15 和 MĀ 24 at T I 453b3 沒有指出火焚燒的處所。

[31] AN 9.11 at AN IV 375,24 和 MĀ 24 at T I 453b10。

[32] EĀ 43.5 at T II 760a10.

樣的,即透過捨棄「我」見而去除執取。

關於這裡的念住修習,在實修上來說,這種隨觀法指出不論是多美或多醜,任何特定色法所可能顯現的,都不過是四界和合而成,因此與世間上任何其他現起物質並無本質上的差異。

經典中有一意象是將色蘊比作泡沫,這意象是一系列譬喻說明五蘊本質的一部分,在《雜阿含經》版本關於色身譬喻部分如下:[33]

> 譬如恒河大水暴起,隨流聚沫,明目士夫諦觀分別;諦觀分別時,無所有、無牢、無實、無有堅固。所以者何?彼聚沫中無堅實故。如是諸所有色,若過去、若未來、若現在,若內、若外,若麁、若細,若好、若醜,若遠、若近……諦觀思惟分別,無所有、無牢、無實、無有堅固。[34]

總之,身體是四界和合沒有任何實質性,並可能成為「我」和「我所」藉之生起的基礎。它只是一堆泡沫,隨著變遷流動而離去。

七、結語

隨觀四界將覺知導向身體裡的堅、濕、暖、動。進行這

---

[33] SĀ 265 at T II 68c1-68c7.

[34] 對應經典 SN 22.95 at SN III 140,24(譯自 Bodhi 2000: 951)沒有提到大水暴起。

種隨觀修法時，行者在心理上剖析以身體為一堅固實體的感
覺。透過去除我所有的感覺，如此引導向無我的作法有助瓦
解對身體的認同。

第六章　腐屍

一、導言

　　對遭遺棄在公開露地上的死人屍體而隨觀其逐漸腐壞的階段，是三種身隨觀的最後一種，可見於《念住經》和兩部漢譯阿含經對應經典。下文我提供了三個版本的教導節略譯文，並審視它們的重要性，尤其是關於無常隨觀。

《中部》：

> 　　正如行者若看見一具棄置在塚間的屍體，已經死去一日、二日或三日，腫脹、發黑、滲出液體……。
>
> 　　被烏鴉、鷹、禿鷹、狗、狐狼或各種蛆蟲所食……。
>
> 　　骸骨由筋腱連著，帶著血肉……。
>
> 　　在血汙中只剩筋腱連著的骸骨，已不見肌肉……。
>
> 　　一具已無血肉，只剩筋腱連著的骸骨……。
>
> 　　骨節分離，散落各處，此處有手骨，他處有腳骨，脛骨一處，大腿骨一處，腰骨一處，脊骨一處，頭蓋骨一處……。
>
> 　　骨頭已褪色，皓白如螺殼……。
>
> 　　骨頭堆積在一起已有年餘……。
>
> 　　骨頭已腐壞碎為粉末，他與自身這個同樣的身體做比較：「這身體也具有同樣的特性，就會像那樣，無法避免那樣的命運。」

《中阿含經》：

　　觀彼死屍，或一、二日，至六、七日，烏鵄所啄，豺狼所食，火燒埋地，悉腐爛壞……。

　　如本見息道，骸骨青色，爛腐食半，骨鎖在地……。

　　離皮肉血，唯筋相連……。

　　骨節解散，散在諸方，足骨、腨骨、髀骨、髖骨、脊骨、肩骨、頸骨、髑髏骨，各在異處……。

　　骨白如螺，青猶鴿色，赤若血塗，腐壞碎末，見已自比：「今我此身亦復如是，俱有此法，終不得離。」

《增一阿含經》：

　　觀死屍，或死一宿，或二宿，或三宿、四宿，或五宿、六宿、七宿，身體膖脹，臭處不淨。復自觀身與彼無異：「吾身不免此患。」……

　　觀死屍，烏、鵲、鵄鳥所見噉食；或為虎狼、狗犬、虫獸之屬所見噉食。復自觀身與彼無異，吾身不離此患。是謂……觀身而自娛樂，〔除去惡念，無有愁憂。〕……

　　觀死屍，或噉半散落在地，臭處不淨。復自觀身與彼無異：「吾身不離此法。」……

　　觀死屍，肉已盡，唯有骨在，血所塗染……。

　　觀死屍筋纏束薪……。

　　觀死屍骨節分散，散在異處，或手骨、腳骨各在一處，或腨骨，或腰骨，或尻骨，或臂骨，或肩骨，或脅

骨，或脊骨，或項骨，或髑髏。復以此身與彼無異：
「吾不免此法，吾身亦當壞敗。」……

觀死屍〔骨〕白色、白珂色。復自觀身與彼無異：
「吾不離此法。」……

若見死屍骨青瘀想，無可貪者，或與灰土同色不可分
別。……

如是……自觀身〔而自娛樂〕　，除去惡念，無有愁
憂：「此身無常，為分散法。」

　　對應版本間的差異在於劃分實際的腐壞階段，《中阿含
經》的說明有五個階段，《增一阿含經》版本有八個，而
《中部》中則分九個階段。儘管如此，這修行的主要含意看
來相同，因其觀察是從死亡和腫脹的身體開始，乃至被各種
動物啃食。接著骸骨上完全沒有肉，然後筋腱腐爛，結果是
骨骼不再相互連接，骸骨在陽光下變白並腐壞，而《中部》
和《中阿含經》版本則提到最終狀況是化為塵土。

　　《中阿含經》在第二階段腐屍觀的開始指明「如本見息
道」，與《中部》的版本教導「正如若看見棄捨在塚間的死
屍」對比，其明確的指示是值得注意的。換句話說，《中
部》的說明可理解為建議用假想觀，[1] 而《中阿含經》的教
導似乎是須要行者回憶在墓地的真實所見。

　　《中阿含經》版本也提及隨觀死屍「火燒埋地」的額外
選擇，導入火葬和土葬也許是後來增入《中阿含經》，僅是

---

[1]　Ñāṇamoli 1956/1991: 760 n. 27 評論說：目前隨觀是基於「逐漸腐壞次
　　第，以便證實身體的無常性，不一定意指隨觀真實死屍，甚至引生內心
　　影像，其主要目的是修習無常」。

關於身體必死的一般認識。一旦死屍被火化或埋入土裡,將不再能修習身體逐漸腐壞的清晰覺知,這是三個對應版本所共同敘述的方法。

　　關於實修教導上,《增一阿含經》版本有幾個不同於其他兩個版本的方法。其與對應經典一致說明,此隨觀要點是體悟自己身體與死屍的本質無異,[2]《增一阿含經》有一隨觀生動說到「吾身不免此患」,稍後經文並提及「吾不免此法,吾身亦當敗壞」。

　　另一項也許令人驚訝的指示,是經此修習行者「而自娛樂」。[3] 這並不是《增一阿含經》念住修習教導中唯一明確提及感受喜樂的地方:在身分隨觀和四界隨觀同樣有說到。

　　雖然這是《增一阿含經》獨有的特點,亦即可能是後來才出現的,然而從實修面向來看,這是一個重要的特點。一開始時似乎是相當恐怖的修行法,可以在修行得宜下生起喜悅。這純粹是因為這修行趣向不執取。這在《增一阿含經》的最後教導特別明顯,據其說明骸骨看來「無可貪著」。正如經典所表明,因為適當修習導致能去除不善念,進而使精神狀態愈來愈不為愁憂所擾動,因此喜悅生起。也就是說,此處的喜悅是從執取身體的精神解脫所獲的喜悅。如是修習者遠離所有種種負面的內心反應,從任何方面,這些反應都是基於對身體經驗的執取。

2　應用在自己身上也合於死隨念主旨,正如 Bowker 1991: 187 的解釋,其關涉「死亡(maraṇa)正走向『我』的事實,這不是一般的禪思死亡,而是死亡適用於我自身上」。

3　雖然我在 EĀ 12.1 死屍觀的最後部分補充感受喜樂,從上述選文中所使用中括號可明顯看出,這補充是由實際出現在同一修習的前面經文所導出。

　　另一項值得注意的特點，是《增一阿含經》版本對此修習的結論敘述，據其結論「此身無常，為分散法」，這在某種程度上總結了整個修習。即使與身分隨觀有些相似，由於死屍腐爛階段揭示了身體「不淨」或「無吸引力」的面向，因此對治了感官貪欲，隨觀死屍的核心層面是將無常實相徹底說清楚。

二、身體過患

　　《中部》的《苦蘊大經》和其對應經典以死屍腐壞階段來說明身體固有的「過患」，之前是說到身體之美麗的「樂味」，接著指出從困境中解脫或「出離」，是捨斷對身體的欲貪和執取。《中阿含經》裡對應的相關經文如下：[4]

> 云何色味？若剎利女、梵志、居士、工師女，年十四、五，彼於爾時，美色最妙。若因彼美色，緣彼美色故，生樂生喜，極是色味無復過是，所患甚多。[5]
>
> 云何色患？若見彼姝而於後時極大衰老，頭白齒落，背僂腳戾，拄杖而行，盛壯日衰，壽命垂盡，身體震動，諸根毀熟，於汝等意云何？若本有美色，彼滅生患

---

[4]　MĀ 99 at T I 585c17-586a1.

[5]　對應經典 MN 13 at MN I 88,7（譯自 Ñāṇamoli 1995: 183），EĀ 21.9 at T II 605b18 和 T 737 at T XVII 540b5 沒有提到吠舍階級，然而另一部對應經典 T 53 at T I 847c17 有提及。MN 13 at MN I 88,8，EĀ 21.9 at T II 605b19 以及 T 737 at T XVII 540b6 也描述這女孩不過高、不過矮，不過瘦、不過胖，並且不過黑、不過白。

耶？……

復次，若見彼妹疾病著床，或坐臥地，以苦逼身，受極重苦，於汝等意云何？若本有美色，彼滅生患耶？……

復次，若見彼妹死，或一二日至六七日，烏鴉所啄，犲狼所食，火燒埋地，悉爛腐壞，於汝等意云何？若本有美色，彼滅生患耶？

經典接續著死屍腐壞的進一步階段，直至原來有吸引力的身體變成爛壞骸骨。

對應經典一致說到女孩是處在美麗的巔峰，因此分析對象顯然是古印度觀念中極為美麗的女子。值得注意的是，他處經文在討論的是如何能感受自己的美麗時，通常是男孩與女孩一起並列明確提及。因此《無穢經》和《增一阿含經》對應經典在舉例說明樂於承受教導時，所採用的意象是女孩或男孩剛沐浴更衣，將喜悅地接受花環戴在頭頂上。[6]

《苦蘊大經》和對應經典選擇只提及女孩的例子，則反映出古印度認為人類美麗的極致為何。從這兩部經典的描述來評斷，這會比較接近大約十四或十五歲的年輕身體，而非十八或二十歲年紀較長的身體，並且會更相關於女性的身體，而不是男性的身體。

在年輕女性身體看到所展示出的美麗，這狀況普遍存在於古印度和其他地方，據此男性傾向於在女性身上追尋美，

6　MN 5 at MN I 32,26 和對應經典 EĀ 25.6 at T II 634a6（另外兩個對應版本，MĀ 87 at T I 569c5 和 T 49 at T I 842a15，在譬喻中僅舉一個女孩來說明）。

而女性則傾向在自己身上尋求美麗。結果是男性對美麗感官上的興趣，主要以窺視他人身體的方式表現出來，[7] 而女性對美的關注則比較是自戀的傾向。從這觀點來看，年輕漂亮女孩的形象連結到物質世界成為「優勢」的代表，這是反映出古印度對美的認知方式。不用說，《苦蘊大經》和對應的經文之要義是要解構這樣的概念，而不是肯定其適當性。

在揭示身體「過患」標題下，這種解構經由說明同一人經歷老、病而最終死亡，其著重在時間面向的無常。有幾部對應經典在敘述上更加詳盡，明確提到女孩已長成八十、九十或一百歲了。[8]《苦蘊大經》和《增一阿含經》對應經典也更生動描繪受病苦折磨的下一階段，比如說病情惡化到躺在自身的排泄物中，需要他人幫助才能脫離這種狀況。[9]

年輕漂亮的女孩變老、生病而最終死亡，其間原本深具吸引力的身體歷經了衰老的各階段，這正是此念住修習法的核心主題，這樣的例子顯然與感官吸引有關。無論如何，無常是此處的核心主題。事實上在《苦蘊大經》和其對應經典中，以漂亮女孩說明了物質世界的主題，在其之前是對感官欲樂的檢視，之後則是審察諸受。感官欲樂的「危險」之處是在於其需要千辛萬苦和面對競爭才能沉迷於其中，而諸受的「危險」之處則仍是其為無常的事實。

---

[7] 關於男性和女性如何對視覺上的性別刺激做出不同反應的研究調查，參考 Rupp and Wallen 2008。

[8] MN 13 at MN I 88,15 以及 EĀ 21.9 at T II 605b23 指明她已長成八十、九十或一百歲，這點 T 737 at T XVII 540b10 補充說明她甚至可能是一百二十歲了。

[9] 根據 MN 13 at MN I 88,23，她躺在自身的糞尿中，由他人扶起和扶著躺下。EĀ 21.9 at T II 605b29 同樣說到她已大小便失禁，無法自理起來。

因此正如對應於《念住經》的《增一阿含經》中之經文所強調，隨觀死屍不同的腐敗階段，其要旨確實是體悟「此身無常，為分散法」。不用說，為了使這種覺知有成效，則需要帶著一種迫切感來進行，只是知道死亡會出現在遙遠的未來是不足夠的。反之，覺知到身體一定會遭遇死亡和崩壞，需要結合對此隨時可能發生的理解；事實上，它可能即將發生，甚至就在當下……。

三、死隨念

在《增支部》和《增一阿含經》中的對應經典都有清楚說明，在隨觀自己身體必死的本質時，必須要伴隨著一種迫切感。經文始於佛陀詢問比丘是否有修習死隨念，有一位比丘回答經常憶念死亡，在被問及如何進行這種修習時，根據《增一阿含經》版本，比丘敘說他的隨觀法如下：[10]

> 思惟死想時，意欲存七日，思惟七覺意，於如來法中多所饒益，死後無恨。如是，世尊！我思惟死想。
> 世尊告曰：「止！止！比丘！此非行死想之行，此名為放逸之法。」

其他比丘描述他們的修習，涉及以六、五、四、三、二或一天，或者只是以準備好乞食至回到僧團所在處的時間。然而沒有一位的說法能令佛陀滿意，於是佛陀解釋所建議的

10　EĀ 40.8 at T II 742a2-742a6.

修法所涉時間只在一個呼吸間。因此真正修習死隨念的行者
應該覺知下一次呼吸也許不存在的事實。換句話說，這工夫
是在當下提起對死亡的覺知，就在此時此地。[11]

《增支部》中有兩部對應於此教導的經典，彼此間的差
異在於對修習此法時時間長度的描述，皆開始於一個日夜，[12]
接著是一日、半日（只有第二個版本提及），一餐間、半餐
間（只見於第二個版本），嚥下數口食之間，嚥下一口食之
間，和一次呼吸之間。佛陀稱揚最後兩個狀況，並認為其他
則是放逸的例子。各對應版本中對於佛陀所認為是屬放逸者
皆相當一致，這清楚傳達出任何時候都可能發生死亡這樣的
訊息，從而對於該覺知自己身體無常提供了尖銳的提醒。

四、剎那論

在現存中文典籍《大智度論》中，有一段引自這部經的
經文，該段經文始於一個（似乎不太可能的）選項，即比丘
修習死隨念時從預期壽命還有七年開始，在逐步縮短預期死
亡的時間，直到下一口氣不再來時——此為佛陀所讚許的，
這段引文做出結論：一切有為法，念念生滅。[13]

---

[11] 這種將自身必死性導入當下覺知，是與一般的潮流趨勢相反，
　　 Pyszczynski et al. 2004: 445 敘述如下：「當死亡思維是現前的焦點關注
　　 時，個人帶有近端防禦的反應，則試圖在處理死亡問題上⋯⋯不是藉由
　　 從這問題岔開，就是將死亡問題推向遙遠的未來。」

[12] AN 6.19 at AN III 304,9 和 AN 8.73 at AN IV 317,9（譯自 Bodhi 2012: 876
　　 and 1219）。AN 8.73 提及另二個階段的事實，則是另外相同教導各自
　　 分配在《增支部》六集和八集的原因。

[13] T 1509 at T XXV 228b5；也可參考 Lamotte 1970: 1424f。

　　如同在本例中所看到，保存在後世論典中的經典引文有時可發現其受到後來義理發展的影響。其中最後的部分明顯是後來增補上的，因其反映出了佛教思想發展中由無常之概念導出的「剎那」學說。一切法剎那滅的概念對不同佛教傳統產生了廣泛影響，並因此經常表達出對無常的特定理解。然而從歷史的角度來看，這種剎那論顯然是後來的發展。[14]

　　初期佛教思想認為無常在前生後滅之間，包含一段相續變化期間，這三個層面是《增支部》中和《增一阿含經》對應經典的主題。《增一阿含經》將這種區分應用在人的身體上，因此在初期佛教思想中，無常概念如何能聯繫到身隨觀的整體主題，這可以是很好的例子。經文如下：[15]

　　此三有為有為相，云何為三？知所從起，知當遷變，知當滅盡。

　　彼云何知所從起？所謂生，長大成五陰形，得諸持、入，是謂所從起。

　　彼云何為滅盡？所謂死，命過不住、無常，諸陰散壞，宗族別離，命根斷絕，是謂為滅盡。

　　彼云何變易？齒落、髮白、氣力竭盡，年遂衰微，身體解散，是謂為變易法。

　　《增支部》中的對應經典沒有提供相似的說明，但簡易

---

[14] 詳細研究見於 von Rospatt 1995；亦參考 Ronkin 2005: 59-65 和 Karunadasa 2010: 234-61。

[15] EĀ 22.5 at T II 607c14-607c21.

區分三有為相為生起、滅去、持續變化，[16] 其中持續變化是
出現在生起和滅去之間的一段變化時期。持續存在是有著變
化的特質，因其可看出經歷了變遷的事實，清楚表明這種持
續一定是多於一剎那。事實上在《增一阿含經》經文中，變
化顯現為老化，明確地涉及一段長時間。

　　《增支部》經文中提及的持續變化，與《增一阿含經》
中對應經文裡具象而生動地描述的變化，顯示出此兩個版本
一致地將變化與相續結合。就剎那的概念來說，這種相續性
易於從視線裡消失。一旦現象被認為僅存在於一剎那，在出
現後立即消失，就很難說明相續性的明顯事實。

　　無常概念在初期佛教並不面臨這樣的困境，因為除了生
起和滅去之外，也承認現象確實會持續一段時間，即使這種
相續性仍會受到變化的法則之影響。換句話說，雖然所有經
驗層面肯定都經歷變化，但不必然會自現場消失。這並不是
說事物不能迅速消逝，甚至是有時會立即滅去，而僅是說明
了一切事物生起即滅毫無例外的教理，並非是初期經典所採
取的立場。

　　初期佛教的無常概念和後來的剎那論之間的差異，可用
閃爍燈火和穩定河流來對照說明，燈火的體驗是一閃即逝，
河流的體驗則是不斷改變的相續，持續變化的流動。初期經
典關於無常的最佳描述是流動的河，山河流動的意象在《增
支部》和《中阿含經》的對應經文中，其實是用來說明人生
命的本質。《中阿含經》版本有一系列譬喻說明生命的短
暫，如下所示：[17]

16　AN 3.47 at AN I 152,7（譯自 Bodhi 2012: 246）。
17　MĀ 160 at T I 683c6-683c7.

猶如山水，瀑浪流疾，多有所漂，水流速駛，無須臾停。

《增支部》的版本的譬喻強調山水河流都不在頃刻、一瞬間或一秒間停止，[18] 此說明所使用三個類似字詞中的第一個就是 *khaṇa*，正是用來稱名剎那理論的用語。毫無疑問地，《增支部》和對應經典闡述此譬喻的時候，剎那論尚未成立，人的生命是被視為沒有一刻停止的相續流。並非是一連串相續的剎那滅，它是被看成一連串不斷變化的相續片刻。

五、識和無常

一切諸行變化的名言不僅適用於身體，也適用於心或識，而證悟識的無常本質是一項特別具有挑戰的任務。在經驗背景下的持續覺知體驗，是獨立於內心現前的真實內容或感受，很容易錯認為是不變的微妙覺知或光淨心。然而仔細審視指出，即使是最微細的覺知或意識，肯定是依於無常法則的。

《相應部》的一段經文及其保存於中文譯本、梵文殘簡的對應經典中，以猴子遊於樹林間的例子，說明了心的變化性質。《雜阿含經》中的相關經文如下：[19]

彼心、意、識日夜時刻，須臾不停，種種轉變，異

---

[18] AN 7.70 at AN IV 137,19（譯自 Bodhi 2012: 1096，經號 74）。

[19] SĀ 290 at T II 82a11-82a15 的梵文殘卷對應經典在 Tripāṭhī 1962: 116f。

生、異滅。譬如獼猴遊林樹間，須臾處處，攀捉枝條，放一取一。彼心、意、識亦復如是，種種變易，異生、異滅。[20]

　　猴子譬喻說明心相續變化的本質，[21] 正如猴子不間斷地在林間跳躍，樹枝一枝接著一枝攀抓一樣，心也是時常由一刻到下一刻變化，不斷改變對象。不論心看似有多穩定，識只不過是頃刻依緣而生的意識流。

六、死亡的必然性

　　回到死隨觀的主題：慧觀無常做為持續變化是構成個人存在所有層面的基礎（因為所有經驗都只是相關過程的流動），具有相當潛力來改變個人對死亡的態度。只要生命內蘊的相續變化沒有被認知，死亡很容易被認為是所有至今經歷為穩定和持久的突然終結。一旦持續隨觀則清楚得知生命僅僅只是變化，死亡是過程的一部分：一個特別徹底改變的時刻，而終究也只是另一個變化的時刻。

　　缺乏這樣的慧觀，恐懼死亡可能導致只關注什麼是新、什麼是年輕、成長中的、發展中的，從而無視於老、衰減的和將消逝的，這樣單向的觀點阻礙人們如實見到實相。然而，無法如實勘見真實，就不能依現實需要來行事。也就是

---

[20] 對應經典 SN 12.61 at SN II 95,3（譯自 Bodhi 2000: 595）指出心生滅是日以繼夜的現行。

[21] 在 Sn 791（譯自 Norman 1992: 92）猴子放掉一枝而抓取另一枝的主題再次出現，用來說明放棄一事物以便執取另一事物。

說，除非接受死的必然性為生命不可缺的一部分，否則不可能適當且圓滿地活著。

根據《聖求經》和《中阿含經》裡的對應經文，體悟到死亡（以及年老和疾病）的必然性，激發後來的佛開始尋求正覺。《中阿含經》版本敘述他的省思如下：[22]

> 我本未覺無上正盡覺時，亦如是念：「我自實病法，無辜求病法，我自實老法、死法，……無辜求〔老法、死法〕，……我今寧可求無病無上安隱涅槃，求無老、無死？」[23]

根據根本說一切有部《破僧事》在佛陀成就正覺之前，其實已被死屍的種種腐壞階段景象所觸動，[24] 這說明與目前的念住修習直接相關。

《增支部》和《中阿含經》中的對應經典敘述菩薩思惟，當世人看到他人遭受老、病、死時，即使本身亦遭遇同樣困境，反應仍是厭惡和反感。與世人的共同反應背道而馳，此時尚未成佛的世尊一旦領悟到自己也會遭受到老、病、死時，他對擁有的年輕、健康、和生命不再有任何驕傲或自負。[25]

---

[22] MĀ 204 at T I 776a26-776b1（譯自 Anālayo 2012d: 25f）。

[23] MN 26 at MN I 163,20（譯自 Ñāṇamoli 1995: 256）稱涅槃為無上離繫安穩。

[24] Gnoli 1977: 77,22.

[25] AN 3.38 at AN I 145,23（譯自 Bodhi 2012: 240，經號 39）和 MĀ 117 at T I 608a3。不過 MĀ 117 的散文沒有明確提及死亡，而是在 MĀ 117 at T I 608a20 的偈頌總結同樣說到，故而散文沒有提到死亡可能是經文漏失

　　一則廣為流傳的故事，描述世尊未曾覺察這些困境，直至他喜悅出遊時，在他生命中第一次看到老人、病人、死人。其在第四次出遊時看見一位沙門修行者。著名的遊四門故事可見於《本生經註釋》的簡介中，[26] 以及大眾說出世部律、化地部律、根本說一切有部傳統的律典，不過在這些律典裡故事有些不一致之處。

　　《大事》是大眾部中說出世部傳統的律典，此律中提及在遊四門之前，當時的菩薩早已告知他的父親有出家的意願，表明其洞察了不可避免的老、病、死。[27] 如果在較早的時候，他已經有這樣的洞察力和意願出家，則遊四門的情節對年輕王子內心衝擊就會是多餘了。

　　化地部《五分律》也敘說在仍是菩薩相的佛陀還年輕時，就有意願出家。然而當描述他第四次出遊遇見沙門時，依據同樣這一部化地部律典的說明，菩薩要求車夫解釋出家的意涵。[28] 如果在他生命早期就已經有出家意願，這樣的問題就沒有意義了。

　　根據根本說一切有部律《破僧事》，菩薩在第一次和第二次出遊時，詢問老了或生病的意涵，車夫回答老、病意味著死亡將至。[29] 菩薩顯然理解這個回答，因此不再問死亡的

的結果。

26　Jā I 58,31（譯自 Jayawickrama 1990: 78）。

27　Senart 1890: 141,7 和 146,12（譯自 Jones 1952/1976: 135 and 141）。目前的概述是根據 Anālayo 2007a 的摘錄。

28　T 1421 at T XXII 101b20 and 101c17。Bareau 1962: 20 結論說這種內在不一致，顯示菩薩希望出家是屬於較古老的經文層次，其仍保留在後來四門遊觀的介紹說明。

29　Gnoli 1977: 65,25 and 68,12.

意義,而是詢問他是否也會遭受同樣的困境。在下一次出遊看見死屍時,菩薩問車夫死亡的意思,不知道何謂死亡,先前出遊所獲得的答覆,對他而言都是毫無意義的。[30]

在以上三部律典的每一個都可發現內部不一致,揭示出這個傳說是相對較晚期的性質。在巴利傳統中,這傳說不見於經典或律典,只出現在《本生經註釋》中,如此亦可推斷出同樣結論。事實上,像佛陀具有如此敏銳觀察素質的人,似乎不太可能如經文所顯現的完全未領會人會變老、生病和死亡的事實。因此,這著名故事的角度,最好被當作為傳說潤飾的結果。

儘管如此,這故事所傳達的核心寓意,與上述《增支部》和《中阿含經》對應經典的經文是契合的,因老、病、死似乎起了很大的作用,激發未成佛前的世尊出家追求正覺。[31]

七、死亡天使

以生命中不可避免的困境做為激起人們止惡行善的力量,亦可見於天使概念的表達裡。《天使經》和對應經典敘述剛死亡的造惡者墮於地獄,被帶到閻羅王面前,[32] 閻羅王

---

[30] Gnoli 1977: 70,21.

[31] Bodhi 在 Ñāṇamoli 1995: 1336 n.1207 中建議 AN 3.38 可能是菩薩四門遊觀傳說發展的核心。

[32] MN 130 at MN III 179,13(譯自 Ñāṇamoli 1995: 1029),AN 3.35 at AN I 138,12(譯自 Bodhi 2012: 234,所予數字 36),DĀ 30.4 at T I 126b21, MĀ 64 at T I 503c25, T 42 at T I 827a24, T 43 at T I 828c8, T 86 at T I 909b26 和 EĀ 32.4 at T II 674c2;還有參考 T 24 at T I 330c29, T 25 at T I

問罪犯是否見過天使們，造惡者否認有見過他們，閻羅王提醒後他想起事實上確實見過，只是當時無法明白他們的重要性。造惡者未能辨識出的天使們，其實正是老、病、死，以某種方式在他周遭顯現，然而造惡者沒有留意到他們，沒有正確的判斷力來反省自己也將遭受同樣困境。

　　死亡主題做為天的使者在目前文本裡是重要的，因為試圖藉隨觀死屍來面對死亡，正如《念住經》和對應經典所敘述，提出了必須找到被棄捨在露地上腐壞人類死屍的實際問題。特別在現今來說，這點可能相當困難。《聲聞地》另一個建議方法是不用去墓地，修習者也可使用腐屍圖像來替代，[33] 這肯定是實踐這種隨觀法一種更容易可取的選項。

　　由於對現代世間的一般修習者來說，即使藉助相片來隨觀真實死屍在各個腐壞的階段，也不一定是可行的，如此可以有一種方法來面對死亡事實，就是單純思惟死亡的天使，這將是任何人都願意去面對自己身體存在的真實本質範圍。在個人的親戚、朋友、或熟人之間，死亡在過去必定曾發生。透過這樣的修習思惟，在某種程度上禪修者追隨佛陀成就正覺之前的足跡，依據上述審視的經文，正是為這種反思死亡所啟發而追尋不死之道。

　　自身死亡迫近的主題，也可藉梵文《法句經》的偈頌思惟來修習，偈頌突顯身體的必死性和後續命運。從佛教觀點來看，一般死後情況是將隨之受生，其實身體尤其會受到死亡的影響，而心則依循生前所造的業繼續前行。我譯出梵文版《法句經》，與現存在印度語的另一《法句經》有對應相

　　385c26, T 212 at T IV 668c3 以及 T 741 at T XVII 547a10。

[33] Shukla 1973: 416,7.

似偈頌：[34]

> 唉！此身不久，
> 將長眠於地，
> 心識空無有，
> 猶如棄木頭。

　　真誠進行這種思惟，將大有助於對任何人都不可避免須做的準備：即面對自己的死亡。[35] 這是討論念住修習的要義，亦即需要讓死亡現前。唯有當死亡已經成為生命中的自然部分時，才有可能超越造成如死亡般的影響而現有的恐懼，進而當下展開圓滿活著的生命。除此之外，在活著的時候能面對死亡，便是為度過死亡來臨的那一刻所做最好的準備。

八、死之現前

　　為了穩當處理實際死亡的時刻，這種不可避免但最具挑戰性的人類經歷，《教誡給孤獨經》和《雜阿含經》中的對

---

[34]　梵文《法句經》*Udānavarga* 1.35, Bernhard 1965: 108，對應偈頌在 Dhp 41 （譯自 Norman 1997/2004: 7），犍陀羅《法句經》*Dharmapada* 153, Brough 1962/2001: 143，巴特那《法句經》*Dharmapada* 349, Cone 1989: 195f。

[35]　Schmidt-Leukel 1984: 166 解釋說：從佛教觀點來看，死亡引生人類存在的問題可以在生命中解決，事實上「只」能在生命裡解決，這不僅是「可以」解決的，而且是「必須」解決。Wayman 1982: 289 提到死隨念意味著「一種心的轉化，經由觀死而有先前思惟方式的『死亡』」。

應經文提供了有用的指導。經典背景是給孤獨長者生重病時，請求舍利弗尊者前去探望，在確認長者是處於死亡的邊緣之後，舍利弗尊者給予如下的教導：[36]

> 當如是學：不著眼，不依眼界生貪欲識；不著耳……鼻……舌……身，意亦不著，不依意界生貪欲識；
>
> 不著色，不依色界生貪欲識；不著聲……香……味……觸……法，不依法界生貪欲識；
>
> 不著於地界，不依地界生貪欲識；不著於水……火……風……空……識界，不依識界生貪欲識；
>
> 不著色陰，不依色陰生貪欲識；不著受……想……行……識陰，不依識陰生貪欲識。

《教誡給孤獨經》相比下較詳細，因為也討論了對六觸、六受（與六根有關）的不執取，以及對四無色界定、此世界和他世界、見聞覺知等的不執取，[37]《增一阿含經》對應經典也說到需對今世、後世不執取。[38] 儘管有這些差異，然而，對應版本所教導的要旨是相同的：不執取任何經驗的觀點是死亡現前時所需的良方。

雖然《教誡給孤獨經》和對應經文使用義理名相來敘述極重要的教誡，但《相應部》和《雜阿含經》的對應經文以更一般的方式表達相同教示。經典中有位在家弟子詢問如何教化另一位重病，似乎即將離世的在家弟子，在確定這位重

36　SĀ 1032 at T II 269c16-269c23（譯自 Anālayo 2010d: 6f）。
37　MN 143 at MN III 259,35（譯自 Ñāṇamoli 1995: 1110f）。
38　EĀ 51.8 at T II 819c9。

病者對佛、法、僧是否善立信心之後，《雜阿含經》版本接著提供以下教導：[39]

> 「汝顧戀父母不？」彼若有顧戀父母者，當教令捨，當語彼言：「汝顧戀父母得活者，可顧戀耳，既不由顧戀而得活，用顧戀為？」

一旦處於死亡邊緣時能放下對父母的顧戀，根據《雜阿含經》則應繼續教導這位弟子如是面對配偶、小孩、部屬和財產。

在《相應部》的對應經典的反思表達了相同的基本意義，指出無論是否對父母有親情愛念，人將會死去。[40]《相應部》中版本的另一差異是沒有提及部屬或財產，因此沒有明確涵蓋對個人專業關係和成就的執取，以及對視為「我所有」物品和資產的執取。

這兩個版本繼續指導生病弟子不執取五欲樂和天上妙樂，最終使其心傾向於對自我身分執取的止息或涅槃。對應經典一致說明，以此方式逐漸引導在家弟子完全不執取，其解脫將無異於很早以前即已成就心解脫的比丘。

如是不執取地面對死亡，則明顯可能協助其在解脫道上獲得進展。單純地念住不執取所有的經驗層面，能將死亡轉變成崇高覺悟的時刻。這種不執取隨著體悟到身體的必死而增強，使得對身體執著變得毫無意義。因此，當還有機會這樣做時，克服這類執取最好是在當行者仍然活著時。

39　SĀ 1122 at T II 298a20-298a23.
40　SN 55.54 at SN V 409,6（譯自 Bodhi 2000: 1835f）。

　　要激起這種不執取感所需的一切，即體悟死亡不能夠避免，死亡不可避免是生命的一個面向，這慧觀在《長老偈》的偈頌簡潔地表達出來。雖然我並不知道有其它對應版本，但是此處我破例而依我處理一種以上版本文獻的原則，以提供偈頌的翻譯來總結本章：[41]

> 非今日特有，無驚奇詫異，
> 凡生者將死，有何足詫異？
> 從出生剎那，死必隨生有，
> 一切生有死，此是眾生法。

九、結語

　　隨觀腐屍的核心主題是身體無常的實相，清楚表達死亡必然發生。事實上，它可能就在當下發生。

---

[41] Th 552f（譯自 Norman 1969: 56）。

第七章　受隨觀

一、導言

　　這一章我將進入到四念住中的第二個。在《念住經》和與其對應的兩部漢譯《阿含經》中關於受隨觀的教導如下：

《中部》：

　　當感覺到樂受時，行者確知：「我感覺到樂受」；
　　當感覺到苦受時，行者確知：「我感覺到苦受」；
　　當感覺到不苦不樂受時，行者確知：「我感覺到不苦不樂受。」
　　當感覺到俗世的樂受時……出世的樂受時……俗世的苦受……。
　　出世的苦受……俗世的不苦不樂受……出世的不苦不樂受時，他知道：「我感覺到出世的不苦不樂受。」

《中阿含經》：

　　覺樂覺時，便知覺樂覺；覺苦覺時，便知覺苦覺；覺不苦不樂覺時，便知覺不苦不樂覺。
　　覺樂身……苦身……不苦不樂身……樂心……苦心……不苦不樂心……樂食……苦食……不苦不樂食……樂無食……苦無食……不苦不樂無食……樂欲……苦欲

……不苦不樂欲……樂無欲覺……苦無欲覺……不苦不樂無欲覺時，便知覺不苦不樂無欲覺。

《增一阿含經》：

得樂痛時，即自覺知我得樂痛；得苦痛時，即自覺知我得苦痛；得不苦不樂痛時，即自覺知我得不苦不樂痛。

若得食樂痛時……食苦痛……食不苦不樂痛……不食樂痛……不食苦痛……不食不苦不樂痛時，亦自覺知我得不食不苦不樂痛。……

復次，若復……得樂痛時，爾時不得苦痛，爾時自覺知我受樂痛。若得苦痛時，爾時不得樂痛，自覺知我受苦痛。若得不苦不樂痛時，爾時無苦無樂，自覺知我受不苦不樂痛。

三個版本中的教導對於樂受、苦受、不苦不樂受的基本區分是一致的，因此在生起的受導致精神反應和思量之前，受隨觀需要辨識當下經驗的感受基調。這些反應和思量均會受個人最初感受的感性資訊輸入所影響。從實修的觀點來看，這樣的受隨觀須要不為個人感受的實際經驗內容所牽制，而是將所覺知到的經驗以區分歸入三種感受之一：樂、苦、不苦不樂。

《增一阿含經》中進一步澄清說明三種感受並不共同存在，也就是說，當感受到其中之一時，其他兩種受都不會再出現。雖然其他兩個版本並沒有這項說明，因而很有可能是

後來才加入於念住的文本中，但在《大緣經》、《摩犍提經》和其部分對應經典則有同樣的敘述。[1] 這敘述意指感受的能力是一個包含了一連串感受經驗的歷程，其中每個獨立的片刻中，可以是樂受、苦受或是不苦不樂受。

對應版本接著從三種受的基本區分，將覺知導向諸受的世俗或非世俗性質，《中阿含經》介紹身受、心受以及欲受、無欲受的額外分類。對照比較三個版本的主要教法，歸結出如表 7.1 由簡至繁的模式如下：

表 7.1 受隨觀

《中部》和《增一阿含經》	《中阿含經》
樂、苦、不苦不樂 俗世、出世	樂、苦、不苦不樂 身、心 食（俗世）、不食（出世） 欲受、無欲受

二、身受和心受

　　儘管在其他版本沒有提及身受和心受，因此可能是後來

---

[1]　DN 15 at DN II 66,19（譯自 Walshe 1987: 227）和對應經典 DĀ 13 at T I 61c8, T 14 at T I 243c14 以及 MĀ 97 at T I 580a14。檢視諸受本質的類似說明見於 MN 74 at MN I 500,10（譯自 Ñāṇamoli 1995: 605）和對應經文保存於藏譯的《根本說一切有部毘奈耶出家事》（*Pravrajyāvastu*）和保存於梵文和藏文的《撰集百緣經》（*Avadānaśataka*）；參考 Eimer 1983: 101,8, Speyer 1909/1970: 192,2 以及 Devacandra 1996: 715,7。

增補到念住法的教導中，但將諸受基本區分為身、心的不同
模式可見於其他早期經典中。由於這種區別具有相當的實修
相關性，我於下文先審查其意涵，之後再對照比較受隨觀在
《念住經》和對應經典中的教導。

　　受是名色定義中「名」的一部分，是為傳統闡述苦的緣
起（paṭicca samuppāda）中的一支。[2] 做為「名」的一部
分，受顯然是心法，不屬於「色」法或物質身體。因此說到
身受不同於心受，並非意味著某些受不是經驗的精神面向。
事實上，心已離開的死屍將不能體驗諸受。因此經文區分身
受和心受，意指導致受生起的觸種類，可以是身觸或是心
觸。這區分借助《箭喻經》和《雜阿含經》對應經典的譬喻
來說明，下文為《雜阿含經》版本的相關經文：[3]

　　　愚癡無聞凡夫身觸生諸受，增諸苦痛，乃至奪命，愁
　　憂稱怨，啼哭號呼，心生狂亂。當於爾時，增長二受，
　　若身受、若心受。[4]

　　　譬如士夫身被雙毒箭，極生苦痛。愚癡無聞凡夫亦復
　　如是，增長二受：身受、心受，極生苦痛。所以者何？
　　以彼愚癡無聞凡夫不了知故。

　　　多聞聖弟子身觸生苦受，大苦逼迫，乃至奪命，不起
　　憂悲稱怨，啼哭號呼，心亂發狂。當於爾時，唯生一

2　SN 12.2 at SN II 3,34（譯自 Bodhi 2000: 535）和對應經典 EĀ 49.5 at T II
　　797b28。

3　SĀ 470 at T II 120a9-120a27.

4　對應經典 SN 36.6 at SN IV 208,7（譯自 Bodhi 2000: 1264）只有指出受
　　是苦，沒有提及逼迫或奪命；其也說到凡夫自捶胸。

受，所謂身受，不生心受。

　　譬如士夫被一毒箭，不被第二毒箭，當於爾時，唯生
一受，所謂身受，不生心受。

　　在《相應部》的版本中箭沒有毒，[5] 因為若是毒箭，一
被射中就會有問題，所以《雜阿含經》的版本所說似乎不太
恰當。若所討論的問題僅在於是被無的毒箭所射傷的苦痛
時，被一支箭或兩支箭射中就確實有相當大的差異。因此
《相應部》版本中的譬喻更恰當地說明凡夫和聖弟子在處理
身苦上的差別。

　　這解說澄清了身受和心受之間的差別，即使是聖弟子的
情況，心也會感受到苦，單純是由心來經驗身體生起的任何
感覺。然而聖弟子的心只是體驗由身體苦觸所生起的苦，不
會對這種痛苦做出回應，因此不會由於心的痛苦而生起第二
箭的受而令情況惡化。[6] 換句話說，身受和心受之間的區別
反映了什麼造成每一種受的生起，不過，身受和心受兩者都
是由心體驗的。

　　雖然受必定是心的一部分，但這並不意味著覺受完全是
精神性的而不影響身體。事實上，由一般經驗可知樂受或苦
受的實際覺受確實會影響身體，喜悅會導致毛髮豎起或起雞
皮疙瘩，正如不悅會透過身體緊繃和面部表情顯現其作用。

5　SN 36.6 at SN IV 208,11.

6　Salmon et al. 2004: 437 解釋說：「慢性疼痛的描述充滿了判斷性評估
　　（例如：『這是遭透了』、『這永遠不會結束』），表達了更基本身體
　　疼痛訊號的認知闡述。通常情況下，根本的身體感覺比所伴隨的認知評
　　估較少受到關注，而這助長了焦慮和抑鬱的傾向。」

得到或失去喜愛之物會影響心跳和血液循環，而強烈的感受可能造成呼吸急促、出汗、身體緊繃等。

事實上，有好幾部經典都提到諸受會影響身體的一些層面。《身至念經》和其對應經典中描述，在禪定生起的樂受如何非常真實地遍滿全身。而苦受對於身體的影響可側見於經文中提及比丘被呵責時，坐不安穩，低頭垂肩，無法言語。[7] 內心中對剛聽到的話語的評量，引生出心中領納受沮喪之不樂，或是羞愧，身體上則連帶造成整個姿勢都受到影響的程度。

諸受因此被視為是身、心之間的中介，對於雙邊都具有調整的作用。這中介角色的一個層面是透過受做為媒介，心能體驗到所有發生在身體的一切。另一層面是透過受這個媒介，內心經驗的感受則會影響身體。因此受的實際體驗通常影響身心雙方面。有一個例外是達致無色界定，身體已經被超越，只有捨受經驗。不過，在一般人的正常生活裡，諸受的體驗含攝身、心二者。總結來說：身受（由身觸而生起的諸受）會對身和心產生影響，正如心受（由心觸而生起的諸受）亦有其對身和心的影響。

三、俗世受和出世受

從身受和心受的主題再回到《念住經》和兩部漢譯《阿含經》中的對應經典裡關於受隨觀的教導，如上所述，三個版本一致地將三種覺受區分為俗世的和出世的。《中阿含

---

[7]　MN 22 at MN I 132,28（譯自 Ñāṇamoli 1995: 226）。對應經典 MĀ 200 at T I 764a7 同樣說到垂頭和無法言說。

經》另提到欲受和無欲受的區別，其實際意涵似乎也與俗世
和出世的類別相雷同。

關注諸受的俗世或出世性，引導出諸覺受之間的善惡區
分，即有些覺受會導致煩惱生起，而有些覺受則有相反效
果。諸受在這方面的中心角色，在苦之緣起（*paṭicca
samuppāda*）的架構下特別明顯，其中受成為觸發愛生起的
關鍵支，因此受是為直觀緣起的一個重要的契機。

四、緣起

這種直觀不需含攝一般敘述苦緣起所列舉的全部十二
支。見於上座部傳統的《無礙解道》和說一切有部傳統的
《發智論》等論典中的傳統註解，會將詮釋十二因緣法的模
式擴展到相續三世，[8] 很顯然地這會難以在當下綜觀整個系
列。從其解說的觀點來看，無明（1）、行（2）屬於過去世
的識（3）經由名色（4）開始的現在世六入（5）、觸
（6）、受（7），基於受生愛（8）、取（9）、有（10）；
之後是傳統上歸屬於未來世的諸支，即生（11）隨後老死
（12）。

傳統的解說在初期經典裡可獲得佐證，例如《大緣經》
和其對應經典表明進入母親子宮的就是識，[9] 這經文出現在
說明緣起的文脈中。如此可知轉世的詮釋在初期經典裡就有
其根源，因而如果認為這種詮釋只是後來出現的產物，那就

8　Paṭis I 52,19（譯自 Ñāṇamoli 1982: 52）以及 T 1544 at T XXVI 921b17。

9　DN 15 at DN II 63,2（譯自 Walshe 1987: 226）和對應經典 DĀ 13 at T I
　　61b9, T 14 at T I 243b18, MĀ 97 at T I 579c17 以及 T 52 at T I 845b7。

是沒有持平地看待這些經文。

根據現代的學術研究,十二支緣起法的形成似乎有關於對吠陀創世神話的批判。[10] 這符合初期經典的大致趨勢,即重新詮釋古印度的思想觀念,以便能表達佛教的教法。這種重新詮釋的要點不在於描述世界的起源,而是要揭示苦依緣條件而生起。

除了以三世解說十二支緣起的連鎖之外,在早期阿毘達磨傳統中也已經有對緣起標準敘述的另一種解釋。此種不同的見解出現在上座部傳統的《分別論》和說一切有部傳統的《大毘婆沙論》,其將十二緣起支的每一支應用於一個心剎那。[11] 從這觀點來看,十二支架構所提及的「生」是指心念的生起。根據《阿毘達磨俱舍論》,如此所有十二因緣的運作可發生在一剎那中。[12] 這當然可使整個系列更容易順應當下的內觀分析。

傳統註釋還提供了另一種詮釋法,即是將十二支分為因和果。即無明(1)和由此產生的行(2)是因,在受之後的三支愛(8)、取(9)和有(10)同樣是因,其他支則是果。

造成苦生起的原因是無明反應(第一支、第二支),表現在當受導致愛等(第八支、第九支、第十支),在此受顯然成為關注的焦點。正是在此轉折處須要將從無明起之諸緣斷除,才能避免由愛而起的反應。換句話說,受這一支,可讓念住的現前對於苦的緣起具有決定性的影響。[13]

10　Jurewicz 2000;也可參考 Jones 2009。

11　Vibh 144,2(譯自 Thiṭṭila 1969: 189)以及 T 1545 at T XXVII 118c7。

12　《阿毘達磨俱舍論》*Abhidharmakośabhāṣya* 3.25, Pradhan 1967: 133,1。

13　Ñāṇaponika 1983: 5 指出:「受隨觀可以展現其所有力量,做為打破苦

　　從實修的層面來說，繫念於諸受能夠令行者在苦一開始生起時就覺知其緣起。以這種方式修行並不局限在受本身，而是以對諸受的覺知為根本，並加上以開闊態度來考量影響當下經驗所「感受」的各種因緣條件，不論是自己所處的外在因緣，或是自心中生起的內在因緣。

　　這組內在和外在的因緣條件最好能以建設性方式來處理，善巧地將「問題」轉入正道上，而不是只順著回應它們所引起的感受。當任何問題一旦用作為學習的契機，就成為正道，並提供了發展不執取的機緣。這樣觀點的轉移，也就是修習者保持覺知諸受而不投入感受的牽扯，將逐漸趨向能擺脫對諸受做出反應而助長苦的緣起的這種傾向。如是，受隨觀可成為決定性的條件，確保在無常變化過程裡構成經驗的因緣，最終將趨向經驗到不再受條件制約。

　　從阿羅漢的例子來說，根植於無明的行已經永遠根除，受也不會再導致愛生起。無需贅言，阿羅漢仍然有第四蘊——行蘊，儘管有相當程度的重疊，但並不等同於緣起連鎖中的第二支——行支。關鍵區別在於無明的出現引生出行，如同以愛做為對受的反應，進而導致苦的緣起。這種無明是依緣而生，但是阿羅漢並沒有這種無明。在諸受要引生無明反應時，若能於當下生起念住，就會非常有助於在趨向圓滿解脫的正道上前進。

緣起連鎖中最薄弱一支的有效方法。」Hoffmann and Van Dillen 2012: 320 解釋：「正念和接受為基礎的干預可以減少高危險群的渴望……具體而言，這些干預可以使人們經由接受其為短暫事件，得以在心理上脫離不斷地渴望，且最終是消退了，而不是試圖去抑制它們。」反之，「蓄意壓制欲望產生的是反作用力」。

　　《相應部》和保存於中文和梵文中的對應經典裡，描述了由覺知諸受來實際觀察緣起。漢譯《雜阿含經》的相關經文如下：[14]

　　多聞聖弟子於諸緣起思惟觀察，所謂樂觸緣生樂受，樂受覺時，如實知樂受覺；彼樂觸滅，樂因緣生樂受亦滅、止、清涼、息、沒。[15]

　　有別於《相應部》的版本，在《雜阿含經》和梵文殘卷的對應經典使用了相似於念住修習架構中的一種表述，亦即「樂受覺時，如實知樂受覺」。如是在樂受生起時，覺察到正在經歷樂受，則提供了一個極佳的機緣來發展緣起觀慧。這是值得注意的，因為這揭示了受隨觀做為念住修習的深層暗示，也就是說，可做為審觀緣起的一種方法。

　　在指出同樣教法也適用於其他種類的受之後，[16] 三個版本都接著用譬喻說明攝念於各種受的緣起性質，《雜阿含經》版本的譬喻如下：[17]

　　譬如兩木相磨，和合生火；若兩木離散，火亦隨滅。

[14] SĀ 290 at T II 82a15-82a18.

[15] 對應經典 SN 12.62 at SN II 96,23（譯自 Bodhi 2000: 596）在前導句之後，關於明確的緣起性有一簡短說明。另一保存於梵文殘卷的對應經典 Tripāṭhī 1962: 117 在這一點上與 SĀ 290 的敘述一致。

[16] 雖然 SN 12.62 at SN II 96,26 提及樂受、苦受、不苦不樂受，而 SĀ 290 at T II 82a16 涵蓋了五種受：身樂受、身苦受、心樂受、心苦受和不苦不樂受。

[17] SĀ 290 at T II 82a20-82a24.

如是諸受緣觸集，觸生觸集。[18]

　　若彼彼觸集故，彼彼受亦集；彼彼觸集滅故，彼彼受集亦滅、止、清涼、息、沒。

　　這譬喻說明受的感受基調取決於已生起的觸的種類，念住教導首先是能夠區別樂、苦、不苦不樂受，如此可用以精確地辨識受的緣起性質。

　　念住教導的第二部分是關於諸受的俗世和出世性，重複教導以覺察容易導致不善之反應的種種諸受，這主題將視野擴大至受對於後續反應的制約影響。

　　簡言之，依受隨觀第一和第二部分的教導，這修習可看作是探究生起諸受的「已成因緣」性，以及諸受的「因緣」性。

五、諸受的「因緣」性

　　仔細檢視《中部》的《有明小經》諸受的因緣性，其對應經典可見於《中阿含經》和另一部藏文譯本。此處的經文是一位在家弟子和阿羅漢法施比丘尼問答交流一部分，與本章內容相關的第一個問題是關於樂受、苦受、和不苦不樂受之間接影響。藏文版本的相關經文翻譯如下：[19]

　　依樂受貪增長，依苦受瞋增長，依不苦不樂受無明增

18　SN 12.62 at SN II 97,13 簡單表明緣於三種觸而生起相對應的受。

19　Si 22,3-Si 23,21（譯自 Anālayo 2012d: 51；Si 22,3 相當於 D 4094 *ju* 9b5 或 Q 5595 *tu* 10b7）。

長……〔然而〕非一切樂受增長貪,非一切苦受增長
瞋,非一切不苦不樂受增長無明。有樂受不增長貪,卻
〔反而導致〕棄捨之;有苦受不增長瞋,卻〔反而導
致〕棄捨之;有不苦不樂受不增長無明,卻〔反而導
致〕棄捨之。

相對於藏文版中說到何者依此三種受中的每一受而「增
長」,《中部》和《中阿含經》對應版本所關注的問題則是
與諸受相關的潛在「隨眠」(anusaya)。[20]

這段經文在某種程度上提供了念住教導所區分的俗世和
出世的簡易說明。實際作法是認知何種受會導致不善反應,
以及何種受沒有如此傾向。以第二種樂受的例子來說,是不
會導致不善反應的。藏文版的經文如下:

於此聖弟子離欲、惡不善法,有尋有伺,離生喜樂,
得初禪具足住。

尋伺止息,內淨一心,無尋無伺,定生喜樂,〔聖弟
子〕得二禪具足住。

離於喜,捨住正念正知,只覺身樂,聖弟子所稱捨念
樂住,〔聖弟子〕得三禪具足住。此樂受不增長貪,卻
〔反而導致〕棄捨之。

《中部》和《中阿含經》對應經文與此版本的差異,以

初禪為例，在於它們說明這種樂受與欲貪無關，[21] 並沒有帶入二禪和三禪。

藏文版說到苦受和捨受不會導致不善影響的經文如下：

> 於此聖弟子對無上解脫生起願求：「何時我將住於究竟證悟處，聖者所住的究竟證悟呢？」心憂和苦受〔起因於〕願求、追尋、渴望，這並不增長瞋，卻〔反而〕棄捨之……。
>
> 於此聖弟子離樂息苦，內心喜憂先已滅，不苦不樂，全然捨念清淨，得四禪具足住。此不苦不樂受不增長無明，卻〔反而導致〕棄捨之。

三個版本的基本主旨是，當行者體驗深定中的喜或捨時的諸受不會「增長」欲貪和無明，這些諸受和各自對應的「隨眠」無關。同樣適用在當行者體驗了知尚未達致解脫的悲傷諸受時：這種受不「增長」瞋，且與瞋「隨眠」無關。相反地，這些諸受生起於當有人修習解脫道時，因此是與捨斷這三種根本煩惱有關，而無關於它們的活動。

用念住名相來表達，這些是「出世」種類的受，儘管與出世的經驗有關，也應該避免執取。不過，這種經驗有異於體驗俗世種類的樂、苦或不苦不樂受。

對於貪隨眠、瞋隨眠、癡隨眠活動的解決之道，是以念觀察已生受的性質，以此方式發展念住激起修習者的潛能，使能覺察到對任何受的反應，甚至在反應完全開始之前。這

21　MN 44 at MN I 303,30 以及 MĀ 210 at T I 789c11。

需要特別努力來維持念於諸受上，即使當心已被感官的妄想、瞋念、或虛無幻想所捲走時，此時生起種種受明顯是世俗種類的受，以覺知來觀照這些受正是能打破諸受對心的制約之好方法。

六、值得推崇的受

上述在《有明小經》與其對應經典中的分析，另有一重要意義是善巧樂受。初期佛教說到的解脫道並不須完全放棄樂，亦即初期佛教的分析不認為樂本身必然與執取有關。相反地，各種覺受有些是可以被推崇的，也可能是應該避免的。造成其差異的區別在於其善巧或非善巧性質。根據《枳吒山邑經》和《中阿含經》中的對應經典，關鍵的區別來自佛陀個人的證悟，下文為《中阿含經》中說明佛陀表達自身經驗做為評量諸受基礎的經文：[22]

> 若我不知如真，不見、不解、不得、不正盡覺者，或有樂覺者，不善法轉增，善法轉減，我不應說斷樂覺。[23]
>
> 若我不知如真，不見、不解、不得、不正盡覺者，或有樂覺者，惡不善法轉減，善法轉增，我不應說修樂覺。

此段《中阿含經》接著對痛苦的感受做同樣的分析，

---

[22] MĀ 195 at T I 750c27-751a3.

[23] MN 70 at MN I 475,34（譯自 Ñāṇamoli 1995: 579）在這一點上，以肯定語氣繼續同樣的說明，即佛陀根據自身的慧解等，勸誡捨棄樂受。

《枳吒山邑經》的說明也涵蓋不苦不樂受。根據這二個版本，佛陀自身經驗和理解正是導致評量諸受的關鍵性轉變。有別於未經修習的心幾乎是自動傾向於追求快樂和避開痛苦，於此問題變成是追求善和避免不善。簡言之，這就是整個解脫道的要旨。

念住教導所提出的受之俗世和出世種類的分別，在《六處分別經》與其對應經典中則以稍有不同的方式表達，區辨出與執著有關的和與出離有關的受。[24]《中阿含經》裡對應的相關經文如下：[25]

> 云何喜依著？眼知色可喜、意念、愛色、欲相應樂，未得者欲得，已得者憶已生喜，如是喜，是謂喜依著。
>
> 云何喜依無欲？知色無常、變易、盡、無欲、滅、息，前及今一切色無常、苦、滅法，憶已生喜，如是喜，是謂喜依無欲……。
>
> 云何憂依著？眼知色可喜、意念、愛色、欲相應樂，未得者不得，已得者過去，散壞、滅、變易，生憂，如是憂，是謂憂依著。
>
> 云何憂依無欲？知色無常、變易、盡、無欲、滅、息，前及今一切色無常、苦、滅法，憶已作是念：「我何時彼處成就遊，謂處諸聖人成就遊？」是為上具觸願

[24] MN 137 at MN III 217,13（譯自 Ñāṇamoli 1995: 1067）的差異在於說到依「在家」喜，而不是依「著」喜；和依「出離」喜，而不是依「無欲」喜。
[25] MĀ 163 at T I 692c21-693b2.

恐怖，知苦憂生憂。如是憂，是謂憂依無欲……。[26]

云何捨依著？眼知色生捨，彼平等、不多聞、無智慧、愚、癡、凡夫，為色有捨，不離色，是謂捨依著。[27]

云何捨依無欲？知色無常、變易，盡、無欲、滅、息，前及今一切色無常、苦、滅法，憶已捨住。若有至意修習捨，是謂捨依無欲。[28]

在這兩個版本中，同樣的處置接著應用在其他根門上。因此這種與執著有關的喜樂，是來自令人愉悅的和相合意的外塵；而與出離相關的喜悅，來自於隨觀外塵的無常和不圓滿本質時所生起的不執取。以憂受的狀況來說，渴求未得的外塵時，與執著有關憂會顯現；當生起解脫的企求時，與出離相關的憂會現起。與執著有關的不苦不樂受單純是來自外塵的平淡無味，其特性是不會引起內心任何特殊的興趣或反應；相對地，與出離相關的不苦不樂受是來自於慧觀無常與不圓滿性質而獲得的平等心。

換句話說，執著這一類的受是來自外塵的本質，而出離一類的受，與內觀智慧有關，能超脫且超越所經歷的外塵的局限。

---

[26] 對應經典 MN 137 at MN III 218,26 和 D 4094 *ju* 167a1 或 Q 5595 *tu* 192b5 沒有提及了知苦的怖畏。

[27] MN 137 at MN III 219,10 還說到這樣的人未征服他或她的有限，或是未征服業果，並且未見到過患。

[28] MN 137 at MN III 219,25 指出這種捨超越色法。

七、諸受的本質

　　除了分析性的說明之外，初期經典也提供一些譬喻以協助反覆教導對諸受不執著的態度。《相應部》中的兩部經典和其各自在《雜阿含經》中的對應經典將諸受比喻為天空中吹起的種種風，以及來到客棧的旅人。《雜阿含經》中天空中的風的譬喻如下：[29]

　　　　譬如空中狂風卒起，從四方來，有塵土風、無塵土風、毘濕波風、鞞嵐婆風、薄風、厚風乃至風輪起風。[30]
　　　　身中受風亦復如是，種種受起：樂受、苦受、不苦不樂受。

　　《雜阿含經》版本的客棧譬喻如下：[31]

　　　　譬如客舍種種人住，若剎利、婆羅門、長者居士，野人、獵師，持戒、犯戒，在家、出家，悉於中住。[32]

---

[29] SĀ 471 at T II 120b16-120b20 不同於對應經典 SN 36.12 at SN IV 218,13（譯自 Bodhi 2000: 1272）另外列出三種基本受的區別，例如身、心的分類，世俗、非世俗的類別等。

[30] SN 36.12 at SN IV 218,8 還說到熱風、冷風，沒有提到毘濕波風、鞞嵐婆風、或風輪。

[31] SĀ 472 at T II 120c9-120c12 類似於 SĀ 471 另外列出三種基本受的各種區分，如身、心的類別，世俗、非世俗的分類等。在這種情況下，對應經典 SN 36.14 at SN IV 219,17（譯自 Bodhi 2000: 1273）也提及世俗、非世俗種類的受。

[32] SN 36.14 at SN IV 219,11 只說到剎帝利、婆羅門、毘舍、首陀羅來自四方中的任何一方。

> 此身亦復如是,種種受生:苦受、樂受、不苦不樂
> 受。

這些譬喻的啟發力可以有相當實質的助益,做為提醒修習和保持對諸受的適當態度。正如與變化無常的氣候相抗衡沒有意義一樣,同樣地以貪和瞋回應諸受亦毫無意義。諸受生滅就像不同種類的風,保持心胸豁達如虛空的天空,任憑諸受的「風」只是來去。

客棧譬喻更強調對諸受不執著態度的重要性。[33] 像一個友善但不介入的客棧主人一樣隨觀,清楚知道與那些很快離開的客人交涉太深是沒有意義的,如此便能任憑諸受來來去去而不須要做回應,因此不會在心中造成任何進一步的影響。諸受就像客人一般,而不是成為「我的」認同感和幸福感的一部分。

八、痛與病

當行者生病和感受痛時,維持對諸受不執取會是一種特別的挑戰。而這正是受隨觀可展現其用處的時候。念住的「魔杖」甚至可以將一個可怕的經歷轉變成在道上前進的有力機緣,以發展觀慧和不執取。

在《相應部》和《雜阿含經》中有一段對應經文說到佛陀探望病舍裡的比丘們,在他對比丘的建議裡,首先提點他們四念住與培養正知的修行,並教導如何面對諸受的問題。

---

[33] 主客截然不同的意象是中國和日本禪宗傳統著名主題,說明妄念的本質;參考 Sheng Yen 2006: 96。

《雜阿含經》版本說到一個已具備念住和正知的人如何在生病時審察痛苦的感受：[34]

> 正念正智生苦受因緣，非不因緣。云何為因緣？如是緣身，作是思惟：「我此身無常、有為，心因緣生；苦受亦無常、有為，心因緣生。」[35]
>
> 身及苦受觀察無常，〔觀察生滅，觀察離欲，觀察滅盡，觀察〕乃至捨，於此〔身〕及苦受瞋恚所使，永不復使。

　　正如於《相應部》的對應經文中所澄清的，如是修行將能捨斷瞋隨眠。[36] 在遭受病苦折磨時，以此法修行有相當大的可能性加速心清淨的進展。根據這兩個版本，同樣修法亦適用於樂受和不苦不樂受，將能捨斷貪隨眠和癡隨眠。

　　此外，隨念也是一個面對痛的極佳方法，因為繫念於當下能使所實際經驗的痛苦較不具壓迫性。從兩支箭的譬喻來看，繫念現前有助於避免第二箭，亦即是在身之苦上往往更添加心之苦。這在《相應部》和《雜阿含經》的另一部經文可見舉例說明，敘述一群比丘如何探訪曾生病的阿那律，阿那律告訴他的訪客們，由於修習四念住，他不為疾病所造成的痛苦感受所折磨。在《雜阿含經》版本有關他的闡述說明

---

[34] SĀ 1028 at T II 268c17-268c21 簡化實際隨觀的敘述，因此我依樂受的描述 T II 268c14 來補上。

[35] 對應經典 SN 36.7 at SN IV 212,10（譯自 Bodhi 2000: 1267）在這一點上有反問：「〔苦受〕如何有常住呢？」

[36] SN 36.7 at SN IV 212,17.

如下：[37]

> 住四念處，身諸苦痛漸得安隱。

《相應部》中的對應經文指出，由於心善住於四念住，已生起的身體感受不會持續令心混擾難堪。[38]

念住修習的療癒效果與現代臨床應用有顯著關聯，以正念為基礎的方法在醫療場域中已證明其做為疼痛處理方法的價值。[39] 從初期佛教的觀點，這種益處並沒有完全達到繫念於受隨觀的潛能。這種修習法的核心目的，是透過覺醒以達致完善的心理健康。

九、諸受和正覺

受隨觀所能達到之正覺可能的程度，最佳的示例來自佛陀的兩位大弟子：舍利弗和大目犍連。從大目犍連的例子來說，根據巴利註釋書傳統，使他成就正覺的教導可見於《增支部》中，在《中阿含經》也有對應經文。兩部經典都說明在接受克服內心昏沉的教法之後，大目犍連問佛陀如何達到圓滿正覺？依據《中阿含經》版本他得到的答覆如下：[40]

> 若覺樂、覺苦、覺不苦不樂者，彼此覺觀無常、觀興

---

37 SĀ 541 at T II 140c19-140c20.

38 SN 52.10 SN V 302,18（譯自 Bodhi 2000: 1757）。

39 參例 Kabat-Zinn et al. 1985。

40 MĀ 83 at T I 560b5-560b12.

衰、觀斷、觀無欲、觀滅、觀捨；[41]

　彼此覺觀無常、觀興衰、觀斷、觀無欲、觀滅、觀捨
已，不受此世；因不受世已，便不疲勞；因不疲勞已，
便般涅槃，生已盡，梵行已立，所作已辦，不更受有，
知如真。

　大目捷連！如是……得至究竟，究竟白淨，究竟梵
行，究竟梵行訖。

　根據相對應的《增支部》的註釋，實踐這種正觀使大目
犍連得以證入圓滿正覺。[42] 儘管在各版本經文中沒有如此明
說，這兩部經典的闡述都無疑地清楚表明受隨觀能趣向究竟
解脫。

　《增支部》的版本在這教法之前，先說到無有一法值得
執著的名言含義。[43] 這名言簡潔地總結了適當受隨觀的效
果，即可去除覆蓋在體驗上的情執黏著，直至行者證知確實
無有一法值得執取。

　從佛陀另一位大弟子舍利弗的例子來看，受隨觀一樣也
在他的證入正覺裡扮演核心角色。他的證悟記載於《長爪
經》和對應經典中，經文表明在目睹佛陀教導一位遊方者
時，他達到圓滿解脫。《雜阿含經》版本敘述佛陀對遊方者
的教導經文如下：[44]

---

[41] AN 7.58 at AN IV 88,18（譯自 Bodhi 2012: 1061，經號 61）說到觀無
　　常、離欲（或離貪）、滅、捨。

[42] Mp IV 44,23.

[43] AN 7.58 at AN IV 88,12.

[44] SĀ 969 at T II 249c10-250a2.

有三種受，謂苦受、樂受、不苦不樂受。此三種受，何因？何集？何生？何轉？謂此三受觸因、觸集、觸生、觸轉。彼彼觸集，則受集；彼彼觸滅，則受滅，寂靜、清涼、永盡。

彼於此三受，覺苦、覺樂、覺不苦不樂，彼彼受若集、若滅、若味、若患、若出如實知。如實知已，即於彼受觀察無常、觀生滅、觀離欲、觀滅盡、觀捨。

彼於身分齊受覺如實知，於命分齊受覺如實知，若彼身壞命終後，即於爾時一切受永滅、無餘永滅。[45]

彼作是念：「樂受覺時，其身亦壞；苦受覺時，其身亦壞；不苦不樂受覺時，其身亦壞，悉為苦邊。

於彼樂覺，離繫不繫；於彼苦覺，離繫不繫；於不苦不樂覺，離繫不繫。於何離繫？離於貪欲、瞋恚、愚癡。離於生、老、病、死、憂、悲、惱、苦，我說斯等，名為離苦。」……

時，尊者舍利弗作是念：「世尊歎說於彼彼法斷欲，離欲、欲滅盡、欲捨。」

爾時，尊者舍利弗即於彼彼法觀察無常，觀生滅、觀離欲、觀滅盡、觀捨，不起諸漏，心得解脫。

未有提及受對觸的依賴，《中部》的版本指出在體驗一種感受時，行者不會經歷到其他兩種受。[46] 上述翻譯的其他對應經文含攝兩個主題，即三種受彼此都有排他性，以及他

---

[45] 對應經典 MN 74 at MN I 500,27（譯自 Ñāṇamoli 1995: 605）沒有提到局限於身體或壽命的諸受。

[46] MN 74 at MN I 500,10.

們對觸的緣起依賴。[47]《中部》的文句裡也沒有提及諸受的味、患、離，也沒有提及當生命終了時所體驗的諸受。

《長爪經》與其對應經典同樣都敘述舍利弗在教導結束時成就究竟正覺。根據經文說明，這發生在舍利弗領悟佛陀讚歎經透過證智斷除和放捨那些狀態。[48] 因此，為了解脫的受隨觀的潛能相關，對應版本間是相近一致的。

上述《雜阿含經》經文的思想之推展觸及幾個與受隨觀有關的主題，其教導從基本三受的辨識開始，而這也是念住受隨觀的基本模式。接著揭示諸受依觸而緣起，然後審察轉向所有感受體驗的如實覺察的無常性質。

這便引生出與《箭經》中所教導只受一箭的身受一致的情況，諸受的體驗僅止於身體感受，內心因身根所感受到者所產生的負面反應不再出現。這進而能得以直接地面對死亡，事實上一切受在某種程度上都受到生命的限制，而就達到究竟解脫者來說，在身體死亡時，一切受就將會完全止息。

所引生的不執取可趣向解脫──從內心的煩惱解脫，因而從苦解脫。對任何種類的感受體驗來修習離欲，將可造成突破，證得究竟正覺。

綜觀大目犍連和舍利弗的例子，修習受隨觀可有直取正覺之可能。依此第二念住而開展出整個解脫道的機緣，其程

---

47 如是對應經文有藏譯的根本說一切有部律，Eimer 1983: 101,8 和《撰集百緣經》（*Avadānaśataka*）保存於梵文和藏譯，Speyer 1909/1970: 192,2 和 Devacandra 1996: 715,7。另一部對應經典 SĀ² 203 at T II 449b12 和對應的梵文殘卷 folio 165a1f, Pischel 1904: 815 和 SĀ 969 一致地只提到受依觸。

48 MN 74 at MN I 501,2.

度在《六處大經》和對應經典中有更集中深入之探討。而此
處經文中說明的主題是遍及六入處的經驗。下文為《雜阿含
經》版本中相關經文的最後部分，即解說第六根門，意根之
狀況：[49]

內覺若苦、若樂、不苦不樂，如實知見；如實知見
故，於意不染著。若法、意識、意觸、意觸因緣生受，
內覺若苦、若樂、不苦不樂，不染；

不染著故，不相雜、不愚闇、不顧念、不繫縛，損減
五受陰，當來有愛、貪、喜……。

作如是知、如是見者，名為正見修習滿足，正志、正
方便、正念、正定，前說正語、正業、正命清淨修習滿
足，是名修習八聖道清淨滿足。八聖道修習滿足已，四
念處修習滿足，四正勤、四如意足、五根、五力、七覺
分修習滿足。

若法應知、應了者，悉知、悉了。若法應知、應斷
者，悉知、悉斷。若法應知、應作證者，悉皆作證。若
法應知、應修習者，悉已修習。

《六處大經》和另一部藏譯對應經典對上述的說明另有
補充，提到依此方式修行，定和觀慧都會一起出現。[50]

從三個版本對於大目犍連和舍利弗如何達到究竟正覺的
敘述，確認了得出的結論：初期佛教解脫道的所有核心面

49 SĀ 305 at T II 87b20-87c8.
50 MN 149 at MN III 289,16（譯自 Ñāṇamoli 1995: 1138）和 D 4094 *ju* 205a4
或 Q 5595 *tu* 234a4。

向，都可透過這種特定的修行方法，即是依受隨觀來修習。

做為總結受隨觀的主要面向，《雜阿含經》中的一則偈頌再突顯出了修習受念住的潛能如下：[51]

　　樂受所受時，則不知樂受，貪使之所使，不見出要道。

　　苦受所受時，則不知苦受，瞋恚使所使，不見出要道。

　　不苦不樂受，正覺之所說，不善觀察者，終不度彼岸。[52]

　　……勤精進，正知不動轉，如此一切受，慧者能覺知。

　　覺知諸受者，現法盡諸漏，明智者命終，不墮於眾數。眾數既已斷，永處般涅槃。[53]

十、結語

受隨觀須要識別當下經驗的感受本質，此感受依觸緣起而生，進而成為由愛、取而對諸受做出無明反應的因緣產

---

[51] SĀ 468 at T II 119b23-119c4；亦參照殘卷 Or. 15009/206, Shaoyong 2009: 231。

[52] SN 36.3 at SN IV 205,24（譯自 Bodhi 2000: 1261）對應經典表明：若樂於此，將不得從苦出離。

[53] 根據 SN 36.3 at SN IV 206,3 最後的偈頌，遍知諸受者現世盡諸漏，在身壞命終時住於法，明智者不墮於眾數。

物，因此受隨觀能使修習者在當下覺知苦的生起因緣。諸受就像是不速之客，行者只要不理會它們，就可以避免被第二箭射中。

第八章　心隨觀

一、導言

這一章中將討論四念住的第三種念住，在《念住經》和兩部漢譯《阿含經》對應經典中有關心隨觀的教導如下：

《中部》：

> 比丘確知心上有強烈貪欲時，「此心有強烈貪欲」；或是他確知：心上沒有強烈貪欲時，「此心沒有強烈貪欲」。
>
> 〔或是他確知：心上〕有瞋恚……〔心上〕沒有瞋恚……〔心上〕有邪見……〔心上〕沒有邪見……偏執〔的心〕……散亂〔的心〕……〔心已〕成廣大……〔心〕未成廣大……可被增益的〔心〕……毋可被增益的〔心〕……〔心〕專注時……〔心〕非專注時……〔心〕已解脫時……心未解脫時是「此心尚未解脫」。

《中阿含經》：

> 有欲心知有欲心如真，無欲心知無欲心如真，有恚無恚，有癡無癡，有穢污無穢污，有合有散，有下有高，有小有大，修不修，定不定，有不解脫心知不解脫心如真，有解脫心知解脫心如真。

《增一阿含經》：

　有愛欲心，便自覺知有愛欲心；無愛欲心，亦自覺知無愛欲心。

　有瞋恚心……無瞋恚心……有愚癡心……無愚癡心……有愛念心……無愛念心……有受入心……無受入心……有亂心……無亂心……有散落心……無散落心……有普遍心……無普遍心……有大心……無大心……有無量心……無無量心……有三昧心……無三昧心……未解脫心……已解脫心，便自覺知已解脫心。

　　三個版本對於心隨觀的實修教導非常相似，儘管中文版本闡述較巴利經典的簡要說明描述更詳盡，尤其是《增一阿含經》中「自覺」和「知有〔特定狀態〕心」的例子，在心之狀態列表中可見到更顯著的差異。表 8.1 由簡至繁的次第呈現出種種狀態列表，有時調整其中一對心之狀態的順序以便對照。

表 8.1 心隨觀

《中部》	《中阿含經》	《增一阿含經》
貪欲／無貪欲	欲／無欲	愛欲／無愛欲
瞋恚／無瞋恚	恚／無恚	瞋恚／無瞋恚
邪見／無邪見	癡／無癡	愚癡／無愚癡
收攝／散亂	穢污／無穢污	愛念／無愛念
廣大／非廣大	合／散	受入／無受入
可增益／毋可增益	下／高	亂／無亂
定／無定	小／大	散落／無散落
解脫／未解脫	修／不修	普遍／無普遍
	定／不定	大／無大
	解脫／不解脫	無量／無無量
		三昧／無三昧
		已解脫／未解脫

　　在表 8.1「欲」和「愛欲」是類似於貪欲的性質，同樣地，「小」對應於「非廣大」的項目。《中部》裡的「散亂」心和《中阿含經》列出的「合」心形成對比，對此《增一阿含經》分成二類：「亂」或「無亂」心，以及「散落」或「無散落」心。雖然心的收攝其含義在一定程度上可能有不同詮釋，[1] 但看來很清楚的是，對應版本中皆一致說明念住禪修的要務是覺察到心是散亂的，也就是已失卻念住時。[2]

---

[1]　參見 Anālayo 2003b: 178 and n. 19。

[2]　Brown et al. 2007: 214 解釋：「覺知到行者不專注和不覺察本身就是念的例子。」

所有版本中共有的心之狀態可概括為四個一組和三個一組，首先四個一組者包括不善心和無不善心如下：

- 貪欲和無欲
- 瞋恚和無瞋恚
- 癡和無癡
- 散亂和無散亂

三個一組包含從禪修成就而引生的心之狀態，以及其相反狀態如下：

- 廣大和非廣大
- 定和無定
- 解脫和未解脫

有一組僅見於《念住經》，是「可增益的」心和相對的「無可增益的」心，儘管在對應經典中並未出現相同名稱，《中阿含經》中有可相類比的概念是「修」和「不修」心，以及《增一阿含經》版本中的「受入」或「無受入」心。前述概念的要務都是一樣：覺察出個人已修習的程度，並體悟到更多可以做到的。

這構成了培養心隨觀教法中一個值得注意的面向，即是從初期佛教的觀點來看，自問是否已達到某種程度的成就，是被視為了解個人心理狀態特質不可或缺的部分。如此教導覺知自心修習的程度，並不意味著鼓勵妄執禪定成就或目標導向的態度。正確的方向是在過度期望與對任何善美的期許持輕蔑態度之間的中道，即是既不僅為了獲得成就而修習念住，亦不是認為住於當下才算是真正修習，而無感於任何超越此時此地所發生者之更高標的。

二、善心和不善心

　　《念住經》和兩部對應經典中有關心隨觀的教導，是以分別兩種對立狀態來說明念住的要行。因此，舉例來說，貪欲或愛欲的生起會與相對立的無貪欲或無愛欲同時並提。此一基本模式反映出了構成初期佛教教法中的重要區分，即善與不善之間的分別。這種應用於心的雙極區分見於《法句經》開首的〈雙品〉偈頌。漢譯《法句經》中的對應偈頌如下：[3]

　　　諸法意為導　　意主意造作
　　　人若染穢意　　或語或〔身〕行
　　　苦事則隨彼　　如輪隨獸足
　　　諸法意為導　　意主意造作
　　　人若清淨意　　或語或〔身〕行
　　　樂事則隨彼　　如影之隨形

　　根據《二種尋經》和《中阿含經》對應經典善心與不善心的基本區分，是後來成正覺的世尊在其邁向覺悟過程中所發展出來的。以下為《中阿含經》相關經文部分：[4]

3　梵文《法句經》*Udānavarga* 31.23f, Bernhard 1965: 415，對應犍陀羅《法句經》*Dharmapada* 201f, Brough 1962/2001: 151，波特那《法句經》*Dharmapada* 1f, Cone 1989: 104。偈頌的版本在 Dhp 1f（譯自 Norman 1997/2004: 1）中有差異，因其說到諸法是「心造」；亦參考 Skilling 2007 和 Agostini 2010。

4　MĀ 102 at T I 589a13-589b9.

　　我本未覺無上正盡覺時，作如是念：「我寧可別諸念作二分，欲念、恚念、害念作一分，無欲念、無恚念、無害念復作一分。」

　　我於後時，便別諸念作二分，欲念、恚念、害念作一分，無欲念、無恚念、無害念復作一分。

　　我如是行，在遠離獨住，心無放逸，修行精勤。生欲念，我即覺生欲念，自害、害他、二俱害，滅慧、多煩勞、不得涅槃。覺自害、害他、二俱害，滅慧、多煩勞、不得涅槃，便速滅。

　　復生恚念、害念，我即覺生恚念、害念，自害、害他、二俱害，滅慧、多煩勞、不得涅槃。覺自害、害他、二俱害，滅慧、多煩勞、不得涅槃，便速滅。

　　我生欲念，不受、斷、除、吐，生恚念、害念，不受、斷、除、吐。所以者何？我見因此故，必生無量惡不善之法。[5]

　　猶如春後月，以種田故，放牧地，則不廣，牧牛兒放牛野澤，牛入他田，牧牛兒即執杖往遮。所以者何？牧牛兒知因此故，必當有罵、有打、有縛、有過失也。是故牧牛兒執杖往遮。[6]

　　我亦如是，生欲念，不受、斷、除、吐，生恚念、害念，不受、斷、除、吐。所以者何？我見因此故，必生

---

[5]　對應經典 MN 19 at MN I 115,11（譯自 Ñāṇamoli 1995: 207）沒有提到生無量惡不善法。

[6]　MN 19 at MN I 115,29 的時期是秋天雨季最後一個月，接近收成的時候。雖然 MN 19 沒有明確指出問題是，如果牛群沒有被控制的話，將亂入作物收成地，但這同樣是隱含在說明裡。

無量惡不善之法……。

　　隨所思、隨所念，心便樂中。若……多念欲念者，則
捨無欲念，以多念欲念故，心便樂中。若……多念恚
念、害念者，則捨無恚念、無害念，以多念恚念、害念
故，心便樂中。[7]

　　將這段經文與《二種尋經》的對應經文比較對照時，值
得注意的差異是順序問題，巴利版本中的牧牛者譬喻，是在
指出經常思考會導致相應的心念傾向之後。關於這一點，
《中阿含經》版本似乎在文義上有更順暢的推展，因為其描
述防止牛群亂入耕地，這說明了對不希望產生的後果之恐
懼，而不是想法和內心傾向的關係。

　　兩個版本接著同樣說明應用於無欲、無瞋、無害的相反
想法，這與牧牛者在田地已收割時的情況一樣沒有問題，他
不再需要努力防止牛群亂入耕地，可以只是從遠處注意牛群
即可。這兩個版本隨後指出即使有這種善的想法，長久下來
身心也會疲累，因此發展內心平靜比培育善念更佳。

　　上文的描述清楚說明《念住經》和兩部對應經典中所介
紹的心隨觀的基本區分法如何可以實際應用，同時，在心隨
觀的念住指導中，它提示出內心安止和定的發展會在對於不
善心的存在或不存在的覺察之後出現。

　　有別於念住教導中之要務只是覺察心之狀態，《二種尋
經》和《中阿含經》中的對應經典則預想措施以對治不善。
在《念住經》中沒有明確提及這種作法，這須要考量到念住

7　根據 MN 19 at MN I 115,21，一個經常尋想的人，將會導致相應的心傾
　　向。

做為正念實際上僅是八正道中之一支，因此須與正精進等一起運作。正精進的要務正是克服不善的和培養善的。然而這種斷惡不可或缺的基礎是如實覺察當下所發生的一切，而這種覺察唯有在心具備接納性和開放性，並且不立即做出反應才有可能——這就正是念住修行所做的。

三、對治不善念

《尋止息經》和《中阿含經》對應經典描述了一套包含五種方式的循序漸進之修法可供對治不善念。下文為《中阿含經》的相關經文：[8]

> 若生不善念者，彼……復更念異相善相應，令不生惡不善之念。[9]
>
> 彼……更念異相善相應，已生不善念，即便得減。惡念減已，心便常住，在內止息，一意得定。
>
> 猶木工師、木工弟子，彼持墨繩，用絣於木，則以利斧，斫治令直。

《尋止息經》則是以木匠用細的楔子以磨去粗的楔子的例子來取說明這過程，[10] 兩個版本的說明是對相同基本教導

---

8 MĀ 101 at T I 588a10-588c21。關於《尋止息經》所描述的五種方法與現代心理學比較，參見 de Silva 2001。

9 對應經典 MN 20 at MN I 119,7（譯自 Ñāṇamoli 1995: 211）指明這種想與貪瞋癡有關。

10 MN 20 at MN I 119,14.

提供了互補觀點，即用另一個善的相來取代引生不善想法的相。這在某種程度上，「校直」心就像木工修直木頭一般，這也是以某些更微細的來取代某些粗糙的不善想。

巴利文版的譬喻另外傳達了漸修法上的微細差別，《尋止息經》的整體目標是達到內心安止和定，而當內心充滿不善念時，是不可能直接達致的。在這種情況下的善巧方法，是先以善念來取代不善念。做到這之後，就有可能使心向內安住於寂止狀態。

然而有時這種方法也許會不足，儘管試圖以較精細的善念取代不善念以使心「校直」，但心可能會不斷地回到引起不善心理反應的問題上。如果無法將心從不善轉化成善，很可能會未能充分察覺讓心一直在不善念頭裡纏繞的這種危險。在這種情況下，可從第二種方法得到助益：

> 若生不善念者，彼觀此念惡有災患：「此念不善，此念是惡，此念智者所惡，此念若滿具者，則不得通、不得覺道、不得涅槃，令生惡不善念故。」[11]

> 彼如是觀惡已，生不善念即便得滅。惡念滅已，心便常住，在內止息，一意得定。

> 猶人年少，端正可愛，沐浴澡洗，著明淨衣，以香塗身，修治鬚髮，極令淨潔，或以死蛇、死狗、死人食半青色，膖脹臭爛，不淨流出，繫著彼頸，彼便惡穢，不喜不樂。

---

11 MN 20 at MN I 119,31 只強調這樣的想是不善的，該受責備的，會有苦果的，沒有提到智者的態度或得涅槃的期望。

　　《尋止息經》同樣提及喜好裝飾的年少男子或女子，發覺有死蛇、死狗、甚至死人屍體掛在他或她的脖子上。雖然《尋止息經》沒有描述死屍的狀況，前述《中阿含經》中則說到死屍被吃了一半、臭爛、不淨流出。這進一步強化了死屍掛在脖子上的鮮明意象，用來說明任由這種不善念在內心不斷縈繞的過患。

　　在專注於不善念頭時，也許有些喜樂會生起，個人的自我感可能獲得些許的滿足。然而從正見來看，其實是把死屍環繞在自心的脖子上。如是任由心被染汙，就像不淨物從死屍上滴落，破壞了年輕人沐浴且精心裝扮的整潔外觀。

　　這譬喻與我之前在隨觀身分中所提出的論點有關，我認為解構身體美麗的概念，會導向另一種美的概念，即心的美。目前譬喻應用相同的概念，通常被視為典型的美麗，即盛裝潔淨的漂亮年輕人，這代表了心的美，即使只是短暫的，心已從內在的雜染獲得清淨，如何能允許不善死屍流出不淨想法殘留在美淨心的「頸」上呢？

　　儘管反思內心陷於不善習氣的內在過患有助於捨斷邪惡念頭，但有時這種方法也許還有不足。即使先前試圖以善念來取代，或者理解不善想念的過患，假如不善念頭繼續生起，那麼這時可採用第三種方法。這方法不再仰賴對不善念的觀察——因為事實上此作法並沒有成效——而是改為暫時地將事情擱在一旁，直至心恢復了足夠的清明，以便能用正確的觀點來看待事物：

　　禪修者不應關注這些由邪惡和不善念所引起的念頭。當不再留意這些念頭時，已生的不善念就會消失。當惡

念已滅，心就能夠持續安住於平靜，它會變得一致和專
注。

　　就像一個視覺清晰的人，不願看見沒有光的物件，或
會閉目，或會轉身而去。[12]

　　顯然在這一點上，內心纏繞的執念如此強大，如此令心
困擾，既不能試圖以善念取代，亦非意識到不善念頭的負面
影響就能有所成效。這時的善巧策略是自覺地將它擱置一
旁，努力放下目前的問題，就像是當一個人不想看見某些事
物時，會望向別處，甚至是走開。

　　當修行者在內心回想所曾經歷的狀況時，這種不善反應
會頻頻發生，心會一而再地回到同樣問題上，持續對所發生
的事物做出不善反應。應該清楚的是只要心為不善念所淹
沒，並且以此方式來做出回應，就不可能以適當的方法來處
理任何事情。

　　因此暫時將事情擱置一旁的建議並不是逃避現實。相反
地，當心牢固地攀執於固著的思惟模式時，這會是一種令心
平靜的方法。處於這種情況下，這或許是處理內心產生壓倒
性強烈反應的問題之最佳方法：即最好等到心平靜之後。唯
有在內心平靜和平衡的優勢上，才有可能以適當方式處理任
何已經發生的事情。要採行這種方法的一個實際作法是告訴
自己：現在不是處理手頭問題的時候，稍後待因緣適當時將
會處理。意識層面上向自己保證將會在一段時間後處理問
題，變得比較容易暫時把事情放在一旁。

　　《尋止息經》和對應經典中都提到，即使是這個方法也

12　MN 20 at MN I 120,12 沒有提到避開，而只是閉上眼或望向他處而已。

可能會沒有效果。若不善念頭仍然繼續不斷，這時可採用第四種方法：

> 當行者以意志和思行漸減其念，令邪惡和不善念不生。彼為此念，當行者以意志和思行漸減其念，已生的不善念就會消失。當惡念已滅，心就能夠持續安住於平靜，它會變得一致和專注。

> 就像一個人在路上行，進路急速，稍做反思：「我為何如此急速？我現在何不慢慢地走？」此人即慢步而行。之後他再反思：「我為何慢慢地走？何不站著？」此人即站著。之後他再反思：「我為何站著？何不坐著？」此人即坐著。之後他再反思：「我為何坐著？何不臥著？」此人即臥著。如是，此人漸漸平息身體粗淺活動。

根據《尋止息經》這方法需要著重於「想行止息」，[13] 就這兩個版本所提及的「行」（saṅkhāra）來評斷，也許這裡的旨趣是平息想法背後的意志驅動力。換句話說，一旦把想法擱置一旁的策略沒有作用時，就直接面對這些想法，嘗試直接觀察念頭背後的動機力量。由於不可能將想法放在一旁，這股力量一定相當強大，因此，當先前的方法沒有產生預期效果之後，轉向動機力量似乎是很自然的一步。

從譬喻所獲得的提示，重點是問自己：「為何我對此會如此困擾？」或者「是什麼讓我如此激動？」於是可以引申

---

[13] MN 20 at MN I 120,18.

至體悟到沒有必要在心裡一直感到急迫，而可以是靜止地站著，甚至坐著或躺下來，讓心放輕鬆，以便能從內心執著的緊繃和壓力中出離。

如果即使直接面對不善念也不成功時，《尋止息經》和對應經典還提供另一種選擇，這是最後的方法了。最後措施的目的是防止不善念呈現為不善言語和行為。第五個方法如下：

> 便齒齒相著，舌逼上齶，修行者應該以心制心，調伏它和克制它，令邪惡和不善念不生。行者以心制心，調伏它和克制它，已生的不善念便得以消滅。當惡念已滅，心就能夠持續安住於平靜，它會變得一致和專注。
>
> 就像兩個力壯男士捉著一個虛弱的人，調伏他和克制他。

這種方向一般是在處理不善念時內心生起的首個方法。然而在《尋止息經》和《中阿含經》對應經典中這只是最後的作法。當所有其他方法都失效時，當無法用善的對象來取代不善念時，當不能用思惟過患來停止它們時，暫時擱置一旁亦無效時，或是觀察不斷生起念頭的動機也不能平息時，這種措施才會被採行。

這類強力的作法本身無法在解脫道上引領前進，事實上《薩遮迦大經》和保存於梵文的對應殘卷，也將這種強力抑制心的應用包括在菩薩喬達摩曾經嘗試並發現不能導引他至覺悟的諸多修習法中。[14] 這方法的要點僅是提供緊急煞停的

14　MN 36 at MN I 242,26（譯自 Ñāṇamoli 1995: 337）和 Liu 2010: 167ff。

工具，正如一直踩煞車將無法前進，所以使用這方法本身也不會獲得在道上的實質進展。儘管如此，緊急煞車有防止意外事故發生的重要功能。這方法也是一樣，在完全為不善念頭所淹沒時，這方法至少可以防止語言和行為上的意外。

因此《尋止息經》和《中阿含經》對應經典的五種方法提供一系列可行的措施，說明努力出離不善念的過程是需要循序漸進的。這種漸進方向可歸納為以下五個步驟：

- 轉向善的東西做取代；
- 了解正在進行中之情況的危險；
- 將手頭上問題擱置一旁；
- 逐漸鬆開背後的動機力量；
- 採用如緊急煞車般的強力制止。

四、念頭逐漸止息

漸進式的的概念可見於一譬喻以說明，其將處理念頭比喻為漸進式煉金，下文為《雜阿含經》版本中的譬喻：[15]

如鑄金者，積聚沙土，置於槽中，然後以水灌之，麁上煩惱剛石堅塊隨水而去。猶有麁沙纏結，復以水灌，麁沙隨水流出，然後生金。[16]

猶為細沙黑土之所纏結，復以水灌，細沙黑土隨水流出，然後真金純淨無雜。猶有似金微垢，然後金師置於

---

[15] SĀ 1246 at T II 341b26-341c24.

[16] 對應經典 AN 3.100 at AN I 253,17（譯自 Bodhi 2012: 335，經號 101）對精煉黃金的敘述較為簡略。

爐中，增火鼓韛，令其融液，垢穢悉除。

然其生金猶故不輕、不軟、光明不發，屈伸則斷，彼鍊金師、鍊金弟子復置爐中，增火鼓韛，轉側陶鍊。然後生金輕、軟、光澤，屈伸不斷，隨意所作釵、璫、鐶、釧諸莊嚴具。

如是……麤煩惱纏、惡不善業、諸惡邪見漸斷令滅，如彼生金淘去剛石堅塊。[17]

復次……除次麤垢：欲覺、恚覺、害覺，如彼生金除麤沙礫。

復次……次除細垢，謂親里覺、人眾覺、生天覺，思惟除滅，如彼生金除去塵垢、細沙、黑土。[18]

復次……有善法覺，思惟除滅，令心清淨，猶如生金除去金色相似之垢，令其純淨。

復次……於諸三昧有行所持，猶如池水周匝岸持，為法所持，不得寂靜勝妙，不得息樂，盡諸有漏。如彼金師、金師弟子陶鍊生金，除諸垢穢，不輕、不軟、不發光澤，屈伸斷絕，不得隨意成莊嚴具。[19]

復次……得諸三昧，不為有行所持，得寂靜勝妙，得息樂道，一心一意，盡諸有漏。如鍊金師、鍊金師弟子陶鍊生金，令其輕軟、不斷、光澤，屈伸隨意。

---

[17] AN 3.100 at AN I 254,14 沒有提到邪見，並將不善行分別為身行、語行、意行。AN 3.100 也直接前進到淨化心的下一階段，沒有明確將此和後續階段聯繫到精煉黃金的對應步驟。

[18] AN 3.100 at AN I 254,24 提及個人名譽的想法而非生天的想法。

[19] 此三昧有行所持的譬喻不見於 AN 3.100，而是在 AN I 254,29 提及法尋之後，指出這種定（samādhi）即是思惟法，而此定是不寂靜、不勝妙，未完全的安止和一心等。

　　兩個版本之間的顯著區別在於《增支部》經文沒有提及修定會成為讓修行者產生執取的情況之一，因此唯有《雜阿含經》版本告誡修定時可能出現的隱患。

　　儘管有差異，兩個版本之間的主旨是相似的，均說明念頭的漸進方向類似於逐漸提煉黃金。這種逐步增進為實修提供一個重要面向，坐禪時要體驗完全無念頭的不合理期待，就有點類似嘗試從沙石混合的黃金來做裝飾品，難怪這樣的嘗試會有挫折感。

　　這並不意味著沒有真正的黃金隱藏在內心深處，絕非如此。但需要逐漸精煉的過程去發現，並且必須學習金匠的作為。這作為是覺察修行者當下心的狀態，自知身在何處，然後下一步才對準。假如需要進一步洗滌，則放入熔爐的時刻還沒有到來。

　　因此，如果現況是尚未捨離粗的不善行為時，那麼行者首先要以洗滌那類雜染為目的，其中不善顯現為堅固石頭和硬塊。一旦道德行為的基礎經已建立，下一步就是遠離貪或瞋的念頭。如果不善尋想相續不斷，在《尋止息經》和對應經典的五種方法在這時可以用上。然而並非總是需要如此，以念住察覺這些不善念時，行者有時可能放下它們，讓遮掩心中黃金的粗沙被遷變之流所洗滌，被無常之流沖走。

　　唯有在達到這步之後，才是時候來處理東想西想的散亂念頭，這是內心細微的汙垢。換句話說，在禪修時心散亂四處而不涉及粗的貪和瞋狀態，已經是有所成就。在石頭和沙子經已去除，當需要更多洗滌時，行者已經接近精鍊心的熔爐階段。

　　即使除去四處攀緣的念頭，仍不會是能讓內心全然寂靜

的踏腳石，因為下一步仍然在思考的領域裡進行，即便此階段發生的念頭種類與佛法有關。

從實修的面向來說，很重要的是要提醒自己一個事實，禪修時心中存有念頭是最自然發生的事情。處理念頭的方法不是強迫心要完全寂止不動，這自然會使人感到沮喪，也許會相信其他人能很容易地做到，而自己卻是沒有希望的。掉舉是心自然的傾向，明智的處理法是如其本然地接受，然後採用漸進的步驟來修心。

漸進步驟可採用《念住經》和對應經典在心隨觀所說的前兩種心狀態，做為實際禪修時使用的短標記。[20] 粗糙不善心之狀態可以是心「具貪」或「具瞋」，貪或瞋現前是與解脫道直接對立的，因此需要從中抽身超脫出來。如果坐禪時，不再為粗不善的貪、瞋所猛攻和纏繞時，就成就了許多。若禪修時這類粗念頭不像以前那樣現起，修習者已取得實質性的進展，不過很多時候心仍然會想東想西。

唯有當心穩定安住而遠離粗糙不善的貪念、瞋念時，才能解決心散亂的傾向；就像金匠只有在洗淨所有粗石、碎片之後，才能除去幼細塵垢。心喜歡參與各種想法和反思，這問題不大，因其不與道相違。相反地，種種想念可以說是平行的，在一段時間後，這些也需要被洗淨。然而即使心四處遊走，解決的方法也不是突然令心止住，當場空白無念。相反地，行者是將傾向於思惟的心導向與法有關的題目，從而將之引至善念，並做內心反思導向解脫道方向。

最終，然後善思惟也有沉澱止息的時刻，漸進的方向就是，自然地讓出空間令內心靜止。這種靜止並非推開任何念

20　關於影響標記的功效，參例 Creswell et al. 2007。

頭而強力創造的，因此不需要不斷地防禦思惟活動的再現起。假如按照循序漸進的步驟，某程度的寂止會生起，然後念頭再次現起，通常微笑的識別就足以使心回歸靜止和平靜，內心安止的狀態比任何種類的想都更加喜樂和吸引。此時行者自己內心的黃金現起，投入禪定的熔爐裡，進而變得柔軟、輕巧、易彎曲、有光澤。心的美得以從之前只是沙子、砂礫和石頭混合中出現。黃金經時都在那裡，只要用漸進法的智慧和耐性努力清淨和精鍊心，以揭開它隱藏的寶藏。

五、心的正向狀態

假如禪修者可以為能力範圍內達到的內心層次而感到喜悅，則採用金匠譬喻說明的漸進法將會有很大助益。若行者的心傾向於捲入不善念，那麼在每個不如此生起的時刻都是值得稱讚，並值得正面肯定。

能確知即使是小步地向正確方向前進，是成功禪修文化的核心面向。不僅重視負向的（即應該避免和捨棄的），還應重視正向的（即應該培育和鼓勵的）。這其實是念住隨觀心理狀態列表中的基本主題，其中負向心念與正向心念並列。念住隨觀的職責不但是覺察心「具」貪或「具」瞋，而且要覺察心「無」貪或「無」瞋。

在此心無貪或無瞋不僅是指阿羅漢永遠斷除貪、瞋等的心理狀態，假如是這樣的話，念住修習所說的許多心理狀態只有達到究竟目標者才可能修持。然而經典清楚說明：即使

是新受戒的出家人應被鼓勵修習所有四念住。[21] 這教導似乎不僅僅適用於資深的行者，而是可以安全地認定，即使只是短暫地無煩惱也值得關注和認可。

須要察覺的不但只有負向的，而且還有正向的，所根據理由見於《無穢經》和對應經典的例證。對應經典以一個銅器碟，來舉例說明需要覺察出煩惱現前時及遠離煩惱時。下文中是《增一阿含經》版本的相關譬喻，[22] 其說到在所有版本都討論的四個情況次第如下：

- 不了知有煩惱
- 了知有煩惱
- 不了知無煩惱
- 了知無煩惱

> 猶如有人詣市買得銅器，塵土垢坌，極為不淨。彼人不隨時摩拭，不隨時淨洗，然彼銅器倍更生垢，極為不淨。[23]

這譬喻說明人有煩惱而不了知的情況，未察覺煩惱現前會障礙修習者努力將之去除。不過，當修習者如實了知狀況時，這情形是截然不同的，因為行者可以精勤地淨化心：

---

21 SN 47.4 at SN V 144,15（譯自 Bodhi 2000: 1630）和對應經典 SĀ 621 at T II 173c16。

22 EĀ 25.6 at T II 632b14-632c18.

23 對應經典一致說到器皿不淨。MN 5 at MN I 25,22（譯自 Ñāṇamoli 1995: 109）補充說：有塵垢的銅槃沒有使用，而是放置於塵垢中。MĀ 87 at T I 566b11 指明放在饒塵處而非陽光下。T 49 at T I 839b7 也明述只是置於塵垢中。

猶如有人從市中買得銅器，塵垢所染，彼人隨時修治，洗蕩使淨。

《無穢經》和對應經典也審查行者內心無煩惱的情況，經文顯示暫時無煩惱的狀況，並不是煩惱究竟根除。《增一阿含經》版本說明暫時捨離煩惱而不了知如下：

猶如有人詣市買銅器，〔非〕塵垢所染，[24] 然不隨時洗治，亦不隨時修治。

在這種情況下，問題是修習者沒有護念維持任何心已暫時達到的清淨程度，如是煩惱就有機會於心中再度現起，再次成功地獲得主導權。然而修習者覺知清淨，其情況如下：

猶如有人詣市，得好銅器極淨潔，復加隨時修治，磨洗其器。爾時，彼器倍復淨好。

修習者已達某種程度的清淨而且具足覺知時，將會護念持守，並以此方式再進一步。這說明強調需要覺察出即使是暫時的心清淨，這是解脫道上容易被低估的部分。《無穢經》和對應經典清楚表明，不應僅是著重在覺察內心的不善。相反地，成功的修行涉及到平衡的覺知，認知煩惱現前，正如認知煩惱沒有現前一樣。

如是修行令心隨觀成為捨離兩種極端的中道：一個極端是只見到自己內心的不善，繼而感到沮喪屈服於無力感，結

---

[24] 這增補的「非」是從前後文義所顯，並有對應版本佐證。

果是喪失動力，不再完全投入於修行。另一極端是對自己（和在他人面前）自視過高，其代價是對自身黑暗面的無知，而心中的暗黑領域是需要淨化的，這樣的無知任由陰暗面蓄積力量，直至心完全陷於黑暗裡。經由簡單但有效的因素以誠實覺察，以繫念當下心之狀態來開始，全然平等地看待自身的優點與缺點，便有可能在兩種極端之間行平等中道。

六、心的解脫

在所有念住版本共有的心隨觀列表的其餘心的狀態中，覺察善的主題顯得特別突出。這變得勝妙的心代表著一旦心經過充分精鍊之後，能將心之黃金鑄造成美好的飾品。隨著修定達到一定程度後，心可從一般的狹隘深陷處生起，體驗到廣大和遼闊的味道。這可以經由各種有利於心一境性的修行來實現，生起廣大無邊心的很好例子是梵住（brahmavihāra），其禪定的發展在初期經典中是描述為往所有主要方向無限量放射，由此成就心的「廣大」。

這種心的狀態不僅僅是「定」，還可視為「解脫」。雖然從究竟煩惱中解脫顯然是初期佛教淨化心靈架構中的最終目標，很重要的是要注意到在此修習架構中也認可暫時性的心的解脫做為修行道上不可或缺的部分。[25] 心的暫時解脫可由修習四梵住的慈愛——或譯為慈（mettā）可能更好，以及悲、喜、捨來修習。在早期經典中以吹海螺者使螺聲在四面

---

[25] 不同種類的解脫，參見 Anālayo 2009: 141ff（再版 Anālayo 2012b: 282ff）有更詳細的說明。

八方都聽到的例子，來說明梵住修習朝四方上下所有方向放射。[26] 在做到這樣的放射修習之後，心可得到暫時的解脫，成為沒有任何限制的無邊無際。

在體驗到心無量無邊時，貪、瞋暫時止息，這可成為在解脫道上前進的強力方法。這種體驗提供一個實際瞥見禪定修持之目的的方法。

在現代的西方社會，輪迴對許多人而言是新奇的概念，以從輪迴中解脫為目的，可能有時並沒有吸引力，甚至可能是沒有意義的。即便是涅槃的概念其實也不易被認識，因而對禪修者而言可能只是有點遙遠的理想，產生不了強大吸引力。相比之下，經歷心理狀態的自由解脫與祥和，即使只是短暫片刻，也可做為有力的啟發，趣向以內心的持續自由與祥和為目標。這種內心祥和可見於《法句經》偈頌的詩偈裡，漢譯版的經文如下：

> 心已休息，言行亦止，從正解脫，寂然歸滅。[27]

七、結語

心隨觀可以經由觀察現起於內心表層的串流心念，且辨

---

[26] 吹海螺者的譬喻說明四梵住向四面八方所有方向放射，例子可見於 MN 99 at MN II 207,22（譯自 Ñāṇamoli 1995: 816）和對應經典 MĀ 152 at T I 669c10。

[27] 漢譯《法句經》T 210 at T IV 564b10（譯自 Dhammajoti 1995：145）偈頌 15.7，對應偈頌 Dhp 96（譯自 Norman 1997/2004: 14），梵文《法句經》*Udānavarga* 31.45, Bernhard 1965: 424，波特那《法句經》*Dharmapada* 88, Cone 1989: 126。

識出在念頭背後實際的心之狀態，來培養清楚辨別善心和不善心的能力。藉由逐漸清除不善念的砂礫，而不是僅靠採用強力手段，最終寂止之心的美會逐漸從禪定熔爐中現起。要繼續能開採出隱藏在心中的黃金，行者須要不只將念住修行指向自己的缺失，還要指向自身的美德，可暫時地擁有心的解脫。

第九章　法隨觀

在《念住經》和兩部漢譯《阿含經》中之對應經典所列舉出的第四念住法隨觀的修習,可發現有相當大的差異。表 9.1 由簡至繁列出三個版本的修習次第,其中粗體字的隨觀方法會在後續章節中較詳細地討論。

表 9.1 法隨觀

《增一阿含經》	《中阿含經》	《中部》
七覺支 四禪	六入處 **諸蓋** **七覺支**	**諸蓋** 五蘊 六入處 **七覺支** 四聖諦

下文中,先會審視並非見於所有版本中的修習法,首先是只有出現在一個版本的修習法。

一、僅見於一個版本的法隨觀

(一)四禪

《增一阿含經》中法隨觀的描述包括達致四禪,其說明中含有登入四禪時的標準描述,並於每一禪之後都提示這是

一種念住修習。完整的經文段落如下：

> 復次……於愛欲解脫，除惡不善法，有覺、有觀，有
> 猗念，樂於初禪而自娛樂。如是……法法相觀意止。
>
> 復次……捨有覺、有觀，內發歡喜，專其一意，成無
> 覺、無觀，念猗喜安，遊二禪而自娛樂。如是……法法
> 相觀意止。
>
> 復次……捨於念，修於護，恒自覺知身覺樂，諸賢聖
> 所求，護念清淨，[1] 於三禪。如是……法法相觀意止。
>
> 復次……捨苦樂心，無復憂喜，無苦無樂，護念清
> 淨，樂於四禪。如是……法法相觀意止。

在此處含攝四禪令人感到意外。雖然修習念住確為心念
定境的發展提供了重要基礎，[2] 但是領受四禪本身並不屬於
念住修習。從目前已經討論過的三種念住修習可知，念住禪
修的核心特徵在於覺知變化。[3]

---

[1] 目前提及護念清淨，看起來是意外複製適合第四禪用語的結果。

[2] 參見 Anālayo 2003b: 61ff。

[3] Gunaratana 1991/1992: 165 解說：「定是排他性的，安止於一境上，無
視於其他的一切。念是包含的，從專注的焦點後退，以廣闊的焦點來注
視，迅速地覺察到任何變化的發生。」根據 Olendzki 2009: 42：「正如
泛光燈而非聚光燈一般，念說明了在不斷變遷的經驗中，更為流動性的
現象領域，而不是隔離一個特定所緣作集中審查。這另一種觀察方式是
必要的，因為念住修習更關涉到審觀『過程』，而不是檢視所緣。所有
的念住禪修都需要一定程度的專注以便能聚集和集中力，而這種專注
的心則被導引至動態目標，即流動的意識流，而不是讓其穩定在一境
上。」亦參考 Lutz et al. 2008。

　　隨觀身分需要檢視身體的不同部位，雖然選取一個特定部位並專注於此修習，是可能發展出心的統一性並成就禪定，但這並不是在對應版本經文中所介紹的修行方式。其作法是能夠覺察整個色身各部位的解剖組合是一體的。這顯然須要覺知其多樣性，而不是專注在某一部位而排除其他部分。從袋中穀粒的譬喻來看，是審察袋中所包含的各種穀物，而非選取單一穀粒並且只有專注於其上。

　　隨觀四界也是如此，其修習要點並不只是專注在單單一界而已，而是覺察全部四界來「切斷」一種具體實我堅固感之修行法。同樣地，儘管死屍想在一特定腐壞階段可用來發展心的靜止，死屍隨觀的教導需要一種思惟：即覺察身體腐爛的整個過程，然後將此與自己身體的宿命相比較。

　　就受隨觀來說，念住的修習是在於覺知所體驗到的變化而產生的差異，覺察當下經驗的感受本質，並也準備好能覺察到這些感受轉變為另一種性質。

　　儘管心隨觀的確包含有定心等在內，其教導的要點並不在於發展定力，而是在於攝念察知現前正發生的一切，不論當下的心安定與否。

　　很清楚地，這些念住隨觀方法是在多變的所緣裡進行，其要點在於覺知差異和變化。相較之下，達致禪定需要心趣向統一，以單一穩定的所緣為基礎，而心統一已是初禪的特徵。[4] 若是一心專注在單一所緣上，是不能覺察種種變化

4　MN 43 at MN I 294,31（譯自 Ñāṇamoli 1995: 391），MĀ 210 at T I 788c20 以及 D 4094 *ju* 8a1 或 Q 5595 *tu* 8b8 列出心一境性為初禪五支之一。

的，正如留意種種變化會妨礙入初禪或更高禪定。[5] 也正是覺察種種變化使修習者體悟到隨觀所緣的無常性和緣起性，進而成就解脫的智慧。

在《增支部》中有一長偈頌與其在《中阿含經》中的對應偈頌裡，將心的不同素質比喻為大象的不同部位。在此偈頌中，念住對比於大象的頸部，自然地支撐大象的頭部，而象頭在此譬喻中代表著智慧。[6] 這意象反映出念住修習的主要目的：即生起解脫慧。正如本書第一章所討論，智慧和解脫是念住禪修的匯集點。這在《念住經》和對應經典也明確說到念住禪修的目的是趣向登入涅槃，而不僅是獲得世間禪定，那只是修習念住的副產品而已。[7]

《念住大經》也提及四禪，但並不是念住修習的一種修法。相反地，四禪僅出現在做為八正道之一的正定的說明中。[8]

在八正道的說明中，正念不單只有導向四禪這樣的正定的功能。如果是這樣的情況下，同樣的推理就必然得出結論如下：正精進也只是建立四念住的唯一目的。雖然這三個道支肯定是相互合作，相互為用，甚至在相當程度上相互重

---

[5] MN 125 at MN III 136,26（譯自 Ñāṇamoli 1995: 995）缺漏初禪，因此其本身給予的印象，是念住修習能直接得到二禪。這可能是經文訛誤的結果，因為對應經典 MĀ 198 at T I 758b25 的確提到初禪；參見 Anālayo 2012d: 414ff 有更詳細的討論。

[6] AN 6.43 at AN III 346,24（譯自 Bodhi 2012: 909）和對應經典 MĀ 118 at T I 608c11。

[7] Sujato 2005: 186 建議：「念住的主要目的是引生禪那。」在我看來是未能理解念住禪修的目的和功能。

[8] DN 22 at DN II 313,11（譯自 Walshe 1987: 349）。

疊，但仍然是以禪修心的不同面向，其整體目標是生起解脫正觀，以便能達到從苦解脫而出。無需贅言，正定不是八正道的最終目標。相反地，其最終目標是獲得究竟解脫，以正知和正解脫做為最高頂點，如此之道則有十聖道支。

達致禪定當然可以成為修習內觀的時機，事實上根據《增一阿含經》在敘述四禪之後的「重誦」，也是說到應該隨觀生起的本質、滅去的本質和生滅的本質。修習者在出禪定之後，將覺知導引至認知到這等經驗已終止，如此可提供一個強而有力的機緣以觀其無常性，即便是這麼美妙的心理狀態也一樣。這正是為何在《念住經》和對應經典中，心隨觀提到有定的心等做為念住的所緣。然而這種可能性並未能充分支持將實際達致四禪本身做為一種念住修習。

因此《增一阿含經》的敘述便帶來可能是有文本的訛誤之印象。從對應版本來評斷，原本就已提及的五蓋，很可能被經典中經常在去除五蓋後而有的四禪成就所取代。這種錯誤在口誦傳承中很容易發生，不須將之視為是蓄意編輯的指標。

《增一阿含經》版本在經文一開始簡要地提到五蓋，在提到以「一入道」來淨化眾生和證得涅槃之後，經文說到：「當滅五蓋，思惟四意止。」接著說明「一入」意指「專一心」，而「道」代表著「賢聖八品道」。

這段說明與前後文不太相容，因為一入道只有引入修習八正道其中之一道支：以念住修習的正念。因此念住的一入道並不能視同整個八正道。再者，一入道的目的已明確說到是證得涅槃，因此並非只有達到專一心。雖然一定程度的專注對於進階修習念住肯定是必要的，但是停留於深定的狀態

可能會成為經文中所提的隨觀之障礙，因為深定無法覺察多樣性和變化。

「當滅五蓋，思惟四意止」的教誡在此文本中也不是很適當。依據《增一阿含經》心隨觀的說明，念應該導引至現起的「有愛欲」、「有瞋恚」、「有愛念」、「亂」、「散落」等心之狀態。如果五蓋在修習念住禪修之前已經順利除去，所有這些心的狀態在一開始時就幾無可能生起。

因此在我看來，《增一阿含經》的敘述是由於訛誤或後起增入的結果，因為隨觀五蓋在法隨觀的經文中漏失了，而以四禪取代，而五蓋變成在經文一開始簡短提到的部分。

（二）五蘊

其他只見於一個版本的修習有《中部》的隨觀五蘊和隨觀四聖諦，《中部》裡對於前者的教導是導引念去覺察五蘊中的每一蘊，並且隨觀其生起和滅去。其經文如下：

> 他知道：「色是這樣；它的生起是這樣；它的滅去是這樣。受是這樣……想是這樣……識是這樣；它的生起是這樣；它的滅去是這樣。」

在《念住經》每一個修習之後的「重誦」，也提及思惟無常，其教導如下：

> 他安住於隨觀諸法其生起的本質；他安住於隨觀諸法其滅去的本質；他安住於隨觀諸法其生起並滅去的本質。

　　雖然乍看之下似乎顯得重複，[9]仔細審查後可發現實際教導將覺知導引至個別的每一蘊，而「重誦」則是概略地提及「諸法」。從修行的面向來看，這提供了一個有意義的方向。首先，念住辨識出每一蘊本身，進而能覺知其無常性質。於是這種修行方式從變化的觀點導引至隨觀整體五蘊。由於五蘊明顯地歸類為「諸法」的廣泛類別，這便可依「重誦」來修習。因此雖然《念住經》的漢譯對應經文欠缺了隨觀五取蘊確實很明顯，但形成此修習的方式本身似乎並不成問題。

　　在其他初期經典中說明隨觀五取蘊的無常性質是特別有力的發展內觀之方法，有機會可以趣向圓滿正覺。根據《譬喻大經》和對應經典所說，過去的毘婆尸佛以此修行獲得正覺。[10]鑑於過去、未來、現在一切諸佛成就正覺，都由克服諸蓋，修習四念住和培養七覺支的格言，[11]這似乎很合理地將毘婆尸佛隨觀五取蘊視為念住修習的實例。

　　從修行的觀點來看，因為五取蘊代表對身心的執取，四念住被視為可以精確對治這問題。即使沒有明確關注在五蘊上，修習四念住也會瓦解對於身、受、想、行、識的執取。因此即使隨觀五蘊的教導可能是後來增加入《念住經》中，但在對應版本共同說到修習四念住的方式，仍然可以達到隨觀五蘊的目標。

9　參見 Sujato 2005: 258。

10　DN 14 at DN II 35,15（譯自 Walshe 1987: 212），對應經典 T 3 at T I 156b20 和梵文殘簡 S 462R 和 S 685V, Waldschmidt 1953: 50。

11　SN 47.12 at SN V 160,28（譯自 Bodhi 2000: 1642）和對應經典 SĀ 498 at T II 131a11。

（三）四聖諦

另一個只見於《中部》《念住經》的修習以下列方式
闡述四聖諦：

行者如實確知：「這是苦。」行者如實確知：「這是
苦的生起。」

行者如實確知：「這是苦的止息。」行者如實確知：
「這是通往苦滅的道路。」

類似的隨觀之法見於法藏部傳統的阿毘達磨論典《舍利
弗阿毘曇》中，[12] 在《長部》的《念住大經》亦以相當長的
經文說明此主題。經文詳細闡述第一聖諦和第四聖諦的每一
個面向，並藉助在每一根門不同階段的感知過程來探討第二
聖諦和第三聖諦，這似乎是將原本註釋本質的題材整合入經
典的結果。[13]

從實修的觀點來說，四聖諦架構與四念住修習有相當的
關聯性。在世親的《中邊分別論》中可以找到與此有關的有
用資訊，其將四念住與四聖諦聯繫起來。依據此相關性：

• 身隨觀對應第一聖諦
• 受隨觀對應第二聖諦
• 心隨觀對應第三聖諦
• 法隨觀對應第四聖諦[14]

---

12 T 1548 at T XXVIII 616b8.

13 Winternitz 1920/1968: 51, Bapat 1926: 11, Thomas 1927/2003: 252, Barua
1971/2003: 369ff；亦參見 Anālayo 2014a。

14 Anacker 1984/2005: 446,6（譯自 ibid. 246）；其他相關性參見 Anālayo

　　這個說法相符於從比較研究中得出的四念住基本要素。身隨觀經由揭示身體的不美好而確實揭露了身體的苦性、無我性、無常性，因此可視為是實踐了第一聖諦所提供的觀點。

　　體悟身體的苦性，則導向更仔細思量渴愛的生起，這是第二聖諦的主題。隨著受隨觀而現起的層面正是由個人體驗而導致渴愛進而生起苦。了知苦的生起密切相關於善與不善之間的關鍵區分，這是區別俗世受和出世受的基礎（同樣是善和不善的基本區分也構成列示於心念住中心之狀態的背景）。

　　隨觀正向的心之狀態是心念住的一部分，透過覺察心解脫的短暫經歷，可以先行體驗解脫。一旦苦已完全根除，心的解脫將可持續不間斷。因此心隨觀的這個面向可被視為與滅除苦的第三滅聖諦有關。

　　進一步精鍊的了知心的本質是隨觀五蓋和七覺支，覺察可致除去五蓋的因緣，和促成修習七覺支的因緣，說明了趣向苦滅的修行之道，是第四道聖諦的主題。

　　即使在《念住經》的對應經典中隨觀四聖諦並未有特別敘述，因而可能是後來才增加的，不過仍然可以視為是整體四念住的修習基礎。

2003b: 25f。

二、見於兩個版本中的法隨觀

（一）六入處

　　《中部》和《中阿含經》版本裡的法隨觀將念導向六入處，這兩個版本的教導如下：

《中部》：

> 　　行者確知眼根；行者確知色塵；而且行者確知由這兩者相對而生起的羈縛。而且行者確知未生起的羈縛是如何生起，行者確知已生起的羈縛可如何斷除，同時行者確知已斷除的羈縛如何在未來能不再生起。
>
> 　　行者確知耳根；行者確知聲塵……行者確知鼻根；行者確知香塵……行者確知舌根；行者確知味塵……行者確知身根；行者確知觸塵……行者確知意根；行者確知法塵；而且行者確知由這兩者相對而生起的羈縛。而且行者確知未生起的羈縛是如何生起，行者確知已生起的羈縛可如何斷除，同時行者確知已斷除的羈縛如何在未來能不再生起。

《中阿含經》：

> 　　眼緣色生內結……內實有結知內有結如真，內實無結知內無結如真，若未生內結而生者知如真，若已生內結滅不復生者知如真。
>
> 　　如是耳、鼻、舌、身，意緣法生內結……內實有結知

內有結如真，內實無結知內無結如真，若未生內結而生
者知如真，若已生內結滅不復生者知如真。

　　兩個版本之間的差異是，《中阿含經》沒有將念導向諸
根和各自的塵境，只有單純地提到根塵做為結生起的因緣。
因此此說明的實作，並非在於念住於根門和其塵境本身，而
是在於覺知煩惱的現起或不現起。換句話說，覺知經驗的羈
絆之力道和其導致不善心念反應的可能性，似乎是此一修習
的主要目標。

　　另一個差異是順序問題，《中阿含經》版本法隨觀的說
明是以六入處開始，因此在通往正覺的漸次道架構中，守護
根門是位於除去五蓋之前。不過在《中部》的版本中，隨觀
六入處出現在隨觀五蓋之後。

　　儘管順序上的這種差異可能是後來增加的表徵，而《增
一阿含經》中不見此修法的事實亦佐證此一印象，但這種隨
觀法似乎是合於此處的文本。實際上也是如此，因為隨觀六
入處帶來因果關聯之主題，而這也是隨觀五蓋和隨觀七覺支
的核心。從隨觀六入處來看，其作法是在於覺知並且謹防煩
惱生起的因緣。

　　這修習的主要關注點，在於依六根中任何一根門而生起
的煩惱，從實修觀點來看，這種隨觀的要旨可由隨觀五蓋來
獲得。而此處所要做的正是在任何根門的體驗中，覺察出一
種有害心念的現起，因其能繫縛心，並且確實會「障礙」心
依道前進。

三、在所有版本找到的法隨觀

嚴格來說，五蓋並不是在所有版本的法隨觀都可以找到。隨觀五蓋在法隨觀的標題下只出現於《中部》和《中阿含經》，而《增一阿含經》的說明則是在經文一開始就提及五蓋。假定《增一阿含經》中提及四禪在法隨觀之中可能是經文訛誤的結果，而其取代了原先關於五蓋的經文，依我來看，隨觀五蓋應該被視為是法隨觀的必要部分，與隨觀七覺支一起。

事實上，如果修習七覺支是趣向正覺，就需要克服五蓋。從實修的觀點來看，需要認清五蓋，並且覺察如何克服它們，因此可被視為是隱含在成功修得的七覺支裡。

法隨觀的說明在上座部阿毘達磨《分別論》中，只有提及隨觀五蓋和隨觀七覺支，[15] 此敘述清楚地將這兩種修習置於法隨觀的核心。

五蓋和第四念住法隨觀的關聯性也出現在註釋書對《集起經》的解說中，與漢譯和藏譯的對應經典一致，敘述四念住中每一念住的生起因緣。從法隨觀來說，其必要的生起條件是作意。[16] 巴利註釋書解釋：如理作意引生七覺支，而非如理作意則導致五蓋生起。[17]

當審觀前三念住的整體要旨時，從心隨觀直到住於內心

---

[15] Vibh 199,14（譯自 Thiṭṭila 1969: 258）。

[16] SN 47.42 at SN V 184,22（譯自 Bodhi 2000: 1660），SĀ 609 at T II 171b8 和 D 4094 *nyu* 15b4 或 Q 5595 *thu* 49a4。

[17] Spk III 229,21.

行處的法隨觀，這似乎是自然的進程。[18] 住於內心行處，這些隨觀引導更深層精細的修習，經由將覺知導向斷除或是培養特定心理狀態的因緣條件，這對於在正道上的進展極為重要：五蓋和七覺支。

審視三個經文版本中，諸蓋和覺支是法隨觀的共同基礎，是將第四念住的主要動力安置在正覺道上。從這觀點來看，法隨觀有點像是對於道的簡略描述，在克服五蓋之後，尤其需要修習七覺支。因此在法隨觀的架構下，念住的要點是監督在正覺道上的心，以確保諸蓋被克服，同時七覺支得以安立。

這可適用於任何修行上，不論是隨觀五蘊、隨觀六入處、隨觀四聖諦，或是任何其他有可能趣向正覺的隨觀法。也就是說，法隨觀並不是繫念在特定的主題，而是牽涉到一種對隨觀修法的後設覺知，繫念於當下心是如何在道上前進。

四、結語

第四念住法隨觀的作法是監督解脫道上的心。解脫道的兩個基本要素是克服諸蓋和修習七覺知。

---

18 這並不適用於隨觀五蘊和隨觀六入處，因為牽涉到身體為五蘊的第一色蘊，和六入處的第五身入處，因此並不僅僅是以心法做為所緣。這在某種程度上甚至適用於四聖諦，第一聖諦顯現為生、老、死，並不僅僅與心法有關，其確實與身體的出生、衰老、死亡有關。

第十章　諸蓋

一、導言

　　本章將討論諸蓋，所列出的這些心理狀態很容易會「障蔽」心進到更深層定和解脫。在《念住經》和對應經典中關於隨觀諸蓋的教導如下：

《中部》：

> 如果意欲於內在現起，行者確知：「我之內有意欲。」或是如果意欲並未於內在現起，行者確知：「於我之內無意欲。」而且，行者確知未生起的意欲是如何生起，行者確知已生起的意欲如何可斷除，同時行者確知已斷除的意欲如何在未來能不再生起。
>
> 如果瞋恚……昏沉嗜睡……掉悔……疑於內在現起，行者確知：「於我之內有疑生。」或是如果疑並未於內在生起，行者確知：「於我之內未生疑。」而且，行者確知未生之疑是如何生起，行者確知已生之疑如何可斷除，同時行者確知已斷除之疑如何在未來能不再生起。

《中阿含經》：

> 內實有欲知有欲如真，內實無欲知無欲如真，若未生欲而生者知如真，若已生欲滅不復生者知如真。

如是瞋恚……睡眠……掉悔……內實有疑知有疑如真，內實無疑知無疑如真，若未生疑而生者知如真，若已生疑滅不復生者知如真。

《增一阿含經》：

云何當滅五蓋？所謂貪欲蓋、瞋恚蓋、掉戲〔悔〕蓋、睡眠蓋、疑蓋，是謂當滅五蓋。

《念住經》和《中阿含經》中的對應經文的教導非常相似。關於對蓋的覺察，值得注意的是這兩個版本的闡述都強調要知道蓋確實現起於前。根據《中部》的版本：「如果〔蓋〕於內在現起，他知道：於我之內有〔蓋〕。」依據《中阿含經》的說明：「內實有〔蓋〕知有〔蓋〕如真。」這些說明清楚指出念的核心作法是覺察當下於心有蓋現前。

二、念和煩惱

很顯然地，目前如後期上座部傳統認為對蓋的覺知涉及對念的回顧省察。換句話說，當蓋實際上在心中現起時，行者並不會覺知蓋的存在，事實反而是，當行者能覺察到之前，只有剎那極短時間內，蓋已經在心上現起。

在這概念之後可知上座部傳統所採取的立場是認為念住一定是善心所，因此不會現起於不善心中。[1] 目前毫無疑問

---

[1] As 250,3（譯自 Pe Maung Tin 1976: 333）。

地，建立正念為八正道的一支，結論肯定是善法。事實上，《相應部》和《雜阿含經》中對應經文說明四念住是善法聚，[2] 與其對比的五蓋是不善法聚。但同時，初期經典也會常提及錯誤的念住，這顯然不能被視為是善的。[3] 因此從初期經典的觀點來看，似乎不應將念住視為必然是善心所。

　　根據上座部的剎那心理論，善心所不能與任何不善心所共存於心的同一狀態。如果將念住視為絕對是善的，從剎那心理論的觀點來看，就不能與任何現起的煩惱並存於同一個心的狀態中。[4] 既然念住現前時自然意味著沒有煩惱能同時在心中現起，所以覺察到蓋或是心的雜染只能在回顧省視時發生，也就是覺察到事實上就在念住生起之前，蓋或煩惱曾經出現。

　　儘管這種說法在剎那心理論的界定下肯定有其意義，[5]

2　SN 47.5 at SN V 146,6（譯自 Bodhi 2000: 1631）和 SĀ 611 at T II 171b26。

3　審查巴利經典中提及錯誤的念（*micchā sati*），參見 Anālayo 2003b: 52 n. 31；為了不使註腳過於擁擠，我只提供四部主要《阿含經》的各自單一出處：DĀ 10 at T I 55a11, MĀ 74 at T I 540c26, SĀ 271 at T II 71c4 以及 EĀ 16.6 at T II 580b10。

4　從上座部傳統的觀點來看，如 Olendzki 2011: 61 所闡述：「做為遍一切善心所，念是不與掉舉、癡和其他不善法並存的，並且不能同時共同生起。」Olendzki 2011: 64 進一步指出，從這一觀點來看，「一個人不能同時憤怒又繫念在前，所以任何時候真實的念生起時，這現行的憤怒則已經滅除了」。

5　Gethin 1992: 43 解釋：「上座部心念過程的概念，很有可能是設想在快速相續中混合著善和不善的意識。實際上，這種念的概念意味著：稱為念的心理素質愈強，不善心念就愈弱，這些心念更難以接管主導思想、言語和行為。」

但若以此來反映實際的禪修經驗，則可能會有問題。念不能與任何不善法共存的假設，可能會導致錯誤的觀念，即是蓋出現時行者沒有真正地修習念住。因為一旦真實繫念在前，任何蓋都應該消失。然而情況不是這樣，根據前面章節討論心隨觀的教導，覺知當下心處於雜染狀態的事實是念住修習的必要部分。隨觀諸蓋在這一點上更為明顯，其教導清楚地要求覺察蓋的現起，例如當下心中的意欲或瞋恚，此時此刻。

從蓋的情況來說，這種覺知需要持續一段時間，因其所須做到的不僅是覺察蓋的出現，還要了解導致其生起的原因以及如何移除它。這樣的修行需要有面對蓋在自心中現前的能力，而不會立即做出反應試圖推開它，錯誤地認為真正的禪修只會在沒有任何煩惱時。恰恰相反地，真正能造成轉化的禪修，正是在蓋或煩惱現起於心時發生，誠實地覺察出並以它們為覺知的所緣目標。在某種程度上，這可理解為有關「擁抱」心正處於雜染狀態的事實。這種耐心包容的接受，讓自己在遭遇到擾亂的經驗時，清楚看到自身與自己所希望的頗為不同，[6] 能促使更全面地理解到煩惱如何影響自己。

事實上說一切有部傳統與上座部的說法有所不同，其將念視為可現於一切心的遍行心所。[7] 這定義似乎也不相符於

---

[6] Hölzel et al. 2011: 545 著重於與現代療癒的對應關係，指出「指導修習者經由直接面對不愉快情緒而非轉身逃避（如恐懼、悲傷、憤怒和厭惡）……這裡描述的過程和暴露療法之間的相似處是顯而易見的。

[7] 《界身足論》T 1540 at T XXVI 614b16，《眾事分阿毘曇論》T 1541 at T XXVI 634a25 或 T 1542 at T XXVI 698c11；亦參照《阿毘達磨俱舍論》 *Abhidharmakośabhāṣya* 2.24, Pradhan 1967: 54,17。

經典中的用法，正如在前面念住的章節中所討論過的，其清楚地設想到一種不需念的心理狀態，於其中已失卻了念。[8] 既然念可以失卻，從初期經典的觀點來看，念就不符合遍行心所的資格。

在這一點上，世親《大乘五蘊論》的表述更能反映初期佛教經典的立場，其中說明念並不是所有心理狀態下的遍行心所，也非必然是善心所。相反地，它是別境心所；也就是說，念只在特定機緣下出現，例如就像定境。[9]

簡言之，念住是須要有意識地而現起的特質。隨觀諸蓋則需要修習念住，讓行者能夠辨認出當下在心中現起的不善狀態。

三、斷除諸蓋

經典中教導對現起的蓋保持念住，當然不意味著行者不應努力克服蓋。事實上，《增一阿含經》中對應於《念住經》的經文明確提及需要捨除諸蓋，經文只列出「應當捨除」的五蓋（這出現在整部經的開頭，因此不是法隨觀的正文部分）。

捨斷諸蓋之必要在《瞿默目犍連經》和其漢譯、藏譯對應經典也是顯而易見的，其中提到佛陀並不稱許放任諸蓋肆

8　參見上述討論頁 37ff。

9　Xuezhu and Steinkellner 2008: 4,7 and 5,1 (§4.1)；藏文對應經典的翻譯參見 Anacker 1984/2005: 66。同樣立場又出現在安慧對世親《唯識三十論頌》*Triṃśikā*, Lévi 1925: 25,19 (§10)的釋論中。

行的禪修法。漢譯《中阿含經》版本表達如下：[10]

> 或有一貪欲所纏而起貪欲，不知出要如真，彼為貪欲
> 所障礙故，伺、增伺而重伺……是謂第一伺，世尊不稱
> 說。

經文中接著是對其他諸蓋相同的教導。為諸蓋所纏擾而不知如何出離，這與佛陀所不讚許的其他禪修法是相對應的。[11] 顯然諸蓋需要捨斷，而只是在諸蓋上不斷纏繞並不是能修行的方法。

《念住經》和《中阿含經》對應經文關於隨觀諸蓋的教導，在某種程度上展現了兩種角度。一方面行者需要在蓋的現前保持念，另一方面行者需要出離它。首先僅僅是接納性的覺知有其必要性，這時行者單純覺察到在心上有蓋現起的事實，有時候單只是這樣做就足以令蓋止息。

然而在其他時候，這樣是不夠的。如果蓋持續存在，念住有機會可以更全面地了解狀況，培養對蓋的感受，以及蓋如何影響身心，如是收集訊息將有助於在未來快速察覺特定蓋的現前。若對處境有更全面的了解，自然地可以導向能了知起初蓋如何生起，如何能夠捨離，以及如何防止未來此蓋再度出現。不用說，這樣子的理解並非無益的收集資訊，而

---

[10] MĀ 145 at T I 655b28-655c1.

[11] MA145 MĀ 145 at T I 655c7 實際上沒有提及掉悔蓋，因而只有列出四蓋，這顯然是經典傳誦的訛誤。包含掉悔的所有五蓋，在對應經典 MN 108 at MN III 14,13（譯自 Ñāṇamoli 1995: 885）和 D 4094 nyu 68a2 或 Q 5595 thu 112a2 都有提到。

是為了能有效應用正精進和克服諸蓋而提供基礎。

　　實際去除雜染心念或諸蓋，是由邁向解脫的八正道中另一支：正精進。正精進滅除已生煩惱，並防止它在未來生起。在此滅除的過程中，念住的貢獻是藉由充分探查情境，收集資訊，使正精進的行持有效率和成果。這樣善巧地應用念和精進結合，相比於立即對蓋做出反應，而不給予念有機會全面檢視現況，長遠來說更有可能獲得成效。

　　即使是在斷除蓋或任何不善心念的實際過程中，念也有須要負責完成之處。根據《四十大經》和漢譯、藏譯對應經典所敘述，念監督正精進的對治方法以克服任何不善心的狀態。[12]

四、諸蓋對治法

　　隨觀五蓋的第二階段涉及到引起特定蓋生起的原因，以及促成其滅除的原因。有助於克服蓋的其他資訊可見於《相應部》和《雜阿含經》中的對應典籍以以及藏譯的對應經典。對應版本從滋養的觀點來檢視諸蓋（和諸覺支）。以下是《雜阿含經》關於諸蓋的相關經文：[13]

　　譬如身依食而立，非不食。如是五蓋依於食而立，非

---

[12] MN 117 at MN III 71,24（譯自 Ñāṇamoli 1995: 934）和對應經典 MĀ 189 at T I 735c13 和 D 4094 nyu 44b4 或 Q 5595 thu 84a5 表明斷除邪道支需要正見為基礎，然後正精進結合正念來成就。

[13] SĀ 715 at T II 192a28-192c16.

不食……。[14]

何等為貪欲蓋不食？謂不淨觀，[15] 於彼思惟，未起貪欲蓋不起，已起貪欲蓋令斷……。

何等為瞋恚蓋不食？彼慈心思惟，未生瞋恚蓋不起，已生瞋恚蓋令滅……。[16]

何等為睡眠蓋不食？彼明照思惟，未生睡眠蓋不起，已生睡眠蓋令滅……。

何等為掉悔蓋不食？彼寂止思惟，未生掉悔蓋不起，已生掉悔蓋令滅……。

何等為疑蓋不食？彼緣起法思惟，未生疑蓋不起，已生疑蓋令滅……。

《相應部》中的對應經典之不同在於，就昏沉嗜睡蓋來說，其不食是注意到發勤、精勤、勇勤等界；就疑蓋來說，其不食是經常注意到思惟善與不善法，有過失與無過失法，下劣與上勝法，黑暗與光明法。[17] 就這兩者來說，藏譯版與

---

[14] SN 46.2 at SN V 64,11（譯自 Bodhi 2000: 1568）有一類似說明，經中只有闡述蓋和覺支的滋養食，但未說明不長養食。這類說明見於 SN 46.51 at SN V 105,15（譯自 Bodhi 2000: 1599），因此對於 SĀ 715 其餘部分來說是適當的對應經文。

[15] 此處用語是「不淨」，對應於「不美麗」（asubha），在巴利對應經典 SN 46.51 at SN V 105,17 和 mi sdug pa 在藏文對應經典 D 4094 ju 285b6 或 Q 5595 thu 30b8；亦參考上述討論頁 84。

[16] 對應經典 SN 46.51 at SN V 105,23 說到以慈（mettā）而心解脫（cetovimutti）；藏文對應經典 D 4094 ju 285b7 或 Q 5595 thu 31a2 與 SĀ 715 一致只有提及慈本身 byams pa。

[17] SN 46.51 at SN V 105,27.

上述《雜阿含經》的說明一致。[18]

　　各對應版本一致提及以關注不美好處對治貪欲，以慈（*mettā*）對治瞋恚。關於昏沉嗜睡則有不同說明，導出兩個不同建議，一是注意明顯指向心理清晰和光明者，意指明亮處而非暗處。另一是由提起心念和努力以激勵行者修行。這可以藉由強調對於禪修所緣境的清楚掌握來做到。因此這兩個建議可結合在精勤增進內心清明之目標下。掉悔所需的對治法恰好相反，是注意平靜和止寂以減低心理動能。

　　根據《雜阿含經》的表達，疑可以透過注意緣起法來解決。由於目前是談禪定修持，這可以指檢視當下影響禪修經驗的因緣條件，或許還有至目前為止進行禪修所產生的正負面影響。根據《相應部》中的對應經典，疑可由自行釐清何者是真正善法或善巧法及何為相反來對治。從實修的觀點來看，這可能與《雜阿含經》的說法相似，若行者能思惟當下禪定修習的善法或善巧以及至目前的禪修進展，則禪修上的疑確實可被克服。上述解說可歸結為如表 10.1 所顯示出的概要如下：

表 10.1 五蓋不食

蓋	不食
意欲	不美好
瞋恚	慈（*mettā*）
昏沉嗜睡	精勤增進內心清明

---

[18] D 4094 *ju* 286a1 或 Q 5595 *thu* 31a3。

| 掉悔 | 輕安 |
| 疑 | 辨別善緣與不善者 |

五、諸蓋現前

關於諸蓋的進一步資訊可從《法門經》中得見，其在漢譯與藏譯經典中各有對應典籍。對應版本中所做的分析是將諸蓋從一般為五的數量倍增到十（諸覺支的情況也一樣，從七增加到十四）。下文為與《法門經》相對應的《雜阿含經》中的相關經文：[19]

> 何等為五蓋之十？謂有內貪欲，有外貪欲。彼內貪欲者即是蓋，非智非等覺，[20] 不轉趣涅槃；彼外貪欲即是蓋，非智非等覺，不轉趣涅槃。
>
> 謂瞋恚有瞋恚相，若瞋恚及瞋恚相即是蓋，非智非等覺，不轉趣涅槃。
>
> 有睡有眠，彼睡彼眠即是蓋，非智非等覺，不轉趣涅槃。
>
> 有掉有悔，彼掉彼悔即是蓋，非智非等覺，不轉趣涅槃。

---

[19] SĀ 713 at T II 191b₁₁-191b₂₀.

[20] 雖然巴利對應經典 SN 46.52 at SN V 110,₅（譯自 Bodhi 2000: 1603）沒有表明每一蓋非智等，但藏譯對應經典 D 4094 *ju* 60a₁ 或 Q 5595 *tu* 66a4 有類似說明。

有疑善法，有疑不善法，彼善法疑、不善法疑即是
蓋，非智非等覺，不轉趣涅槃。

《相應部》中的《法門經》與此不同之處在於提到第二
蓋瞋恚和第五蓋疑均有內在和外在的現起。[21] 藏譯版的對應
經典則與上述《雜阿含經》版本的表述相一致。[22]

根據該經文的開頭所提，由五增加到十的原因是為以此
分析來區分佛教對諸蓋的教導方式與同時代其他外道所教授
的方式之間的不同之處。也就是說，這種分析法是為了能反
映出佛教禪修系統所能有效處理的諸蓋的不同面向。

昏沉嗜睡和掉悔的狀況相當清楚，個別都有兩個有所不
同的狀態一起提及，因為它們對心的影響是相似的。[23] 從實
修來說，缺乏動力會是修行的障礙，可能是因為沒有興致或
懶散，缺乏誘因，又或許是因為疲倦、吃太多、身體疲累或
過勞。相反地，精力過於旺盛的問題可能是由於過度努力和
情緒過激，或因為擔憂過去已做或是未來要做的事。明確區
分昏沉和嗜睡以及辨別掉和悔，可以有助於針對特定情況找
到適當的對治法。

就意欲而言，重點在於這類欲望可能由外在刺激或內在
想像所引起，例如回想過去的或想像未來會有的感官樂受。
能清楚認知一開始是什麼引生起意欲會有幫助，因為雖然在

---

[21] SN 46.52 at SN V 110,7.

[22] D 4094 *ju* 60a3 或 Q 5595 *tu* 66a6。

[23] 《阿毘達磨俱舍論》*Abhidharmakośabhāṣya* 5.59, Pradhan 1967: 318,14 解
釋：昏沉和睡眠被視為是單一的蓋，因為昏沉和睡眠二者有相同的作
用、滋養食、對治法，這同樣適用於掉悔。

實際修行中感官欲望的內外面向在某種程度上有所重疊，對其所應採取的行動會稍有不同。如果外部刺激是主要原因，則修習守護根門會特別必要。如果是內心回憶或是想像感官樂受，《尋止息經》所說的不善想對治法就能用得上。[24] 在這兩種情況下，隨觀身分肯定是有助益的。

根據《相應部》的《法門經》，瞋恚或嫌惡的情況是相似的，因為怒氣可由外部刺激引生，或從自己內心生起。漢譯和藏譯的對應版本則有不同於上的表述，依此兩個版本是瞋和瞋相（nimitta）之間的區別。若嘗試做解說，當從實修面向來看時，關於瞋相可能是指內心重現特定情況或事件——即為引起瞋恚的「相」。若依據此詮釋解說，漢譯和藏譯的對應典籍中所做的區分，便與巴利版本所提及的內、外沒有太大差異。

換句話說，瞋恚現前可能因外面實際情況所引起，或者也可能是內心的產物，想像未來可能會發生的事，或重現過去已發生的事。在這兩種情況下，一樣可使用稍微不同的對治法。外部刺激是需要身體及言語上的限制，如果可能的話，甚至是避開外部刺激。內心傾向不斷在瞋念上打轉時，將一樣會需要《尋止息經》所說的方法。在這兩種情況下，修習慈愛或仁慈（mettā）將是非常有用的。

從疑蓋來看，《法門經》中對內、外的區別指出不確定感可能大多是由於過度依賴他人所說，或者大多是因對自己缺乏信心。在對應經典中重點在於疑可以是關於何為善法與何為不善法。換句話說，此區別在於對應該修習什麼並不確

---

[24] 如前文頁 173ff。

定，以及不清楚應該克服或避免些什麼。

　　疑蓋的問題與我在本書一開頭的引文有關，依據此引文念住修習可成為自依止、法依止的方法，不需要任何其他的依賴。持續修習念住將令自己更清楚什麼是善法和應該修持的，與此對比則清楚什麼是不善法和應該避免的。從法隨觀的角度來看，所特別應該斷除的是五蓋，而所應該修習的是七覺支。如是成功修習將可建立內在的信心和對法的依止，受他人言語的影響會愈來愈少。

　　從實修來看，如果疑蓋生起，尤其是因他人評論而起，探究經文所教導的法將可非常有用地抗衡他人所說。但是，如果疑的生起多是因為對自己能力缺乏信心，不斷持續念住於認知自己在修道上的努力之益處，可提供對治的作用。隨觀諸蓋進而斷捨諸蓋，將可清除對於不善法的疑，而修習覺支則可導引出對於善法的內在肯定。

　　將對應版本的說明結合起來，則可得出如表 10.2 所示的五蓋現前：

表 10.2 諸蓋現前

蓋	現前
意欲	內或外
瞋恚	內或外，瞋或瞋相
昏沉嗜睡	怠惰或遲鈍
掉悔	擾動或憂慮
疑	內或外，善法或不善法

六、諸蓋的出現與消失

　　清楚了解諸蓋顯現的不同方式，不僅關係到行者禪修的努力，而且也有關於更多像是學習新事物等的世俗工作。正如其各自名稱所標明，意欲、瞋恚、昏沉嗜睡、掉悔、疑等諸蓋會「遮蔽」心的正常運作。

　　任何學習的嘗試，不論是一種語言、一個理論或其他任何事務，若在學習時能將一部分覺知投注在學習時的心理狀態上，可使效率大大提高。這種覺知可覺察到任何五蓋的現前，例如：沉溺於感官幻想而不是將心思放在眼前的課題上，對於「必須要學習」的事物起反感，覺得無聊，感到焦躁不安而希望趕快完成，或是對自己能夠成功完成任務的能力缺乏信心。以上每一種狀況當然都會使個人為了有效學習而付出的努力受到挫折。而覺察出這些狀況後，就有可能可以克服這些「遮蔽」個人試圖有效學習的心理狀態。這樣一來，隨觀諸蓋對教育和學習便具有相當大的可能貢獻。

　　在古印度的環境背景下，要學習任何事物都與記憶密不可分，透過背誦強記來學習。這對於初期佛教社群來說相當重要，因為佛陀和其弟子的所有教法都是由口誦傳承下來。因此在古代的背景下，博學的人名副其實地「多聞」並且能憶記。

　　在《相應部》和《增支部》中皆可見的《傷歌邏經》以這類學習為開始：有一婆羅門問為何有時即使是不太費力也能記得一些事情；然而有時儘管先前已經很用功專注學習，卻無法回想起來。經文中佛陀回答道這正是因為五蓋的現起或消失。一個不受五蓋干擾的心容易學習，而被任何一蓋所

牽制的心會令學習任何東西都變得困難。《傷歌邏經》藉由例示為五蓋中的每一蓋提供譬喻說明。相對應的梵文殘卷中之譬喻如下：[25]

> 正如混著薑黃或墨汁的一缽水，變得混濁，則明眼人觀察自己面容的映像時，便不能〔如實〕見之。[26]

梵文殘簡卷中繼續指出若心染著將不能了知自身的獲益、他人的獲益以及雙方的獲益，也不能達到更高的禪定成就。巴利版的《傷歌邏經》沒有提到禪定成就而是回憶背誦的能力，直接回應在經文一開始提出的問題。[27] 其餘的譬喻如下：

> 正如用火加熱的一缽水，大火加熱，沸騰並冒泡，則明眼人觀察自己面容的映像時，將不能〔如實〕見之。
>
> 正如覆蓋泥淳苔蘚和水藻的一缽水，則明眼人觀察自己面容的映像時，將不能〔如實〕見之。
>
> 正如被風攪動、推動、轉動的一缽水，則明眼人觀察自己面容的映像時，將不能〔如實〕見之。
>
> 正如置於暗處的一缽水，則明眼人觀察自己面容的映

---

[25] Tripāṭhī 1995: 127 (§5.11)-132 (§9.11).

[26] 對應經典 SN 46.55 at SN V 121,25（譯自 Bodhi 2000: 1611）提及更多的染料，並表明由於水的狀況而不能如實見到面貌；亦參照 AN 5.193 at AN III 230,26（譯自 Bodhi 2012: 807）。

[27] SN 46.55 at SN V 122,3；亦參照 AN 5.193 at AN III 231,7。

像時，將不能〔如實〕見之。[28]

《傷歌邏經》接著將這五個譬喻和五蓋聯繫起來，因此混著染料水的譬喻代表意欲，沸騰的水表示瞋恚，藻類叢生對應於昏沉嗜睡，被風擾動的水是掉悔的例子，而置於黑暗處的水是用來比喻疑（見表 10.3）。

表 10.3 五蓋影響

蓋	水之狀況
意欲	混有染料
瞋恚	沸騰
昏沉嗜睡	藻類叢生
掉悔	遭風擾動
疑	置於黑暗處

譬喻的要點看來是意欲會容易染汙個人的認知，使事物看起來較實際上更多彩多姿，而不能覺察出其真實的本質。當心在瞋恚中沸騰時，就像是為此蓋所「熾然」，就無法以正確的角度來看待事物。隨著昏沉嗜睡而來的怠滯，心中滿是怠惰和遲鈍，進展陷於停頓，相當於水中長滿藻類的滯礙狀態。相反的情況是掉悔，過度的擾動不安占據心，焦慮的念頭起伏不平，最終甚至難以坐定。最後疑陷人於黑暗中，因心不清明而無法看清自己什麼應當做，什麼不應當做。

---

[28] SN 46.55 at SN V 123,33 不僅是鉢置於黑暗中，而且水混濁、動搖、泥濘；亦參照 AN 5.193 at AN III 233,10。

　　另一組譬喻見於《沙門果經》，以及與《根本說一切有部毘奈耶破僧事》相對應的梵文殘卷中，其中說明了沒有五蓋的狀況。譯自梵文殘卷的相關經文如下：[29]

　　猶如有人貸款經營事業，隨後事業發展成功，故能償還貸款，還有財產照顧妻小。

　　猶如有人生病、受苦、重病、虛弱，身體不能消化吞下的食物，而喝下的飲料刺激胃部。[30] 過一段時間後復原，健康又強壯，身體能消化吞下的食物，喝下飲料不會傷胃。

　　猶如有人是奴隸，被差遣至各處，聽命於人，無法自主，不能依自己意願行事。過一段時間後不再是奴隸，不被四處差遣，不再無法自主，能依自己意願行事。

　　猶如有人雙手遭綑綁緊繫於身後，被釋放以後，他會安好、自在、無懼、平安。[31]

　　猶如有人從危險處到安全處，從飢荒之所在遊歷到富裕的地方。[32]

　　《沙門果經》中的順序不同，其奴隸譬喻就在監獄譬喻之後出現。[33] 由於沒有一個版本提供特定譬喻和蓋之間的明

---

[29] Gnoli 1978: 241,19-242,15 基於 Wille 1990: 124,19 而做修正。

[30] 巴利對應經典 DN 2 at DN I 72,6（譯自 Walshe 1987: 101）未提及飲料，但另外提到虛弱無力。

[31] DN 2 at DN I 72,15 表明是關在監獄裡。

[32] 根據 DN 2 at DN I 73,3 他帶著財富在危險的曠野旅行。

[33] DN 2 at DN I 72,23。另一順序見於 DĀ 20 at T I 85a25（對應於 DN 3 at

確關係，因此譬喻和蓋之間的相互關係取決於列舉的次第。

依據《沙門果經》採用的次第，可得出以下相關：意欲相當於負債，這種「負債」是不斷尋求某些事物以滿足因匱乏感與渴求在意欲背後之物的迫切需求。瞋恚可確實是一種不舒適，這種狀況可能非常糟糕，導致難以正常消化食物。昏沉嗜睡就像是被囚禁，無法自由行動。掉悔導致強制性行為，為心的擾動所奴役。疑就像是一趟有著難以得見之規畫的危險旅程。

然而依據《破僧事》的順序，昏沉嗜睡會是遭奴役，掉悔是一種囚禁束縛的狀態。綜合此兩個版本的說明，可得出如表 10.4 所示。

表 10.4 五蓋困境

蓋	困境
意欲	負債
瞋恚	疾病
昏沉嗜睡	囚禁／奴隸
掉悔	奴隸／囚禁

DN I 100,6 出現相同的五譬喻，其譬喻縮簡，因此需以 DN 2 的完整描述來補充）。DĀ 20 以奴僕解脫為第一（DN 2 第四），償還貸款為第二（DN 2 第一），久病痊癒為第三（DN 2 第二），牢獄釋放為第四（DN 2 第三），帶著財富旅行得安穩第五（類似 DN 2 第五）。還有另一組順序見於 T 21 at T I 265c17（對應經典 DN 1），償清貸款第一（DN 2 第一），奴隸釋放第二（DN 2 第四），牢獄得脫第三（DN 2 第三），重病得愈第四（DN 2 第二），帶著錢財旅行得安穩第五（DN 2 第五）。

| 疑 | 危險旅程 |

對應版本一致說到，當每一蓋各自的困境被克服後，則喜悅生起。同樣地，當五蓋被克服後而生起喜悅，則自然導向心的專注，最終達致禪定。

這段經文指出隨觀諸蓋的重要面向，即此教導不僅指向能覺察特定煩惱或蓋的出現，也導向覺察其消失。覺察心捨離五蓋可引生喜悅，而此喜悅是成功禪修的重要條件。事實上，這類喜悅是達致更深層禪定的關鍵，在下一章討論諸覺支時，將再次討論這一特徵。

《中阿含經》中相對應於《念住經》的一段經文在其開頭特別提到諸蓋和諸覺支之間的密切關係。依據此經，過去、未來和現在諸如來都以如下方式獲得或將獲得無上正覺：

> 悉斷五蓋心穢慧羸，立心正住於四念處，修七覺支，得覺無上正盡之覺。

乍看之下似乎令人不解，諸蓋和七覺支與四念住並列提及。如果這兩組從一開始就是四念住的一部分，則無理由分開提到它們。不過經文要點可能是描述時間順序上的進展，在捨斷諸蓋之後，才可能「安立」四念住，即是當貪欲和瞋恚等不再現前時就是進階修習四念住。這進而成為修習七覺支的基礎。

七、結語

念住能令行者覺察當下心中蓋的現起。這等覺受認知的關鍵要素為之後克服蓋提供了基礎，以適當的對治方法克服諸蓋會引生喜悅，是成就禪修的重要因緣條件。

意欲蓋染汙心，且由於對滿足的迫切需求使人變成負債者。在瞋恚中沸騰實際上是一種不舒適。昏沉嗜睡的心怠滯沒有活力，與長滿藻類的水相似。掉悔擾動心，攪動一波又一波不安的念頭，二者都是一種束縛，導致心被奴役。疑的體驗就像處於黑暗中，心不具清明，因此個人修行成為幾無安排規畫的危險旅程。

第十一章　諸覺支

一、導言

　　本章將審視關於隨觀七覺支的教導，在《念住經》和兩部漢譯《阿含經》對應經文中的教導如下：

《中部》：

　　如果念覺支於內在現起，行者確知：「於我之內有念覺支」；如果念覺支未於內在現起，行者確知：「於我之內無念覺支。」而且行者確知未生起的念覺支是如何生起，同時行者確知已生起的念覺支可如何發展而圓滿。如果擇法覺支於內在現起……精進覺支……喜覺支……輕安覺支……定覺支……如果捨覺支於內在現起，行者確知：「於我之內有捨覺支」；如果捨覺支未於內在現起，行者確知：「於我之內無捨覺支。」而且行者確知未生起的捨覺支是如何生起，同時行者確知已生起的捨覺支可如何發展而圓滿。

《中阿含經》：

　　內實有念覺支知有念覺支如真，內實無念覺支知無念覺支如真，若未生念覺支而生者知如真，若已生念覺支便住不忘而不衰退，轉修增廣者知如真。

　　如是擇法……精進……喜……息……定……內實有捨
覺支知有捨覺支如真，內實無捨覺支知無捨覺支如真，
若未生捨覺支而生者知如真，若已生捨覺支便住不忘而
不衰退，轉修增廣者知如真。

《增一阿含經》：

　　修念覺意，依觀、依無欲、依滅盡，捨諸惡法。
　　修法覺意，修精進覺意，修喜覺意，修猗覺意，修三
昧覺意，修護覺意，依觀、依無欲、依滅盡，捨諸惡
法。

　　隨觀諸覺支的教導在《中部》和《中阿含經》非常相
似，其中主要作法是經由兩個階段來進行，就像在隨觀諸蓋
中的修習進程一樣：即先察知其現前與否，接著將覺知導向
與其是否現前相關
　　在討論諸蓋時，探究諸蓋的不同狀況是與諸蓋的斷除有
關；而在覺知諸支時，根據《中部》，主要是在於「發展至
圓滿」，或依《中阿含經》所描述是在「轉修增廣」。
　　《中阿含經》中關於第二階段的隨觀的部分略較詳細，
除了知道特定覺支如何生起、以及如何能增長之外，根據此
版本行者也應知道如何能維持不忘失或不衰退。
　　在《增一阿含經》的版本中則有一個不同的觀點，與其
他兩個經典的兩個階段說明不一致，而是形容諸覺支應該如
何被培養，須要依賴觀、無欲，和息滅為基礎來進行修習，
以能克服心中任何不善狀態。因此《增一阿含經》中對應經

文對《念住經》有一重要貢獻，在於其所突顯的應如何修習
覺支。

　　然而關於本段《增一阿含經》經文的實際形成，須要考
量《增一阿含經》結集中有關於此段文字有多種不同版本。[1]
這表示很有可能在《增一阿含經》中有著傳誦或翻譯訛誤。
相較之下，在巴利經典和其他漢譯《阿含經》的對應描述顯
得較一致，指出七覺支修習應該「依遠離、依無欲、依滅、
向於捨」。舉例來說，《雜阿含經》中所描述修習七覺支的
核心面向如下：[2]

　　　　何等為修七覺分？謂念覺分，乃至捨覺分。若……修
　　念覺分，依遠離、依無欲、依滅、向於捨。如是修擇
　　法、精進、喜、猗、定、捨覺分，依遠離、依無欲、依
　　滅、向於捨。

　　《相應部》中的對應經文指出這種修習法構成渴愛滅之
道。[3] 換句話說，諸覺支若要達成如其名所示——正覺並因
此息滅渴愛以及任何其他煩惱——那就須以此處所說的方式
來修習。雖然只有《增一阿含經》版本的法隨觀明白強調此
特徵，但應可以相當假定其他兩個版本也藉由「修習」諸覺
支而隱喻於此。

　　事實上，《入出息念經》和其於《雜阿含經》中的對應
經典以相近類似用語表明，正是這四個素質確保修習覺支趣

1　參例 EĀ 21.2 at T II 602c3 和 EĀ 40.6 at T II 741b3。
2　SĀ 729 at T II 196a18-196a21.
3　SN 46.27 at SN V 87,11（譯自 Bodhi 2000: 1586）。

向解脫。《雜阿含經》版本相關經文如下：[4]

> 修念覺分，依遠離、依無欲、依滅、向於捨，修念覺
> 分已，滿足明、解脫。乃至修捨覺分，依遠離、依無
> 欲、依滅、向於捨，如是修捨覺分已，明、解脫滿足。

如此，這四個禪修主軸投入於以覺知為標題的這七種心
理素質之下，並以此而可能成正覺：

遠離、無欲和滅 ⇒ 捨

下文將試圖以實修的面向來描繪這些素質的：即依遠
離、無欲、滅、向於捨。四個主題中的第一者「遠離」具有
物理上心理上兩部分，初期經典中常建議為了禪修須退居空
閑處，從而促使心理上遠離不善法，並獲得更深禪定。[5]

「無欲」（virāga）的巴利語意也可指「消退」，這凸
顯出與此用語相關的禪修動力的核心面向，因為看到現象的
「消退」，意味著滅去和消失，所受到的吸引力也開始消
退，結果是「離欲」的程度愈來愈強。[6]

在提到修習至更高層次觀法經文中，無欲經常與厭離和
滅一起出現。透過觀呼吸修習法隨觀時，無欲和滅也是其中

---

[4]　SĀ 810 at T II 208c2-208c6.

[5]　「遠離」（viveka），參考更詳細說明 Anālayo 2010b: 137ff（再版
　　Anālayo 2012b: 258ff）。

[6]　「無欲」或「消退」（virāga），參考更詳細說明 Anālayo 2009: 36ff
　　（再版 Anālayo 2012b: 45ff）。

的不同階段，這將於下一章探討。滅這個字本身也最主要的關聯或許是滅苦，也就是佛教修行最終目標。

　　遠離、無欲、滅之目的是引生捨或棄捨。這種對不善法的捨構成了在整個從一開始到圓滿的正道上的羅盤，其終點是無上的捨出現在突破得解脫和體驗到涅槃時。[7]

　　《大乘阿毘達磨雜集論》提出四聖諦和修習覺支與「依止遠離、依止無欲、依止寂滅、迴向棄捨」的關係。[8] 其論理是：當行者受苦而生煩惱時，會設法「遠離」苦。在因渴愛而生苦時，會渴望「離欲」。每當苦的體驗滅止時（暫時性地），會尋求可以實證這種「滅」（永久性地）的方法。因此四聖諦的前三諦對應「依止遠離」、「依止無欲」、「依止寂滅」的說明。最終體驗到絕苦之力量後，如此行者便有意願修習通往棄捨或「捨」之道。從這觀點來看，依覺支來修習這四個禪修主軸，便等同於實踐在初期佛教思想中被認為是佛陀所教授的根本教法：四聖諦。

二、諸覺支和諸蓋

　　在趣向解脫時，諸覺支和諸蓋的角色是直接對立的。經文恆常地突顯這兩組之間的對比。如在《相應部》和《雜阿含經》中的對應經典指出諸蓋導致心的失明，而覺支引向心

---

[7] 「捨」或「棄捨」（vossagga），與「捨離」（paṭinissagga）有密切關聯，參考更詳細說明 Anālayo 2010b: 145ff（再版 Anālayo 2012b: 266ff）。

[8] T 1606 at T XXXI 740c18.

的明視。《雜阿含經》相關經文如下：[9]

> 有五法，能為黑闇，能為無目，能為無智，能羸智
> 慧，非明、非等覺，不轉趣涅槃。何等為五？謂貪欲、
> 瞋恚、睡眠、掉悔、疑……。[10]

> 若有七覺支，能作大明，能為目，增長智慧，為明、
> 為正覺，轉趣涅槃。何等為七？謂念覺支、擇法覺支、
> 精進覺支、猗覺支、喜覺支、定覺支、捨覺支。[11]

　　儘管這兩者之間有著這樣的對照——或是說正因為有著
如此對照——在某些蓋尚未完全捨斷時，顯然某些覺支的修
習已開始。這在《相應部》和《雜阿含經》中的對應經典可
見相關說明，《雜阿含經》的相關經文如下：[12]

> 方便修念覺分時，知思惟：「彼心不善解脫，不害睡
> 眠，不善調伏掉悔，如我念覺處法思惟，精進方便，不
> 得平等。」如是擇法、精進、喜、猗、定、捨覺分。

　　經文描述接著提及正面的情況，當行者已經能夠出離這

9　SĀ 706 at T II 189c3-189c11.

10　巴利對應經典 SN 46.40 at SN V 97,14（譯自 Bodhi 2000: 1593）沒有明
　　確提及五蓋非等覺（或覺支趣至正覺），雖然五蓋不導向涅槃的事實已
　　隱含在其中。

11　經文中七覺支順序似乎已混亂了，根據標準排列，喜應該在猗輕安之
　　前。

12　SĀ 719 at T II 193c8-193c11.

兩個蓋時，心已變得相當自在，行者輕鬆地便能安立在某一覺支上。《相應部》中的對應經典沒有包括負面的情況，只有提出正面例子來說明如何修習七覺支。[13] 然而這段經文也暗示著當未能修習覺支，如前段《雜阿含經》文中所述，這種情況會是因為昏沉嗜睡蓋或掉悔蓋尚未完全去除。

因此，即使貪欲和瞋恚前二蓋需要被克服，以便有可能修習任何覺支，[14] 但這也許不完全適用在昏沉睡眠蓋或掉悔蓋。從《火經》和《雜阿含經》對應經典，以及保存於藏譯第三部對應經典，可以看出確實如此，其考量在某些情況下有哪些覺支是值得稱許的。《雜阿含經》的相關經文如下：[15]

> 若爾時其心微劣，其心猶豫者，不應修猗覺分、定覺分、捨覺分。所以者何？微劣心生，微劣猶豫，以此諸法增其微劣故。譬如小火，欲令其燃，增以燋炭。云何……非為增炭令火滅耶？

《相應部》中的《火經》有同樣的觀點，說到這三個覺支無法將心從遲緩怠昧中提起，試圖這樣做相當於在要想燃起的小火苗上投入濕草、濕牛糞或濕柴枝，並撒上水和土。[16] 藏譯的對應經典和《雜阿含經》版本一致，說到這些覺支實際上可能會加重問題，而非僅是不足以對治而已。[17] 不過，

13　SN 46.8 at SN V 76,23（譯自 Bodhi 2000: 1578）。
14　審視諸蓋的各種對治法，參見 Anālayo 2003b: 192f。
15　SĀ 714 at T II 191c25-192a23.
16　SN 46.53 at SN V 112, 28（譯自 Bodhi 2000：1605）。
17　D 4094 *nyu* 52a6 或 Q 5595 *thu* 92b8。

藏譯對應版本中的譬喻則相應於《火經》的說法，提到在小火上投入濕木柴、濕草、濕糞。在藏譯版本中的其餘經文採用相同模式，即在說明關於覺支的功效時與《雜阿含經》一致，在列舉譬喻實則與《相應部》中的《火經》一致。

> 若掉心起，若掉心猶豫，爾時不應修擇法覺分、精進覺分、喜覺分。所以者何？掉心起，掉心猶豫，以此諸法能令其增。譬如熾火，欲令其滅，足其乾薪，於意云何？豈不令火增熾燃耶？

《相應部》中的《火經》指出以此三種覺支是不可能令心平靜的，試圖這樣做相當於投入乾草、乾牛糞、乾柴枝在想要將其熄滅的大火上。《火經》中呈現的次第也不同於其他兩個版本，在指明不適宜修輕安、定和捨的時間之後，先提到適宜休息前述覺支，然後才提到不適宜修習擇法、精進、喜的時間。

> 若微劣心生，微劣猶豫，是時應修擇法覺分、精進覺分、喜覺分。所以者何？微劣心生，微劣猶豫，以此諸法示、教、照、喜。譬如小火，欲令其燃，足其乾薪。云何……此火寧熾燃不？

根據《火經》的說明，這些覺支有助於將心從遲緩怠昧中提起，就像將乾草、乾牛糞、乾柴枝投入在想要令其熾燃的小火上。

　　若掉心生，掉心猶豫，修猗覺分、定覺分、捨覺分。
所以者何？掉心生，掉心猶豫，此等諸法，能令內住一
心攝持。譬如燃火，欲令其滅，足其燋炭，彼火則滅。

　　《火經》說明這些覺支有助於順利地令擾動的心平靜，
正如在大火上投入濕草、濕牛糞、濕柴枝，並撒上水、土使
其熄滅。

　　《火經》和對應經典的說明證實修習特定覺支可對治遲
緩怠昧與擾亂，而這可能是昏沉嗜睡蓋或掉悔蓋現起。另一
個面向的解說則是有些覺支不應在心遲緩昏昧時修習，而另
有些覺支則不適於在心受擾動時修習。換句話說，要將所有
七覺支都具足，必須要連更微細的蓋都完全捨離後方可。如
此帶出了修習覺支可循序漸進的印象。個別覺支是依相應的
情境而修習，隨著到心愈來愈清淨，直到最終可以建立所有
覺支。

　　說到整組覺支，值得注意的是《火經》和其對應經典到
目前為止沒有提及念覺支。這理由很簡單，就如《雜阿含
經》中總結對諸覺支而說道：

　　念覺分者，一切兼助。

　　這普見於各對應版本的說明，似乎特別反映了念之為覺
支的關鍵角色，即辨識出行者當下心之狀態，從而為修習其
他覺支提供絕對重要的基礎。除非可繫念於心之狀態而知道
心是遲緩怠昧或擾動，否則《火經》和對應經典所提供的建
議將不易起作用。因此念確實必須持續用得上，總是必須要

具備的,而且總是被倚賴的。

　　鑑於念的這種核心性質,修習四念住的主要目的就會是要建立此等念以做為修習其他覺支的基礎。從這觀點來看,可以理解為什麼很多經典僅是提及四念住,而沒有詳細解說實際修持的方法,就像是《念住經》的例子。由此看來,真正重要是透過念住禪修讓念能安立在身、受、心、法上,而以此方式來引生其他覺支。這看來是以念住禪修做為通往正覺的直接之道的要旨。

　　總結《火經》和對應經典提供的說明,一旦行者已經出離意欲與瞋恚兩種粗蓋之後,就可以出現如表 11.1 所示的進展。

表 11.1 對治呆滯和擾動

心之狀態	修習
遲緩怠昧或擾動	念
遲緩怠昧	擇法、精進、喜
擾動	輕安、定、捨
非遲緩怠昧也無擾動	所有七覺支

　　這種能適應當前情況特定需求的靈活方法,需要有個別地修習各種覺支的能力。《相應部》和《雜阿含經》中的對應經文裡描述了這種能力的嫻熟,其中說道阿羅漢比丘舍利弗如何以譬喻來說明他在這方面的技巧。《雜阿含經》的相

關經文如下：[18]

> 此七覺分決定而得，不勤而得，我隨所欲，覺分正
> 受。若晨朝時、日中時、日暮時，若欲正受，隨其所
> 欲，多入正受。
> 譬如王大臣，有種種衣服，置箱篋中，隨其所須，日
> 中所須、日暮所須，隨欲自在。[19]

在《相應部》中的對應經文裡舍利弗僅提及於早上、日
中或傍晚，無論想安住於哪一個覺支，他就會安住於那個覺
支。[20] 雖然《相應部》經文沒有明確提到不須特別費力，但
此意似乎也隱含於其中。

三、長養諸覺支

回到諸蓋和覺支之間的基本對立，《火經》和其對應經
典的說明顯示，修習某些覺支如何能成為捨斷遲緩怠昧和擾
動的方法，分別代表五蓋中的第三蓋和第四蓋的心之狀態。
而目前尚未探討到的一個主題則是否有任何覺支也能有助於
對治疑蓋。

而正是如此，修習第二擇法覺支提供捨離疑蓋的方法。
二者之間的對立，為諸蓋和覺支之間基本對比的一部分，可

---

[18] SĀ 718 at T II 193b17-193b22.

[19] 對應經典 SN 46.4 at SN V 71,25（譯自 Bodhi 2000: 1574）表明衣服有種
種不同顏色。

[20] SN 46.4 at SN V 71,7.

見於《相應部》和其對應經文，其中一部分已在前一章隨觀諸蓋中討論過。此段落描述到如何可去除五蓋的滋生，與如何可提供七覺支的滋長。《雜阿含經》中對諸覺支的長養的描述如下：[21]

> 譬如身依食而住，依食而立；如是七覺分依食而住，依食而立。[22]
>
> 何等為念覺分食？謂四念處思惟已，未生念覺分令起，已生念覺分轉生令增廣……。
>
> 何等為擇法覺分食？有擇善法，有擇不善法，彼思惟已，未生擇法覺分令起，已生擇法覺分重生令增廣……。
>
> 何等為精進覺分食？彼四正斷思惟，未生精進覺分令起，已生精進覺分重生令增廣……。
>
> 何等為喜覺分食？有喜、有喜處，彼思惟，未生喜覺分令起，已生喜覺分重生令增廣……。
>
> 何等為猗覺分食，有身猗息、心猗息思惟，未生猗覺分令起，已生猗覺分重生令增廣……。
>
> 何等為定覺分食？謂有四禪思惟，未生定覺分令生起，已生定覺分重生令增廣……。
>
> 何等為捨覺分食？有三界。何等三？謂斷界、無欲界、滅界。彼思惟，未生捨覺分令起，已生捨覺分重生令增廣。

---

21 SĀ 715 at T II 192c16-193a6.

22 參見上文頁 212 註腳 14。

　　對比於這段說明，《相應部》的經文可見有數個不同之處。從念覺支來說，滋養食是「可做為念覺支基礎之法」。[23]這可以由《雜阿含經》中對應經文提到四念住的部分來補充說明，同時在藏譯的對應經文也有提及。[24]這兩個版本的敘述可自《入出息念經》和其對應經典獲得確認，根據此經，念覺支透過修習四念住而生起。[25]

　　對善法與不善法的明確辨別，在所有版本中都是擇法覺支的滋養食。如此表明了擇法覺支可以對治疑，也就完整涵括了如何以覺支對治蓋這一主題。以分別善法與不善法的能力來滋養此一覺支，正與《相應部》中所說的疑蓋不食之部分完全一致。也就是說，捨斷疑蓋需要的不是信念，而是需要徹底的善擇。

　　就精進覺支而言，對應版本間則有所差異。《相應部》中所說是注意發勤、精勤、勇勤等界，而《雜阿含經》中的對應經文和藏譯版本則提出四正勤。綜合來看，這兩種說法以此指出了精進的素質，以及應如何善用此素質來對治不善法和修習善法。

　　從喜覺支來看，各版本的描述非常相似。《相應部》的經文提及「構成喜覺支的基本事物」，而對應經典提及「喜」和「喜處」。

　　三個版本一致說明身輕安、心輕安滋養輕安覺支，因此平靜的行為和攝心寂靜的心，共同提供了可以增長此覺支的

23　SN 46.51 at SN V 103,32（譯自 Bodhi 2000：1598）。

24　D 4094 *ju* 286b1 或 Q 5595 *thu* 31b5。

25　MN 118 at MN III 85,8（譯自 Ñāṇamoli 1995: 946）和對應經典 SĀ 810 at T II 208b15。

適宜環境。

就定覺支來看，則又顯現出差異。《相應部》的版本提及輕安相和不散亂相，[26] 而《雜阿含經》對應經典則指出是四禪定，這在某種程度上可做為輕安相和不散亂相的例證。於此藏譯版本則較接近《相應部》的敘述，指出定和定相。[27]

依據《相應部》的說明，捨覺支的滋養食是「構成捨覺支的基本事物」，而《雜阿含經》中的相對段落和藏譯版本的經文則說到「斷」、「無欲」、「滅」等界，以此指出修習後可引生捨的建立之禪修主題。

總而言之，在一定程度上，綜合各對應版本的說明，可以得到如表 11.2 所示的覺支滋養食。

表 11.2 七覺支之滋養食

覺支	滋養食
念	四念住
擇法	辨別善法與不善法
精進	依四正勤努力
喜	建立喜
輕安	身和心的輕安
定	不散亂、定相、四禪定
捨	斷、無欲、滅做為捨的基礎

[26] SN 46.51 at SN V 105,3.

[27] D 4094 *ju* 287a2 或 Q 5595 *thu* 32a7。

四、覺支現前

　　另一段經文也說到諸蓋和諸覺支,其中一部分在前一章已經討論過,其數量為平常所見的兩倍。下文為《雜阿含經》中相對應於《法門經》的段落,提到雙倍數量的覺支:[28]

　　何等為七覺分說十四?有內法心念住,有外法心念住。彼內法念住即是念覺分,是智是等覺,能轉趣涅槃。彼外法念住即是念覺分,是智是等覺,能轉趣涅槃。[29]

　　有擇善法,擇不善法。彼善法擇,即是擇法覺分……彼不善法擇,即是擇法覺分……。

　　有精進斷不善法,有精進長養善法。彼斷不善法精進,即是精進覺分……彼長養善法精進,即是精進覺分……。

　　有喜,有喜處。彼喜即是喜覺分……彼喜處,亦即是喜覺分……。

　　有身猗息,有心猗息。彼身猗息,即是猗覺分……彼心猗息,即是猗覺分……。

　　有定,有定相。彼定即是定覺分……彼定相即是定覺分……。

---

[28] SĀ 713 at T II 191b21-191c13.

[29] 巴利對應經典 SN 46.52 at SN V 110,31(譯自 Bodhi 2000: 1604)沒有提及成就涅槃,而是表明以此方式覺支成為二重。藏譯版本 D 4094 *ju* 60b7 或 Q 5595 *tu* 67a4 與此二版本一致,提到成就涅槃和覺支成為二重的事實。

> 有捨善法，有捨不善法。彼善法捨，即是捨覺分，是
> 智是等覺，能轉趣涅槃。彼不善法捨，即是捨覺分，是
> 智是等覺，能轉趣涅槃。

《相應部》的《法門經》與《雜阿含經》的版本一致，念可安立於內在或外在現象，這與《念住經》各版本中所說的隨觀於內和隨觀於外有關。而藏譯版本則有不同的說法，其所說是念住於善法或不善法。[30]

《法門經》中對於下一個覺支的解釋採用相同的模式，指出明智的擇法可用於內在或外在現象上。而《雜阿含經》的說法則在於分別抉擇善法和不善法，在藏譯對應經典中的說法也一樣。因此，《相應部》所說似乎是在於區分自省審視於內在所發生者，並檢驗外在世界與個人經驗間有何關聯與影響。然在另兩個對應版本中，擇法所關乎的則是對不善法及其如何生起的覺知等，以及關乎於善法並審視如何可進一步修習。

從精進覺支來看，《相應部》的經文區辨此一覺支在身、心現起的不同。舉例來說，其間的差異像是靜坐時決定保持坐姿平穩不動，是身精進的例子；而能持續精進禪修不讓心散亂則需要心精進。而《雜阿含經》對應經典和藏譯版本則說到斷除不善狀態和修習善的狀態，這可由任何修善斷惡的修行例子來做為說明。

談到喜覺支時，《相應部》的版本辨別喜為內心有尋、伺（*vitakka*、*vicāra*），其為初禪的兩個禪支，以及喜無尋、

---

[30] D 4094 *ju* 60b6 或 Q 5595 *tu* 67a3。

伺，為二禪的條件特徵。在《雜阿含經》和藏譯版本的闡述較不明確，因為只有提及喜和其建立條件。

　　三個版本一致提及身和心的輕安。身的輕安之顯現包括安詳的身行、口行和平靜的坐姿，而心的輕安之表現則是建立並維持內心輕安自在，無論是在精進修行中，或是日常活動裡皆能如此。

　　從定覺支來說，《相應部》的版本同樣區別內心有尋、伺（*vitakka*、*vicāra*）和無尋、伺，因此包含直至初禪中任何程度的定，以及二禪以上任何程度的定（此處情況與喜覺支不同，其中不包括第三禪和第四禪，因為該禪定境不須有喜）。於此《雜阿含經》和藏譯版本的說明也同樣是較為籠統，只有提到定和定相。

　　關於捨覺支，《相應部》的經文同樣的區分開於內與於外，而《雜阿含經》版本和藏譯版本則說到善法與不善法的分別。這與擇法覺支相類似，三個版本各自有不同的解說模式。從修行面向來看，捨覺支的修習可針對由自身內生起者，或相關於由外在世界而來者，並且對於善法與不善法皆能維持心的平衡。

　　總結來說，綜合歸納各對應版本的闡述，可得如表 11.3 所示，說明特定覺支如何現前：

表 11.3 覺支現前

覺支	現前
念	於內或於外的善法或惡法
擇法	於內或於外的善法或惡法
精進	身或心與善法或惡法的關聯
喜	喜達到初禪或二禪
輕安	身、心輕安
定	定達到初禪或以上
捨	於內或於外與善法或惡法的關聯

五、療癒與諸覺支

　　修習覺支的潛在益處甚至包括療效，這可見於經典所記載有一次佛陀生病的時候。此段記錄有不同版本，可見於《相應部》和《雜阿含經》，以及部分保存在梵文和維吾爾文的殘卷裡。下文為《雜阿含經》的版本，一開始提到佛陀遊化途中生病，阿難為他準備休息的地方，由文字敘述所得的印象是當時的痛苦一定劇烈難熬。在躺下之後，佛陀對阿難說：[31]

　　〔佛〕告尊者阿難：「汝說七覺分。」時，尊者阿難即白佛言：「世尊！所謂念覺分，世尊自覺成等正覺，

---

[31] 今文和下兩個選文取自 SĀ 727 at T II 195c7-196a5。

　　說依遠離、依無欲、依滅、向於捨，擇法、精進、喜、
　　猗、定、捨覺分，世尊自覺成等正覺，說依遠離、依無
　　欲、依滅、向於捨。」

　　　佛告阿難：「汝說精進耶？」

　　　阿難白佛：「我說精進。世尊！我說精進。善逝！」

　　　佛告阿難：「唯精進，修習多修習，得阿耨多羅三藐
　　三菩提。」說是語已，正坐端身繫念。

　　《相應部》中的對應經文在事件背景上略微不同，佛陀
並不是在遊化途中，而是在迦蘭陀竹園，另為其背誦七覺支
的是均頭比丘。[32] 而實際背誦出的文本則強調七覺支已善
說，並可趣向證智、正覺、和涅槃。《相應部》的版本最後
結束於佛陀聽了背誦之後，他的病就痊癒康復了。[33]

　　《雜阿含經》接著描述有位比丘在親眼目睹所發生的一
切之後，當場作一首偈來誌念佛陀病癒，部分偈頌也保存在
梵文和維吾爾文的殘卷裡。《雜阿含經》的偈頌節選如下：

　　　樂聞美妙法，忍疾告人說，

　　　比丘即說法，轉於七覺分……。

　　　念、擇法、精進、喜、猗、定、捨覺，

　　　此則七覺分，微妙之善說。

---

[32] SN 46.16 at SN V 81,1（譯自 Bodhi 2000: 1581）。

[33] 《相應部》有二部類似經典 SN 46.14 和 SN 46.15，經中主要弟子也在
　　聽聞佛陀為其誦說七覺支後而痊癒。二部經典中的第一部有藏譯對應經
　　典 D 40 *ka* 281b1 或 Q 756 *tsi* 298a8，此經顯然是譯自巴利原典，參見
　　Skilling 1993。

闻說七覺分，深達正覺味，
身嬰大苦患，忍疾端坐聽。

梵文殘卷中明確提到正是因為親嘗覺支而在生理層面上
得有如此顯著的效果。[34] 此敘述意指憶念佛陀曾經由覺支所
獲得的成就，能引生喜的強烈感受並激發內在的精進，進而
對身體有巨大影響，對疾病有明顯功效。這首偈接著描述到
當正確聞法時，通常所會發生的：

闻說如實法，專心黠慧聽，
於佛所說法，得離欲歡喜。
歡喜身猗息，心自樂亦然，
心樂得正受，正觀有事行。

這偈頌說明修習七覺支不只局限於精進禪修而已。專心
聽法引生離欲的歡喜，因此身輕安且心樂而得定。明顯地，
有些覺支可由此種特定狀況而生起，並由此引向正知洞見。
儘管巴利對應經典中並未見有相對應的偈頌，但類似的
描述可見於《相應部》中另一段經文，其中說到七覺支皆可
在全心專注聞法時生起。[35]
正如前文所敘述，根據《相應部》的《法門經》，喜和
定兩個覺支可能伴隨著心的尋、伺，這兩個禪支是初禪特
徵，且是導向初禪的各個輕安階段的特徵；另外，無尋、伺

34　Waldschmidt 1967: 244；亦參照維吾爾版本 Gabain 1954: 13。
35　SN 46.38 at SN V 95,19（譯自 Bodhi 2000: 1592）。

的喜和定，視為更高禪定的特徵。若覺支於聞法時生起，就可以確定覺支如喜和定並不局限於只在精進禪修的深定中方可得。故此《法門經》提及內心有尋、伺的喜和定，最好是視為包含未完全證入甚深禪定時的善心喜和定。這結論可由《法門經》的對應經典獲得佐證，其經文在說到喜和定做為覺支時，完全沒有提到禪定。

六、念住與諸覺支

不論如何，很顯然地在禪修架構中七覺支是有著特別關聯。諸覺支如何得從念住禪修中生起，可見於《入出息念經》和《雜阿含經》中的對應經文。在對應經文中表明七覺支的排列順序正相應於其發揮覺醒之潛能的方式，其次序反映出隱含的進程，列於前的覺支有助於排列在後之覺支的生起。《雜阿含經》中的相關經文描寫這種動態關聯，其描述對於每一覺支的重要性也提供有用說明：[36]

> 身身觀念住，念住已繫念住不忘，爾時方便修念覺分，修念覺分已，念覺分滿足。
> 念覺滿足已，於法選擇思量，爾時方便修擇法覺分，修擇法覺分已，擇法覺分滿足。[37]
> 於法選擇分別思量已，得精勤方便，爾時方便修習精

36　SĀ 810 at T II 208b15-208c6.

37　巴利對應經典 MN 118 at MN III 85,17（譯自 Ñāṇamoli 1995: 946）指明以慧審查。

進覺分，修精進覺分已，精進覺分滿足。[38]

方便精進已，則心歡喜，爾時方便修喜覺分，修喜覺分已，喜覺分滿足。[39]

歡喜已，身心猗息，爾時方便修猗覺分，修猗覺分已，猗覺分滿足。

身心樂已，得三昧，爾時修定覺分，修定覺分已，定覺分滿足。[40]

定覺分滿足已，貪憂則滅，得平等捨，爾時方便修捨覺分，修捨覺分已，捨覺分滿足。[41]

同樣程序接著應用於四念住中的其他念住；也就是說，以念做為起始點，四念住中的任何一念住都可建立上述動態關聯，並以同樣方式導向修習覺支。

由此敘述中隱含之意旨，藉由修習第一個念住，所得之繫念可超越色身美麗的膚淺認知而洞察在體內較不吸引人的部位。繫念於隨觀這個身體也可導向於「切斷」這堅實的自我認同感，明示出整個身體僅是四大和合而成。就死亡來說，這常是現代社會習慣性地避開的主題，然在此主要是全然注意到自身死亡的必然，乃是生命中不可避免而必要的一部分。在此處任一或是任何其他念住禪修中，在安立念之後，行者擇法且精進，隨之而來的不執取可生起喜和輕安，

---

[38] 根據 MN 118 at MN III 85,26 精進是堅定不退。

[39] MN 118 at MN III 85,32 表明在此階段生起的喜，是非世俗喜。

[40] MN 118 at MN III 86,10 闡述略有不同，因其指出當身輕安時，有樂者心得定。

[41] MN 118 at MN III 86,16 則說到如是平等觀察定心。

心也能得定與捨。行者依此方法得遠離對身體的不善心理態度，發展出對身體的離欲，執著漸漸止息，行者愈來愈能學習放下對身體的認同感。

同樣的動態關聯也適用於其他念住，在安立念住之後，其他覺支相繼生起，依此修習趣向遠離、無欲、滅、圓成於捨。唯一差別在於每一念住的基本作法。念住於受隨觀，確實清楚注意到當下經驗的情感性質，而不是以慣性的操作去做出反應，由此生起明智。從心隨觀來說，隨觀洞悉雜亂的念頭，並在任何時刻皆能了知潛藏的心之狀態。關於諸蓋和覺支，其要務不僅是覺察到現前正在發生的，還必須清楚了知諸蓋或覺支現起或消逝的因緣條件。

《入出息念經》與《雜阿含經》對應經典說明一致，基於四念住中任何一念住來修行，可以如是修習七覺支而獲得明智與解脫。正是這種趣向正覺的可能性將七覺支列於法隨觀的核心，以及整體念住禪修的最頂點。覺支在這方面的重要性反映在經典的一個比喻中，即將七覺支譬喻為轉輪王的七珍寶。

七、轉輪王

轉輪王的概念是初期佛教經典中常有的主題，這主題根源於印度在佛教出現之前的王權觀念。[42] 在初期經典中，轉輪王做為佛陀於世間的對應人物，就像如來在精神領域具有至高無上的地位。

---

[42] Anālayo 2011b: 54f.

傳統上所描述的轉輪王具有神奇力量的七寶,其中第一是現於空中的神奇輪寶,確認此王為轉輪王(cakkavattin)的角色。此輪引導聖王和平征服全世界。在這以和平征服的過程中有神象和神馬幫助輪王隨心所欲地飛往各處,還有能照亮十方的神奇寶珠。其他珍寶則是人類,包括美麗絕倫和性格仁慈的皇后,能隨意造出財富的管家,以及能完成所有命令的將軍。

《相應部》和《雜阿含經》中的對應經文將此處所描繪的意象應用於七覺支上,出自《雜阿含經》的相關經文如下:[43]

> 轉輪聖王出世之時,有七寶現於世間,金輪寶、象寶、馬寶、神珠寶、玉女寶、主藏臣寶、主兵臣寶。如是,如來出世,亦有七覺分寶現。[44]

雖然《相應部》中的經文在相似的比喻後就停止,《雜阿含經》裡的對應經文則繼續說到轉輪王如何於齋戒日(uposatha)站在宮殿頂,看著千輻金輪在空中向他飛來。親見其境後,他了解自己確實是轉輪王,在輪寶近身時,他能承接且轉動它。隨著輪寶在空中做為前導,轉輪王和軍隊向所有四方進軍,和平地征服世界,受到當地國王的歡迎,懇切歸順於他的統治。

雖然經典本身沒有提供一對一的對應關係,我們似乎可

---

[43] SĀ 721 at T II 194a6-194a9.

[44] 巴利對應經典 SN 46.42 at SN V 99,3(譯自 Bodhi 2000: 1594)沒有指明輪寶是金輪,或珠寶是神珠。

以安全地依據論藏傳統所說轉輪對應於念覺支。[45] 若描繪出此意象的暗喻，由已安立的念住在正道上導引，使正道明淨，得以和平地征服自己內心的宇宙。以念住為前導的降伏，啟動念輪於自心宇宙，使修習者成為個人經驗世界的精神輪王。如此念住成為覺支，成為念住禪修皇冠上的珠寶。

在初期佛教的解脫道上，轉輪王七寶意象突顯了覺支的核心地位和重要性。原因單純如其名所示——趣向正覺。

八、修習覺支

鑑於覺支的這種潛力和顯著重要性，下文將就目前為止已討論的經文為依據，從修行角度試圖總結修習覺支的基本面向。首先討論修習覺支需要導入的四個禪修主題，即需依遠離、依無欲、依滅、向於捨。在討論這四個主題之後，再轉向七覺支本身。

將修習覺支的四個面向帶入修行的一種可能但當然不是唯一的方法，即導入遠離這一主題，特別是「遠離不善法」。做為進入禪定的入門方法的一部分，在初期經典中「遠離」這詞經常出現，「遠離不善法」可視為修行訓練中各階段的總結，可藉由深定而體驗到遠離的快樂。這種遠離代表已建立戒行上的穩固基礎，以及內心離執的健全程度，因此不再為世間的事物所牽制。

「無欲」的巴利語經常出現在第三聖諦渴愛滅盡，具有「消退」的另一意義，意味著渴愛消退。故此無欲是逐步

---

45 Spk III 154,19.

「渴愛消退」,可總結為此詞語所暗指的與覺支的關係。這指出覺察渴愛的需要,不管其標的為何,無論其現起於何處,都要一步一步地逐漸趨向消退。

最後,「滅」發生在苦滅時最為突出,根據緣起(*paṭicca samuppāda*)法是無明滅盡的結果。雖然唯有達到究竟正覺才能止息一切苦,但是在此時此地可以體驗到暫時息滅特定苦的現起。

簡言之,在無意排除其他可能詮釋的情況下,依此理解方式所得的前三個觀點是:

- 遠離不善法
- 無欲而渴愛消退
- 苦的逐漸滅除

這三個面向可想像成三腳架的三隻腳,在這三隻腳的支撐下,便有了「捨」或「捨棄」的適當位置,因為此三者可確保捨具有適當種類。所以產生的圖像會像圖 11.1。

圖 11.1 修習覺支基本面向

捨

遠離、無欲、滅

七覺支中的每一支都需安立三腳架,從念覺支到捨覺

支，每一覺支都應是依遠離、依無欲、依滅、向於捨。

　　即使這些素質明顯傾向於觀法，同時這也正是其如何實現七覺支的正覺可能，但覺支本身應該同時含攝止和觀。根據《聲聞地》的說明，擇法、精進、喜涉及修觀，而定、輕安、捨涉及修止，念則與兩者皆有關。[46] 這與將七覺支區分為有些是活化而有些是平息的分類法一致。

　　在某種程度上來說，擇法和精進覺支，相似於《念住經》在「定義」部分中提到的念住隨觀核心素質，根據此經，行者應修「精勤」（＝精進）和「正知」（＝擇法）。

　　雖然念之後的前兩個覺支確實表達出比較是修觀導向的觀點，但喜覺支並不同，因為喜也是修習輕安和定的重要基礎。因此喜做為覺支並不局限於修觀。

　　同樣地，儘管捨在獲得禪定上起著重要作用，該素質在修觀上也具有相當的重要性。捨與修觀的關係反映在捨覺支的滋養食之定義，以及其分別發展的描述裡。不同於喜和定的例子，這些定義和敘述完全沒有涉及禪定。因此捨覺支可以是對於內法或外法，對於善法或不善法，並與斷、無欲、滅的禪修主題有密切關係。整體而言，這些說明清楚表達對於修觀的重視。

　　在初期佛教思想中，觀和止有著相輔相成的特質，如果要成就解脫道的果，則兩者都是必須的。既然很自然地可知止觀兩者構成覺支的基礎，若有人認為覺支僅關涉修解脫內觀，或者只是做為修定入禪那的方法，如此理解對初期經典而言是不公允的。

---

46 *Śrāvakabhūmi*, Shukla 1973: 326,5.

　　在圖 11.2 中，試圖整合覺支的主要面向，做為修習止觀
二者的一種方式。七覺支的修習順序是依據《入出息念經》
和《雜阿含經》對應經典，並用箭頭描繪覺支如何彼此建
立。分配＋和－的符號，反映《火經》和《雜阿含經》對應
經典中覺支分間活化或平息的作用。三腳架做為每一覺支的
位置標誌，意味著每一覺支都需依遠離、無欲、滅、趣於捨
來修習。右半側依序是觀的領域，左半側則連貫於止的範
疇。

圖 11.2 綜觀覺支修習

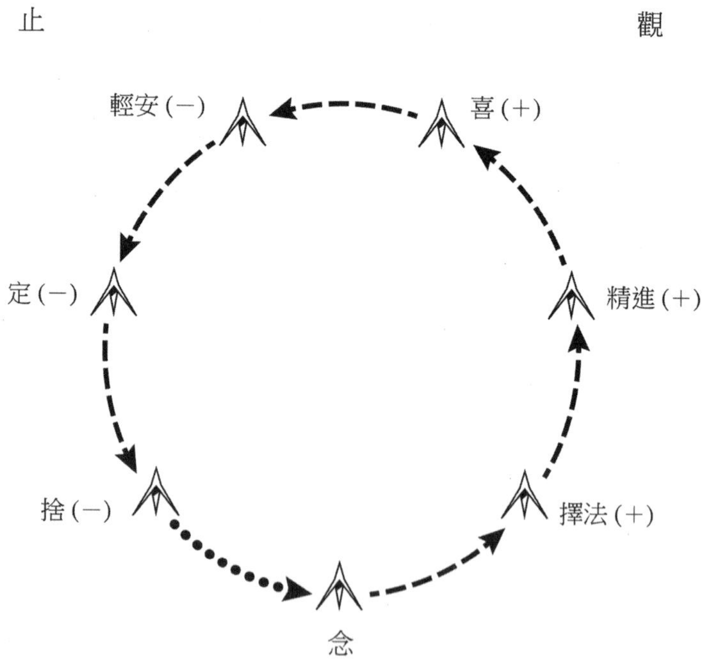

止　　　　　　　　　　　　　　　　　　觀

輕安（－）　　　　　　　　喜（＋）

定（－）　　　　　　　　精進（＋）

捨（－）　　　　　　　擇法（＋）

念

　　念立於底部，是所有情況都需要的覺支。在座標系統中念是 0 點，為整個系統的基礎。綜合《火經》和《法門經》覺察善法或不善法。

　　從念向上移動到座標系統中十區域的覺支，根據《火經》和對應經典是心呆滯時的活化力量（＋）。擇法覺支和精進覺支與觀有密切關係，兩者都可與善法或惡法有關，擇法可安立為於內或於外，精進可以是身和心的。

　　喜覺支從圖右側觀跨越到左側止。喜仍然是歸類於活化的（＋）覺支，同時以喜為基礎銜接著修止。這可以是任何程度的喜，直到包括初禪的喜，以及二禪的喜。

　　其餘覺支令心平靜（－），修止最明顯的是輕安和定兩個覺支。輕安覺支可以是身輕安和心輕安；定覺支可達到包括初禪，或者是更高的禪定。

　　如此依序引導至捨覺支，由斷、無欲、滅等特質而引生。捨覺支可與善法或不善法有關，也可以是於內或於外。

　　根據《念住經》和《中阿含經》裡對應經文的教導，綜觀捨覺支的建立是念住修習的一部分。就修行而言，這指出捨和念之間的相互關係，這種相互關係的一個重要層面是捨的現起進而強化念，[47] 在圖中這是由箭頭移動從捨到念來表示。隨著捨回饋到念，修習七覺支的循環相續不斷，一切時都依遠離、依無欲、依滅、趣於捨（圖中三腳架所示）。

　　仔細觀察覺支次序中的各個階段，顯示出更深層的修行關係。從修觀來說，念應該引生擇法，進而應生起精進，放在目前的修習架構下，會特別強調修行的持續性，表示對當

---

[47] Ṭhānissaro 1996: 154 解釋：「捨做為覺支在世間道可以反饋在禪修過程中，為更相續不斷的念提供穩定基礎。」

前修行的努力堅持。這次序指出在修習隨觀時加入鑽研究問和敏銳求知的特質，可以增進行者念住修習的連貫性。

這種究問態度的例子可見於《增一阿含經》隨觀四界教導中，其中說道應如是隨觀：「此身有地種耶？水、火、風種耶？」以同樣方式，例如可觀察身體自問：「真的有吸引力嗎？」而不是隨觀身體的不美麗。或是以探問方式來隨觀：「它在變化嗎？」而不是看待事物為無常。這種究問模式可為修行提供真正擇法的洞察力，更容易把念安住於所緣對象上，以此方式自然地變得有趣了。

隨著修行的持續漸進，行者可以就只保持這樣詢問的態度，不會在概念上用言語表述特定問題。事實上，擇法最好不要以過度延續的智識思惟的這種方式，因為這樣會使精進力分散。若能避免這種狀況，從念開始修起的擇法可產生精進動力，以維持順暢修行。以念住與擇法興味的結合為基礎，以此方式的修行順暢而不費力。

持續地進行這種念住修習，有時可能不是很愉悅，例如當行者必須面對自己的缺點時，或當長期的信念受到質疑時。不過從長遠來看，適當地發展起的觀應該會帶來喜。就圖 11.2 而言，念、擇法、精進應進而生喜，這會是另一個重要的指示，有助於檢驗行者長期修行的進展，真正的修行遲早都會導致放下的喜悅。

喜進而是修止的關鍵，無論選取什麼禪修所緣境來令心專注，只要在專注所緣境時，成功生起屬於善法的喜，自然會引生輕安和定。在此輕安對高度生起的喜有平衡作用，因而確保心能專注。從喜轉移至輕安需要導引，從圖右側的活化（＋）移動到圖左側的平息（－）。

　　善的喜和輕安的自然結果是定，由此而展現出真正內在的美好和心的力量。捨成為下一個，是修習七覺支的頂點，這種捨含攝有達到更深層定所需的平衡，以及出定後和轉向修觀的離執。

　　在特定時間點的個人修習上，如果整體強調的重點是修止，在圖 11.2 右側從念到喜的前幾個階段，可能在實際修行中所占的空間較少。這或許可以當作一個檢查，看看諸蓋是否現前（擇法），捨斷現前的諸蓋（精進），然後捨離諸蓋心喜悅（喜），以做為修習輕安和定的基礎。

　　如果另外修觀成為個人修習的重點，自然會更強調應用念修習擇法，且能相續不斷（精進）。在圖左側，如輕安和定這些覺支，可理解為在身心處於靜止狀態時的背景因素，如此能避免因外來干擾而散亂分心。

　　做為整個修行的支柱，必須要穩定地立基於念，而且須要持續致力於捨的平衡。這與精進修行及日常生活皆有關，於此持續地繫念並維持平等捨之間的心理平衡是為基石。無論在何種情況下，能趣向正覺的任何覺支的建立，是在於當遠離、無欲、滅引向於捨時。

九、結語

　　當透過念住修習法啟動善立念住的輪轉時，以修習七覺支而令正道明淨，以此和平征服自心內的宇宙。當心呆滯時，此修習重心放在擇法、精進、喜；或由輕安、定、捨對治擾動的心。當內心的七寶依遠離不善法，依無欲渴愛消退，依逐漸苦滅，此時其正覺潛能受到激發，因而捨的層次

愈來愈高，最終直至無上捨，體驗涅槃。

第十二章　念住禪修

　　下文中，將討論在《念住經》和其對應經文之外的經典中與念住有關的部分段落。首先會討論以十六行入出息念架構做為修習四念住的方法，之後再探討另一套佛陀自身所修習的三種念住。然後會引出的接下來的主題，即是以念住禪修做為結合自我修習與關懷他人的一種方法。最後會是由《念住經》最後一部分和《中阿含經》中的對應經文裡所見的一段預示，有關於念住修習邁向證悟涅槃的漸次性質。

一、入出息念教導

　　回顧現存三部經典版本對四念住的比較研究，得出以下幾個關鍵：修習念住能更全面地覺知身體中常被忽略的一些層面，即身體並無根本不變的美麗、身體的無我性質、其不可避免會死亡和崩壞的事實。如是隨觀身自然將念定錨於身體。從受隨觀來說，其要務是以接納的態度覺知領納各種感受，但不立即做出反應。就心隨觀而言，以覺知來透視心內表層連續不斷的思想，並辨認出其下潛藏的心理狀態。從法隨觀來看，念住可督促捨除諸蓋和建立諸覺支，直接促進邁向解脫。

　　四念住也可用單一所緣境來修習，一個說明這種可能性的例子是入出息念十六行的教導，見於《中部》的《入出息念經》，其對應經文可見於《雜阿含經》以及大眾部《摩訶僧祇律》。根據各對應版本中非常相似的描述，以入出息念

的十六個步驟來說明四念住修習,每一念住都以十六行中的
四個步驟來實行,以極為實用的方式說明四念住如何以單一
修行法相互關聯。

《雜阿含經》中的經文敘述行者如何首先覺知入息和出
息,接著依十六個步驟如下進行:[1]

> 念於內息,繫念善學; 念於外息,繫念善學:
>
> (1)息長,(2)息短。(3)覺知一切身入息,於
> 一切身入息善學;覺知一切身出息,於一切身出息善
> 學。(4)覺知一切身行息入息,於一切身行息入息善
> 學;覺知一切身行息出息,於一切身行息出息善學。
>
> (5)覺知喜,(6)覺知樂,(7)覺知心行,(8)
> 覺知心行息入息,於覺知心行息入息善學;覺知心行息
> 出息,於覺知心行息出息善學。
>
> (9)覺知心,(10)覺知心悅,(11)覺知心定,
> (12)覺知心解脫入息,於覺知心解脫入息善學;覺知
> 心解脫出息,於覺知心解脫出息善學。
>
> (13)觀察無常,(14)觀察斷,(15)觀察無欲,
> (16)觀察滅入息,於觀察滅入息善學;觀察滅出息,
> 於觀察滅出息善學。

大眾部《摩訶僧祇律》中在首先安立吸入與呼出的覺知
之後,入出息念的十六行依次是類似的模式,其敘述如下:[2]

---

[1] SĀ 803 at T II 206a27-206b11 原文中有縮減,此處和下面的譯文已加上數
   字,以便於分別不同的步驟。

[2] T 1425 at T XXII 254c14-255a4.

息入時知息入，息出時知息出：

（1）息入長時，知息入長；息出長時，知息出長。

（2）息入短時，知息入短；息出短時，知息出短。

（3）息入遍身時，知息入遍身；出息遍身時，知出息遍
　　　身。

（4）入息身行捨時，知入息身行捨；出息身行捨時，知
　　　出息身行捨。

（5）入息喜時，知入息喜；出息喜時，知出息喜。

（6）入息樂時，知入息樂；出息樂時，知出息樂。

（7）入息意行時，知入息意行；出息意行時，知出息意
　　　行。

（8）入息意行捨時，知入息意行捨；出息意行捨時，知
　　　出息意行捨。

（9）入息知心時，知入息知心；出息知心時，知出息知
　　　心。

（10）入息心悅時，知入息心悅；出息心悅時，知出息
　　　心悅。

（11）入息心定時，知入息心定；出息心定時，知出息
　　　心定。

（12）入息心解脫時，知入息心解脫；出息心解脫時，
　　　知出息心解脫。

（13）入息無常時，知入息無常；出息無常時，知出息
　　　無常。

（14）入息斷時，知入息斷；出息斷時，知出息斷。

（15）入息無欲時，知入息無欲；出息無欲時，知出息
　　　無欲。

（16）入息滅時，知入息滅；出息滅時，知出息滅。

二、十六行

在《雜阿含經》和大眾部《摩訶僧祇律》中的教導跟《中部》的《入出息念經》非常相似，鑑於這些文本各自分別代表根本說一切有部、大眾部和上座部傳統，這顯示出深度的一致性，可以肯定地得出結論：即十六行是初期教法中共有的部分。

此教導是從長息（1）至短息（2），至全身（3），至身行（4），對應版本的差異在於這些步驟是否應被視為一種學習模式。《雜阿含經》自始至終皆提到善學，大眾部《摩訶僧祇律》完全沒有提及學習，《中部》版本中學習則從第三步驟開始。[3]

大眾部《摩訶僧祇律》的闡述為理解第三步驟提供了有用的指示，因其說到「遍身」。這佐證了對這一步驟的理解涉及擴大覺知，當行者呼吸時，從前兩個步驟體驗整個呼吸長度，到呼吸時能覺知全身。大眾部《摩訶僧祇律》另一個值得注意的面向，是說到「捨」身行而非「息」身行，這兩種敘述似乎是從互補角度說到修行的同一個面向，因為這個階段的平息正是由於捨的態度而引生。

下一組四個步驟包括喜（5）、樂（6）、心行（7）、息心行或捨心行（8）。這三個版本是在持續覺知入出息的背景下安立這些步驟，帶出的印象是這種進展並不限於實際的禪

3　MN 118 at MN III 82,32（譯自 Ñāṇamoli 1995: 945）。

定成就。相反地，一種至少在我看來更有說服力的解釋是這些步驟是任何行者只要能夠在心中生起某種程度的善喜或樂就都可以體驗到的，毋須要進入禪定。

接下來四個步驟的學習也是一樣，關涉到覺知心（9）、心悅（10）、心定（11）、心解脫（12）。對應版本間相當一致，除了一樣的差異在於這些步驟是否應視為一種學習。在這組的第四個步驟中，心「解脫」的概念不須視為絕對，[4]而是可以單純地解釋為任何暫時形式的從內心諸蓋或不善法中解脫。

最後一組的四個步驟則出現了顯著差異，《雜阿含經》和大眾部《摩訶僧祇律》是無常（13）、斷（14）、無欲（15）、滅（16）。[5]而根據《中部》《入出息念經》最後四個步驟的主題是無常（13）、無欲（14）、滅（15）、棄捨（16）。[6]以下將二組模式一起排列，以便於相互比較對照：

　　無常──斷──無欲──滅（大眾部和根本說一切有部）

　　無常──無欲──滅──棄捨（上座部）

4　見上述討論頁 187。

5　《聲聞地》*Śravakabhūmi*, Shukla 1973: 231,6 有類似的敘述；亦參見號稱 *Yogalehrbuch*, Schlingloff 1964: 82f。關於十六行架構的差異保存在其他中文典籍，參見 Deleanu 1992: 51f。

6　《決定義經》*Arthaviniścaya-sūtra*, Samtani 1971: 45,1 和《解脫道論》T 1648 at T XXXII 430a5 在這方面與 MN 118 一致。

在入出息念最後四個一組中，有三個主題是對應版本間的共同點如下：

無常──無欲──滅

從實修的角度來看，「無欲」可以以斷除欲的形式含攝「斷」，而「滅」與「棄捨」是密切相關的。因此這些未在每個版本中都提及的面向，至少在某種程度上，仍然相符合於所有三個敘述共有的三項基本主題。

這三個主題與初期經典中慣用的觀法的發展有相當密切關係，從無常想，到見凡無常者都是苦，然後理解苦都是無我的。[7] 以此方式禪修的動能順勢開展，其中三種特徵彼此相依而建立：

無常──苦──無我

入出息的無常性，是所有版本中最後一組四個步驟的共同起點。事實上，覺知無常構成了貫穿整套十六個步驟的背景主題，由覺知入息和出息之間的區別來導入，最後四個步驟中的第一步驟更加強調呼吸必然變化的事實，因此當下這無常性從幕後轉換至行者關注的前台。如是入出息甚至可用來做為修習隨觀死亡中被推薦的修法之一，如在隨觀腐屍的章節中提到：行者覺察當下的呼吸可能就是最後一口氣的事

7　參例 AN 7.46 at AN IV 46,21（譯自 Bodhi 2012: 1031，經號 48）；相同動力出現在 DĀ 2 at T I 11c28, MĀ 86 at T I 563c17, SĀ 747 at T II 198a20 和 EĀ 37.10 at T II 715b4；更詳細討論參見 Anālayo 2012a: 42ff。

實。

在下一個步驟，無常體驗被視為是趣向離欲，因為不能產生持久的滿足，即是苦（dukkha）。無欲生起正是因為深刻了知無常，由此漸進而有的不執取是修習無我體悟的關鍵，這種體悟是之前內觀無常和苦的自然結果。換句話說，一旦以離欲得視無常為苦，自然根深柢固的各種我見減弱並止息，整體的個人經驗揭露出沒有任何得以支持證明「我」慢或「我的」所有的可能。如此一來，心就能準備好以終極意義的涅槃體證而止息。

三、十六行和四念住

《雜阿含經》中另一段包含十六行的經文說明了其與四念住的相互關係。[8] 這段經文指明四個步驟為一組，各組分別以身、受、心、法為所緣對象，因此每一組是針對四念住其中之一進行修習。

即使基本關係是一致的，對於第二組、第三組、第四組中的個別步驟，《入出息念經》對背後的原理的解說則有所不同。根據此經的說明，第二組四步驟包括體驗到喜、樂、心行、止息心行，以此實踐受隨觀，因為仔細地注意入出息可認為是諸受中的一種。[9] 這個解釋並不完全直截明瞭，因為在經文中其他部分並不認為注意（manasikāra）是一種受。[10]

8　SĀ 810 at T II 208a29（譯自 Anālayo 2007b）。

9　MN 118 at MN III 84,9.

10　Ps IV 140,14 覺察到這段經文困難的地方，並解釋其說法只是一種比喻

第三組四步驟是覺知心、心悅、心定、心解脫，根據《入出息念經》是對應於心隨觀，因為在忘失念且不正知時，是無法適當修習入出息念。[11] 雖然確實是如此，但入出息念的其他步驟也同樣需要念和正知，因此並不清楚為何在此可用以建立心隨觀和入出息念這組四步驟之間的關係。

《入出息念經》表明最後一組四個步驟觀察無常、無欲、滅、棄捨，是對應於法隨觀，因為在這階段行者以智慧鑑知貪婪和不滿已斷除而能以捨心來面對一切。[12] 為何這特別適用於法隨觀也是不明確的，因為根據《念住經》要捨離貪婪與不滿足必須要修習四念住，因此貪婪與不滿足的捨斷，不會只是跟法隨觀有任何特定關係。

根據巴利註釋，入出息念最後四個步驟和法隨觀之間的關係，可以在提及「具智慧」見到貪婪和不滿足的捨斷的參考文獻中找到，這裡提到的智慧應該理解為表示隨觀無常等而生起的洞察智慧。[13]

隨觀無常等，藉由強調智慧的發展，當然可以強化入出息念的修習。然而依據《念住經》，隨觀無常與四念住中的每一念住都有關係，在每一念住都應如是觀察生滅性質，由此引生住於「無所依止，不執取世間的任何事物」。雖然這闡述與入出息念所使用的措辭不同，但基本義涵似乎是相同的。因此「具智慧」的見解，原則上可以在四念住的每一念住修習，而不僅限於第四念住法隨觀。

的方式，非指作意本身，而僅指其對象。

[11] MN 118 at MN III 84,23.

[12] MN 118 at MN III 84,33.

[13] Ps IV 142,4.

對比《入出息念經》所提供的說明，《雜阿含經》中對
應經文的解說更為直接明瞭。入出息念在四組各四步驟中分
別以身、受、心、法為所緣境，故此四組對應於身隨觀、受
隨觀、心隨觀、法隨觀為念住修習。

《入出息念經》和《雜阿含經》對應經文一致提及，四
組入出息念的每一組——代表一個念住修習——經由修習覺
支可各自成就達到解脫。[14] 換句話說，修習四念住中的任何
一念住都有可能直接達到解脫。

四、修習十六行

下文中會從實修的角度簡要審視十六行，但並無意以此
解說為唯一可行之說法。實踐這種修行的一種可能作法，可
從觀察呼吸的持續期間，及其與身體關係開始，以此方式了
知入出息和身體的本質，就像是以隨觀身分、隨觀四界、隨
觀腐屍來觀察身體的本質，不過在後者的情況下，是以更不
容易的方式來探究身體本質。

由繫念於隨念呼吸引生內在平靜而覺知喜樂，成為受隨
觀的修習，特別是非世俗的樂受。從第二個念住來說，於
此，念住看來是要覺知諸受現前，也許還必須在此覺受被心
思散逸等其他受所取代時，能即時警醒禪修者。當覺知喜樂
引生覺知心行和心平靜止息時，便會有更進一步的進展。這
一切都是在持續覺知呼吸之無常本質的背景下進行，當繫念

---

[14] MN 118 at MN III 85,8 和對應經典 SĀ 810 at T II 208b15 指出四念住中的
任何一個念住，都可成為實踐七覺支等的基礎。

於當下的入息或出息時，可以清楚體驗到每一個覺受。

　　繼續修行，便可透過覺知心、心悅、心定、心解脫，而到更進一步的精調冶煉，即是心隨觀的修法。這與在《念住經》和其對應經文中皆有表列出的心之狀態中的心定和心解脫有關聯。

　　法隨觀則需要思惟無常以及其他與洞見有關的觀點，從而導入正覺之道的核心主題。這與應該要隨同諸覺支一起修習的四個面向非常相似，即依遠離、無欲、滅、趣向捨的修持。

　　如是入出息念十六行架構可以提供一種修習的模式，依單一的禪修所緣境巧妙地修習四念住。這顯示出此處的問題不在於選擇的所緣境——這裡的例子是指入出息，因此也是身體的一個面向——而重點在於以四念住中的四個面向來觀這個所緣境。

　　不言而喻，依此法修習並不只是覺知入出息的副產品。相反地，以此十六行架構修行須要有意識的精進以擴大行者的覺知。在已安立入出息念的基礎上，有意地以此方式修行以能進一步發展至覺知整個身體、諸受、心之狀態、無常等。

五、一個靈活的修行方法

　　由各經典所得的印象是入出息念十六行並不是佛弟子在覺知呼吸的修行上唯一用到的方法。《相應部》和對應經文

中描述佛陀詢問一群比丘，是否修習入出息念？[15] 當答覆是
強調心捨離意欲的相對簡單描述後，佛陀給予認可。接著顯
然是依此禪修主題而擴展出不同面向，佛陀闡述了十六行。
在另一段《中部》和其《增一阿含經》中對應經文的敘述
裡，佛陀的兒子羅睺羅被告知要修習入出息念，而當他再回
來請求更詳細的教導時，佛陀才教授他這十六行修習架構。[16]

這些經文給人的印象是，佛弟子們可自由發展出各自練
習禪修的方法。另一例子是前面章節曾討論過的關於隨觀死
亡的教導，此處亦是一樣，經文也敘述佛陀詢問一群比丘如
何進行修習來開啟這主題，得到各種不同的回覆。[17]

這些經文傳達的印象是，初期經典中禪修指導是很靈活
善巧的。這些都是對修行的開放式啟發，通常是以簡潔的方
式教導，而非提供一個固定的程序並要求每個人都必須以最
細微的方式實踐。這也就進一步說明為何只有《念住經》和
其對應經文才有關於念住的詳細教導，而相較之下，在其他
經典更常見的是只提及四念住的簡要指導，留給個別行者各
自體驗如何得以實踐。[18]《念住經》和其對應經文並不是固
定且唯一的修行念住禪修之方法，這一點其實就隱含在《入
出息念經》和其對應經文中，其中所有四念住都可以呼吸這
單一個所緣境來修習。

---

[15] SN 54.6 at SN V 314,25（譯自 Bodhi 2000: 1768）和對應經典 SĀ 805 at T
II 206b26。

[16] MN 62 at MN I 421,24（譯自 Ñāṇamoli 1995: 527）和對應經典 EĀ 17.1
at T II 582a6。

[17] 見上文頁 126f。

[18] 見上文頁 234。

　　因此入出息念十六行架構可理解為一種開放式的引導，以靈巧善用四念住來豐富個人修行，從而顯現出其協同的效果。四念住的協同效果可見於《相應部》中的一個譬喻，在《雜阿含經》中也有對應經文。《雜阿含經》中的相關段落如下：[19]

　　　如四衢道有土堆壠，有人乘車輿從北方顛沛而來，當踐蹈土堆壠不？

　　正如從北方來的人的確能壓平土堆，同樣地從任何其他三個方向來的人也能這樣做。修習四念住也是相同的。根據《雜阿含經》的敘述，四念住中的每一念住都可導向了知內在的善法，或依據《相應部》的對應經文，四念住中的每一念住都能平服不善的狀態。[20] 這譬喻說明儘管每一念住各自都能實質上平服不善之狀態，但是結合四念住則能更強而有效地平息自心中累積的煩惱土堆，猶如馬車從四方奔馳而來時，土堆將很快減少至完全不剩。

　　透過說明如何結合四念住一起修習，入出息念十六行的描述在初期經典中為修心方法提供了一個獨特的例子。藉由一個靈活的方法來交織並善巧地結合禪修的各個層面，整個解脫道可依循著像呼吸這般簡單的所緣來展開。

　　在《相應部》與其在《雜阿含經》對應經文中的一個譬喻以廚師為例說明了以善巧方法來修心的必要性。《雜阿含

---

[19]　SĀ 813 at T II 209a17-209a19.

[20]　SN 54.10 at SN V 325,7（譯自 Bodhi 2000: 1777）。

《經》的相關經文如下：[21]

> 譬如：廚士愚癡，不辨、不善巧便調和眾味，奉養尊
> 主，酸鹹酢淡，不適其意。不能善取尊主所嗜，酸鹹酢
> 淡，眾味和之。
>
> 不能親侍尊主左右，伺其所須，聽其所欲，善取其
> 心，而自用意調和眾味，以奉尊主。若不適其意，尊主
> 不悅，不悅故不蒙爵賞，亦不愛念。

《相應部》中的對應經文指出愚鈍的廚師沒有注意到他
正在服侍的國王或大臣是否吃了很多東西，是否拿了特定菜
餚並稱讚其味道。[22] 在這兩個版本中所舉出的愚鈍的廚師做
為例子，說明這樣修習四念住不能有效地斷除煩惱，也不能
令心安頓而入定。

將這譬喻應用在入出息念上，呼吸是個平淡的所緣，本
身是乏味無趣的。有些禪修者也許能很自然地將心順利導向
這所緣並攝心在此，但對其他禪修者來說這是很困難的，就
只是因為呼吸本身並無法引起注意。他們的難處可比擬為獲
得一碗平淡的白米飯，本身就是無味的。正如只有白米飯一
般，此人很快就會尋找一些東西來增加飯食的味道，所以將
心導向像是呼吸這樣無趣味的所緣就會覺得沉悶無趣，自然
地會轉向較有吸引力的事物，像是回想起過去的記憶或是擬
定未來的計畫。當這種狀況發生時，不須要堅忍地繼續吞下
平淡的白米飯，甚至像是計算嚥下的每一口飯來做為強制進

21 SĀ 616 at T II 172b27-172c4.
22 SN 47.8 at SN V 150,2（譯自 Bodhi 2000: 1634）。

食的額外方法。相反地,以十六行架構做為協助,行者可採行使心更易專注於所緣境的其他方法。

根據《入出息念經》和其對應經典所提供的食譜,善巧的廚師可用十六道不同菜餚來佐拌呼吸這樣的白米飯,來讓心生喜悅。這可以確保呼吸變得足夠美味,得以令心歡喜且保有興味。透過導入種種不同觀點以及鼓勵善行喜樂的生起,以此方式打開對呼吸的胃口,將大有助於令心安住在呼吸上。原因很簡單,就是這樣的方法可以自然地對於選取的禪修之所緣境產生興趣。

如同覺支一般,念住和喜悅是很重要的「廚房用具」。念住不僅只專注在呼吸上,而且還要覺知與呼吸有關的各種方面。最重要的是,念住是在於覺知心是如何進行當下的修習,正如善巧的廚師需要知道主人喜歡什麼菜餚。在安立念住之後,修習者了知什麼令心喜悅,什麼可以引生善喜,以及什麼令心感興趣並且投入。之後這便可善巧地用於促進修行的進展。無需贅言,這同樣適用於不以入出息為基礎的四念住修習。如是善巧依循心的自然傾向而行,可大有助於行者在正道上加速進展。

六、三念住

除了在《念住經》、《入出息念經》及其對應經典中可見的四念住修習架構之觀點以外,早期經典也提到一組三念住。這是有關於佛陀身為師長的角色之情況。三念住的敘述可見於《六處分別經》以及漢譯和藏譯的對應經典中。在漢

譯《中阿含經》裡對應於《六處分別經》的相關經文如下：[23]

> 如來為弟子說法，憐念愍傷，求義及饒益，求安隱快樂，發慈悲心，是為饒益，是為快樂，是為饒益樂。
>
> 若彼弟子而不恭敬，亦不順行，不立於智，其心不趣向法、次法，不受正法，違世尊教，不能得定者，世尊不以此為憂慼也。但世尊捨無所為，常念常智，是謂第一意止，謂聖人所習，聖人所習已，眾可教也……。
>
> 若彼弟子恭敬順行而立於智，其心歸趣向法、次法，受持正法，不違世尊教，能得定者，世尊不以此為歡喜也。但世尊捨無所為，常念常智，是謂第二意止，謂聖人所習，聖人所習已，眾可教也……。
>
> 或有弟子而不恭敬，亦不順行，不立於智，其心不趣向法、次法，不受正法，違世尊教，不能得定者。或有弟子恭敬順行而立於智，其心歸趣向法、次法，受持正法，不違世尊教，能得定者。世尊不以此為憂慼，亦不歡喜，但世尊捨無所為，常念常智，是謂第三意止，謂聖人所習，聖人所習已，眾可教也。

儘管在上文《中阿含經》中的闡述並未指明，但在《六處分別經》和藏譯對應經文中則都清楚指出，主要問題在於當佛陀教授指導時，弟子們沒有恰當地聆聽。[24] 因此三種念

23　MĀ 163 at T I 693c24-694a19.

24　MN 137 at MN III 221,8（譯自 Ñāṇamoli 1995: 1071）和 D 4094 *nyu* 59a3 或 Q 5595 *thu* 101b3 各自的敘述一開始表明弟子們不（或有）善「聽」、「傾耳聽」。

住或是三念住（*satipaṭṭhāna*s）指的是以下三種情況：
- 弟子們沒有聆聽
- 弟子們聆聽
- 有些聆聽，有些未聆聽

《中阿含經》記載在這三種情況下，佛陀都全然了知當下發生的事，但不受其影響。在確知弟子沒有聆聽時，他不感到失望；當弟子得以領受其教導時，他也不因此而歡喜。藏譯的對應經典與《中阿含經》的說法很相似。

然而根據《中部》的《六處分別經》，當弟子們沒有聆聽時，佛陀並不滿意；[25] 當有些弟子聆聽時，佛陀既非滿意也非不滿意；當所有弟子們都傾耳聆聽時，佛陀是滿意的。換句話說，依據巴利經文的說明，佛陀的態度似乎是取決於弟子們聆聽與否而有所不同。

除了出現在《六處分別經》和其對應經典之外，三念住亦散見於其他典籍中，例如《阿毘達磨俱舍論》、《大智度論》、《大毘婆沙論》以及《翻譯名義大集》等。這些典籍都與《中阿含經》版本的敘述一致，強調佛陀的態度在這三種情況下都不受影響。[26]

《中部》的《六處分別經》所說不但不同於其對應經文和其他典籍，而且在某種程度上亦有別於同屬上座部巴利藏

---

25 MN 137 at MN III 221,10.

26 《阿毘達磨俱舍論》T 1558 at T XXIX 140c26 和 T 1559 at T XXIX 292a6（梵文版本 Pradhan 1967: 414,11 沒有完整提供所有的三種狀況），《大智度論》T 1509 at T XXV 91b24，《大毘婆沙論》T 1545 at T XXVII 160b20, T XXVII 942b16，以及《翻譯名義大集》*Mahāvyutpatti* 188-90，Sakaki 926/1962: 16f；進一步參考見 Anālayo 2011a: 787 n. 147。

經的《相應部》。根據此部經典的敘述，佛陀在指導眾人時的態度是超越喜歡或厭惡的。[27] 雖然喜歡和厭惡比滿意和不滿意是更強烈的反應，但這似乎很可能是《六處分別經》有傳誦的訛誤；也就是說，正確的表述可能是佛陀的反應都是一樣的，無論弟子們聆聽與否。[28]

比較三念住與四念住，值得注意的是，這組三念住與常見的身、受、心、法四念住並無任何明顯關係。四念住這組並當然符合於覺察說法時的三種狀況，即講者獲得聽眾的注意，或講者被聽眾忽略，抑或講者面對可能只有某些聽眾是專注的。

不過，在評估此差異時，須要謹記的是，四念住描述證悟之道，而三念住則描繪一位究竟圓滿覺悟的老師的態度。[29] 但明顯值得注意的是，佛陀做為正覺教導者的這三種態度，關聯到「念住」（satipaṭṭhāna）這個術語，而同樣的這個術語在其他經文中是指以隨觀身、受、心、法所安立的念住。

因此這兩個架構所共有的，似乎不在於繫念之所緣境，而在於適當安立念住後的理想心態。這種心態需要當下的心能夠不輕易生起好惡染著的反應。這似乎是三念住和四念住所共有的關鍵特徵。

心理平衡的概念也出現在前面曾探討過的提到失卻念住的段落裡，[30] 當念住適當地安立之後，行者能夠不起好惡地

---

[27] SN 4.14 at SN I 111,20；Kuan 2008: 29 所提的是對比 MN 137 的描述。

[28] 簡要討論可能發生的這類傳誦訛誤，參見 Anālayo 2011a: 786 n. 145。

[29] 然而正如 Weber 1994: 68 所指出的，三念住所描述的態度，理想上是任何佛教實踐者所應效法的。

[30] 見上述頁 37ff。

看待事物，單純就只見到所見的。簡言之，在我看來，念住須要能結合全然覺知當下所發生的一切與維持心理的平衡。

七、念住與平衡

以念住修習而維持平衡這樣的主題在描述兩位雜耍技師合作的譬喻中可見得例證。這個譬喻可見於《相應部》《私達迦經》和其於《雜阿含經》中的對應經文。《雜阿含經》版本的譬喻如下：[31]

> 過去世時，有緣幢伎師，肩上豎幢，語弟子言：「汝等於幢上下向護我，我亦護汝，迭相護持，遊行嬉戲，多得財利。」[32]
>
> 時，伎弟子語伎師言：「不如所言，但當各各自愛護，遊行嬉戲，多得財利，身得無為安隱而下。」伎師答言：「如汝所言，各自愛護，然其此義，亦如我說。」
>
> 〔佛言〕：「己自護時，即是護他；他自護時，亦是護己。」[33]

---

31 SĀ 619 at T II 173b7-173b18；更詳細研討參見 Anālayo 2012e。

32 SN 47.19 at SN V 168,18（譯自 Bodhi 2000: 1648）未進一步指明擺放竹竿的位置。另一部對應經文在《根本說一切有部毘奈耶藥事》T 1448 at T XXIV 32b11 描述竹竿放在肩上。SN 47.19 沒有提到在竹竿上下應互相守護，其實經文描述老師一開始就告訴弟子登上他的肩膀，SN V 168,20 弟子則照做了，所以在 SN 47.19 的對談是發生在弟子已經站在老師的肩膀上了。

33 在 SN 47.19 at SN V 169,11 佛陀首先建議修習四念住是保護自己和保護

〔云何自護、護他〕？　心自親近，修習隨護作證，是名「自護、護他」。[34]

云何護他、自護？不恐怖他，不違他，不害他，慈心哀彼，是名「護他、自護」。[35]

是故……當如是學：「自護者修四念處，護他者亦修四念處。」

　　除了少許微細差異之外，兩個版本之間較值得注意的差別，是根據《私達迦經》這位老師並沒有回應徒弟，且佛陀評論道徒弟所說的方法是正確的。[36] 這給人的印象是，這位老師並沒有真正達到應有的職責所需，因為連如何正確地表演這樣基本的事情，他都需要自己弟子在事前釐清。

　　然而在《雜阿含經》版本中，老師本人也知道徒弟所說的是正確的，隨後補充說「亦如我言」；也就是說，這點在他原來的陳述中是隱含的。此處老師表明已知道徒弟所提出的觀點。即使出於對弟子的關心使他提出保護他人的建議，但是他的敘述裡隱含著兩者皆由保持自身平衡來保護他們自己的必要性。這樣徒弟的評論並不意味著老師這邊是無知的，而只是強調了在老師建議的互相保護中所隱含的一個原則。

他人，然後指出保護自己時則保護他人，保護他人時則保護自己。

[34] SN 47.19 at SN V 169,16 沒有明確指明心是修習的所緣對象。《藥事》T 1448 at T XXIV 32b22 也沒有提及心自親近。

[35] SN 47.19 at SN V 169,19 只有說到忍辱、不害，而不是不恐怖、不違、不害。《藥事》T 1448 at T XXIV 32b24 提到不惱他、不瞋他、不害他。

[36] SN 47.19 at SN V 169,9.

　　如此一來為了讓兩位雜技師的表演能成功，老師必須保持竹竿穩定筆直，而徒弟必須在竹竿頂上保持平衡。[37] 由於這種合作的需要，老師建議說「汝護我，我亦護汝」，是非常有意義的。他會保持竹竿直立來保護徒弟，同時他希望徒弟避免任何搖晃動作來保護他，晃動將擾亂竹竿的平衡，而難以保持竹竿直挺。老師的關心也就是無論他自己犯了錯，還是徒弟犯了錯誤，掉下來有受傷風險的人是徒弟。因此身為老師以及帶著關懷的自然態度，他的表達方式是保護他人。

　　徒弟提出「當各各自愛護」的觀點，把和諧合作的基本原則再進一步，指出他們各自都不應該只是保護對方。這並不是否定雙方都互相關照的需要，相反地，如此得出可順利完成合作的適當觀點，亦即首先集中於自己，然後才能夠保護他人。

　　如果老師過於擔心徒弟，這可能會分散他需要保持自己平衡的注意力，結果是破壞了整個合體表演。同樣地，徒弟也不應過度關心老師，而首先需要注意維持她自己的平衡，否則她會有從竹竿上掉落的危險。

　　如是兩位雜技師的譬喻以相互保護之主題帶出念住做為一種平衡之形式的意象，保持念住可保護了自己，同時也保護他人。此處重要的意涵是持續個人修行並非自私的事情，是為了能真正保護他人預備好基礎。自身未能安立念住，沒

37　Olendzki 2010: 127f 解釋說：雜技師需要注意自己身體平衡感的意象，反映了禪修者的正行，因為「雜技師就像禪修者一般，將有意識的覺知帶入始終存在，但通常是被忽略的過程中」。因此這譬喻例證「念是向內看的工具，調整我們的平衡」。

有找到內在的平衡點，是難以真正幫助他人。[38] 故此行解脫
道，是為了自身利益，同時也就是為了他人的利益。

八、念住與解脫

《念住經》與其在《中阿含經》裡的對應經文列出了修
習念住的不同的時段，假如修行得宜，便有可能趣向不還或
圓滿正覺。各別經文的敘述如下：

《中部》：

> 若任何人如是修習四念住七年，此人可期待得兩種果
> 位之一：或可當下證得究竟智；或者，如果還有一絲執
> 著，則得不還果。……不用說七年……六年……五年
> ……四年……三年……二年……一年……七個月……六
> 個月……五個月……四個月……三個月……二個月……

38　Ñāṇaponika 1968/1986: 35 解釋說：「正如有些自發性反射動作會保護身
體；同樣地，心也需要自發性的精神和道德來自我保護，純然注意的修
習將提供這重要功能。」他補充說（p. 5）：這種「自我保護將護衛他
人、個人、群體，對抗我們自己無自制力的愛染和私欲……他們將無憂
於我們對財產和權力不顧一切的貪婪，無慮於我們無節制的貪欲和感官
享樂，不擔心我們的羨慕和嫉妒，無懼於我們瞋恚和敵意的破壞性後
果。」然後他總結說（p. 8）：「認真致力於道德上的自我完善，和精
神上自我發展的人，對於世界美善將是一股強大和積極力量」。然而
「如果我們不從自身解決這實際或潛在的社會罪惡根源，我們外在的社
交活動將會是無益或明顯不完善。是故，若我們為社會責任的精神所感
動，我們就不能逃避道德上和精神上自我發展的艱鉅任務，關注社會活
動不得做為藉口或是逃避這首要職責，即先清淨自己的心房。」

一個月……半個月，若任何人如是修習四念住七天，此
人可期待得兩種果位之一：或可當下證得究竟智；或
者，如果還有一絲執著，則得不還果。」

《中阿含經》：

若有……七年立心正住四念處者，彼必得二果：或現
法得究竟智，或有餘得阿那含。置七年，六……五……
四……三……二……一年……七月……六……五……四
……三……二……一月……七日七夜立心正住四念處
者，彼必得二果：或現法得究竟智，或有餘得阿那含。
置七日七夜，六……五……四……三……二……置一日
一夜……若有……少少須臾頃立心正住四念處者，彼朝
行如是，暮必得昇進；暮行如是，朝必得昇進。

修達不還果或究竟正覺所需的時間列表，在《念住經》
的範圍是從七年到七天，《中阿含經》的對應經文，其中將
比丘尼和比丘並列，[39] 提及時間可從七天至僅僅一天，並總
結即使正確修行只有片刻，行者也可有所進展。如此這兩個
版本皆提及達成目標所需時間可能差異很大，但是正如《中
阿含經》版本所做澄清，在正道上前進的每一步，就會朝正
確方向邁進，引領行者更接近解脫。

朝向解脫的本質可見一譬喻說明，其中以大海的漸次性

---

[39] SN 47.10 at SN V 154,28（譯自 Bodhi 2000: 1638）和對應經典 SĀ 615 at
T II 172b2 亦強調有些古代比丘尼是精通念住行者。

質為例子,《中阿含經》中的相關部分如下:[40]

> 如大海從下至上,周迴漸廣,均調轉上,以成於岸,
> 其水常滿,未曾流出……我正法、律亦復如是,漸作漸
> 學,漸盡漸教。

《增支部》中的對應經文強調突破證入究竟智不會突然
發生,[41] 正如有人只要不斷地遠離岸邊,大海自然會愈來愈
深,所以念住修習有著愈來愈深入的自然趨勢。有些海灘可
能平坦,有些則可能陡峭,故此進入深海所需的時間不同。
這切合《念住經》和其《中阿含經》對應經文的說明,達到
解脫之目標有時間上的差異,然而只要不斷朝正確方向前
進,修行將會變得愈來愈深。

《相應部》中另有一組三個譬喻說明正道上之進展的本
質,《雜阿含經》中的對應經文如下:[42]

> 如彼伏雞善養其子,隨時蔭餾,冷暖得所,正復不欲
> 令子方便自啄卵出,然其諸子自能方便安隱出轂。所以
> 者何?以彼伏雞隨時蔭餾,冷暖得所故……。[43]

---

40 MĀ 35 at T I 476b22-476b25.

41 AN 8.19 at AN IV 201,2(譯自 Bodhi 2012: 1143)。在另一部對應經典
    EĀ 42.4 at T II 753a20 沒有提到漸次的特質。

42 SĀ 263 at T II 67b12-67b27(譯自 Anālayo 2013b)。

43 對應經典 SN 22.101 at SN III 154,10(譯自 Bodhi 2000: 960;亦參考 AN
    7.67 at AN IV 125,18,譯自 Bodhi 2012: 1088, given as AN 7.71),犍陀
    羅對應殘本 Glass 2007: 207,《藥事》T 1448 at T XXIV 31c4 提及母雞
    最多可能有 12 顆雞蛋。

> 譬如巧師、巧師弟子，手執斧柯，捉之不已，漸漸微
> 盡，手指處現，然彼不覺斧柯微盡，而盡處現……。[44]
> 　譬如大舶，在於海邊，經夏六月，風飄日暴，藤綴漸
> 斷。[45]

　　這一系列譬喻指出，只要能自律效法母雞般恆常地坐在
蒲團上，就可以預期最終會獲得所期待的結果。行者修行上
的進展不是按日來衡量，而是透過長時間專注修習才會有可
見的變化，就像是斧頭柄上的磨痕一般。繫縛修習者的煩惱
結，只要暴露在不斷修習的風和正確知見的陽光下，煩惱結
必然會衰頹壞滅。

　　在上述譬喻中所說的在漸次道上行進，需要一種敏銳的
平衡感。行者所面對的要務是須要遠離兩端而維持中道的平
衡。極端的一邊是過度目標導向，追逐成就將不可避免的引
起一種挫折感，這源自於禪坐時希冀有所得的不平衡心態，
這種態度甚至可能導致自我欺瞞，錯將只是正道上的踏腳石
誤認為最終目標。另一邊的極端是假裝對於任何願望無所希
求，存有錯誤信念，認為不善欲的滅除不需要善欲而能除

---

[44] 在 SN 22.101 at SN III 154,31（以及在 AN 7.67）譬喻的要點是木匠不知
　　手柄今天已磨損多少，前天磨損了多少，然而一旦已經磨損了，他就會
　　知道這情況已經發生了。

[45] 根據 SN 22.101 at SN III 155,6（和 AN 7.67），當船舶在水中六個月
　　後，藤索已經受到影響；當現今冬季船舶被拖到陸地上時，進一步受到
　　風吹日曬的侵襲。然後在雨天到來時，藤索則斷開了。《藥事》T 1448
　　at T XXIV 32a11 也描述船舶首先在水中六個月，然後拖上了岸邊（然其
　　敘述是發生在夏季），於是受到風吹日曬的襲擊，之後在大雨來時，藤
　　索自然就斷裂了。

之，這可能導致錯將沉滯不進誤解為一種不執取，認為念住就只是完全停滯的當下。

實現這種中道平衡的一種方法，是將自己究竟解脫的願望與覺察暫時解脫的一時經驗相結合，做為最終目標的預先體驗。[46] 以此方式，並不是要希求在遙遠的未來理解什麼，而是轉向於當下任何與此企願相符合的覺知。

在以八正道實踐第四聖諦的修習架構下，修行念住漸次修習的最終目標很清楚地是成就圓滿正覺。而若是約略了解含中意，可看作是在最普通的情況下，任何心不為煩惱所困的時候，即使只是片刻。以正覺做為根本的「味」而如是修行，行者愈來愈能覺知教法和解脫的深奧。依據《中阿含經》版本的譬喻說明，是以大海來對比法的這種特質：[47]

> 如大海水，甚深無底，極廣無邊……我正法、律亦復如是，諸法甚深，甚深無底，極廣無邊……。
>
> 如大海水鹹，皆同一味……我正法、律亦復如是，無欲為味，覺味、息味及道味。

巴利文版的《增支部》對應經文中並為與大海的深度對比，但在《增一阿含經》中的對應經文則保存有相似的說法，[48]《增一阿含經》對應經文接著提到只有一味，就是八正道。[49]《增支部》中也只提及一味，即解脫味。[50]

---

[46] 見上述頁 187f。

[47] MĀ 35 at T I 476c6-476c12.

[48] EĀ 42.4 at T II 753a20.

[49] EĀ 42.4 at T II 753a28.

　　若有意願探尋，生活中的每一種情況都有解脫的可能，解脫味處處可得。就四聖諦而言，任何情況不僅與苦和苦的生起（第一諦、第二諦）有潛在關聯，也與解脫和趣向解脫（第三諦、第四諦）有潛在關聯。當行者逐漸解脫自身，在心理的舌根上一直保持解脫的「鹹」味，透過正覺自然地呈現，朝向不可逆轉的究竟解脫前進。

　　除了「解脫」和「覺醒」的術語之外，最終目標還有一系列其他重要的微細差別，可以由各種不同名稱來說明其不同面向和意涵，以此來掌握其中的差別。為了表達最終目標互補性觀點的涵義，在此以《相應部》中「無為相應」和《雜阿含經》中之對應經文裡一系列涅槃稱號來總結這個研究。這兩部對應經文對於修行目的提供了數個可用的名稱，有些較富有詩意，另一些則更較直接。以下我列出兩個版本裡皆有的名稱，[51] 希望這些詞語中至少有一個能契合讀者的個人企望。

　　　無為……難見……不動……不死……無漏……覆蔭……洲渚……依止……微妙……安穩……無病……涅槃。

50　AN 8.19 at AN IV 203,7（譯自 Bodhi 2012: 1144）。
51　SĀ 890 at T II 224b7-224b10，對應經典 SN 43 at SN IV 368,1-373,14（譯自 Bodhi 2000: 1378）。

九、結語

　　入出息念十六行說明四念住修習如何能基於單一所緣境，以此方式展開整個解脫道。三念住和四念住的共同特點，是將全然覺知當下所發生的與心的平衡相結合，以此方式安立念可以保護自己，同時也保護他人。如母雞坐在蛋上一般地專注於禪坐，以此深化個人的修行，使自身煩惱能消褪猶如斧頭柄上的握痕；內心的繫縛逐漸壞滅，正如船上的藤索曝曬在風吹日曬下逐漸崩解。當行者在內心一直保留解脫的鹹味，自然地會有進展朝向最終解脫。

第十三章 《念住經》

本章為《念住經》的譯文，內容分別取自《中部》以及在《中阿含經》、《增一阿含經》裡的對應經典。雖然在先前的討論中常會大量地簡略引文以方便閱讀和對比不同版本，本章中所提供者為完整經文，甚至在原文中有節略的部分，也會以中括號〔〕補充並註明出來。

一、《中部》

《念住經》[1]

如是我聞，一時，世尊停駐在拘樓國一個名為劍磨瑟曇的城鎮。在那裡，他稱喚眾比丘們說：「比丘們啊！」「尊者啊！」比丘們回應。世尊宣說：

比丘們啊！這是一條直接之道，可以清淨眾生，[56][2] 可以超脫憂傷和悲歡，可以滅除苦與不滿，可以得取正法，可以實證涅槃，名為四念住。何者為四？

比丘們啊！在此，於身，比丘安住於隨觀此身，精勤、正知、具念、毋有世間的貪與憂。於受，他安住於隨觀諸受，精勤、正知、具念、毋有世間的貪與憂。於心，他安住於隨觀此心，精勤、正知、具念、毋有世間的貪與憂。於法，他安住於隨觀諸法，精勤、正知、具念、毋有世間的貪

---

1 MN 10 at MN I 55,27-63,21（譯自 Ñāṇamoli 1995: 145ff）。

2 此處和下文中括號內的號碼，指的是所譯原文的頁碼。

與憂。

而比丘們啊！於身，比丘如何安住於隨觀此身？

在此，比丘們啊！比丘去到森林裡，或到樹下，或到空屋，他坐下，盤腿，端正身體，並且立念於前，吸氣時保持覺知，呼氣時保持覺知。

入息長時，他知道：「我入息長」；出息長時，他知道：「我出息長。」入息短時，他知道：「我入息短」；出息短時，他知道：「我出息短。」他練習道：「我在吸氣時體驗全身」；他練習道：「我在呼氣時體驗全身。」他練習道：「我在吸氣時使身行安定」；他練習道：「我在呼氣時使身行安定。」

比丘們啊！這就像一個熟練的車床師或其學徒，當他正在做長轉時，他知道：「我做一個長轉」；或當他正在做短轉時，他知道：「我做一個短轉。」

同樣地，比丘們啊！當入息長時，比丘知道「我入息長」；〔出息長時，他知道：「我出息長。」入息短時，他知道：「我入息短」；出息短時，他知道：「我出息短。」他練習道：「我在吸氣時體驗全身」；他練習道：「我在呼氣時體驗全身。」他練習道：「我在吸氣時使身行安定」〕；他練習道：「我在呼氣時使身行安定。」

以此方式，於身，他安住於對內隨觀此身；或他安住於對外隨觀此身；或他安住於對內並對外隨觀此身。或他安住於隨觀身體其生起的本質；或他安住於隨觀身體其滅去的本質；或他安住於隨觀身體其生起並滅去的本質。或者他安立「有這麼個身體」的覺念，其程度輕微到只足以察覺此念並能持續地繫念於其上。而且，他安住於無所倚賴，不執取世

間的任何事物。比丘們啊！這就是比丘如何於身安住於隨觀此身。

再者，比丘們啊！當行走時，比丘知道：「我正行走著。」或當站立時，他知道：「我正站立著。」或當坐著時，[57] 他知道：「我正坐著。」或當躺著時，他知道：「我正躺著。」或者，無論其身體是何種姿勢，他都相應地知道。

以此方式，於身，他安住於對內隨觀此身；〔或他安住於對外隨觀此身；或他安住於對內並對外隨觀此身。或他安住於隨觀身體其生起的本質；或他安住於隨觀身體其滅去的本質；或他安住於隨觀身體其生起並滅去的本質。或者他安立「有這麼個身體」的覺念，其程度輕微到只足以察覺此念並能持續地繫念於其上。而且，他安住於無所倚賴，不〕執取〔世間的任何事物〕。比丘們啊！這就是比丘如何於身安住於隨觀此身。

再者，比丘們啊！當向前行及折返時，他清楚地知道所行。當向前看及向旁看時，他清楚地知道所行。當彎曲及伸直〔其肢體時〕，他清楚地知道所行。當著袈裟、搭〔大〕衣及〔持〕鉢時，他清楚地知道所行。當吃、喝、咀嚼及嘗味時，他清楚地知道所行。當大便、小便時，他清楚地知道所行。當行走、站立、坐著、入睡、醒來、說話、沉默時，他清楚地知道所行。

以此方式，於身，他安住於對內隨觀此身；〔或他安住於對外隨觀此身；或他安住於對內並對外隨觀此身。或他安住於隨觀身體其生起的本質；或他安住於隨觀身體其滅去的本質；或他安住於隨觀身體其生起並滅去的本質。或者他安

立「有這麼個身體」的覺念,其程度輕微到只足以察覺此念並能持續地繫念於其上。而且,他安住於無所倚賴,不〔執取〔世間的任何事物〕。比丘們啊!這就是比丘如何於身安住於隨觀此身。

再者,比丘們啊!比丘檢視這同一具身體,從腳底往上,從頭髮往下,由皮膚所包覆並充滿著種種的不淨:「這身體內,有頭髮、體毛、指甲、牙齒、皮膚、肌肉、筋腱、骨骼、骨髓、腎臟、心臟、肝臟、橫隔膜、脾臟、肺臟、腸、腸間膜、胃容物、糞便、膽汁、痰、膿、血液、汗水、脂肪、淚液、油脂、唾液、鼻涕、關節滑液和尿液。」

比丘們啊!這就像一個有好眼力的人打開一個兩端有開口的袋子,袋中裝滿各種不同的穀物,像是山米、紅米、豆子、豌豆、小米和白米。此人依次檢視道:「這是山米;這是紅米;這些是豆子;這些是豌豆;這是小米;而這是白米。」

以相同的方式,比丘們啊!比丘檢視這同一具身體,從腳底往上,從頭髮往下,由皮膚所包覆並充滿著種種的不淨:「這身體內,有頭髮、體毛、指甲、牙齒、皮膚、肌肉、筋腱、骨骼、骨髓、腎臟、心臟、肝臟、橫隔膜、脾臟、肺臟、腸、腸間膜、胃容物、糞便、膽汁、痰、膿、血液、汗水、脂肪、淚液、油脂、唾液、鼻涕、關節滑液和尿液。」

以此方式,於身,他安住於對內隨觀此身;〔或他安住於對外隨觀此身;或他安住於對內並對外隨觀此身。或他安住於隨觀身體其生起的本質;或他安住於隨觀身體其滅去的本質;或他安住於隨觀身體其生起並滅去的本質。或者他安

立「有這麼個身體」的覺念，其程度輕微到只足以察覺此念並能持續地繫念於其上。而且，他安住於無所倚賴，不〕執取〔世間的任何事物〕。比丘們啊！這就是比丘如何於身安住於隨觀此身。

再者，比丘們啊！比丘從四大的觀點來檢視這同一具身體，不論身體在何處，姿勢為何：「這身體內，有地界、水界、火界、風界。」[58]

比丘們啊！就像一個熟練的屠夫或他的學徒，在宰殺了一頭牛之後，他坐在十字路口，身邊是那頭牛被剁成一塊塊的肉。

以相同的方式，比丘們啊！比丘從四大的觀點來檢視這同一具身體，不論身體在何處，姿勢為何：「這身體內，有地界、水界、火界、風界。」

以此方式，於身，他安住於對內隨觀此身；〔或他安住於對外隨觀此身；或他安住於對內並對外隨觀此身。或他安住於隨觀身體其生起的本質；或他安住於隨觀身體其滅去的本質；或他安住於隨觀身體其生起並滅去的本質。或者他安立「有這麼個身體」的覺念，其程度輕微到只足以察覺此念並能持續地繫念於其上。而且，他安住於無所倚賴，不〕執取〔世間的任何事物〕。比丘們啊！這就是比丘如何於身安住於隨觀此身。

再者，比丘們啊！正如比丘若看見一具棄置在塚間的屍體，已經死去一日、二日或三日，腫脹、發黑、滲出液體，他與自身這個同樣的身體做比較：「這個身體也具有同樣的特性，就會像那樣，無法避免那樣的命運。」

以此方式，於身，他安住於對內隨觀此身；〔或他安住

於對外隨觀此身；或他安住於對內並對外隨觀此身。或他安住於隨觀身體上的集法；或他安住於隨觀身體其生起的本質；或他安住於隨觀身體其滅去的本質；或他安住於隨觀身體其生起並滅去的本質。或者他安立「有這麼個身體」的覺念，其程度輕微到只足以察覺此念並能持續地繫念於其上。而且，他安住於無所倚賴，不〕執取〔世間的任何事物〕。比丘們啊！這就是比丘如何於身安住於隨觀此身。

再者，比丘們啊！正如比丘若看見棄捨在塚間的死屍，被烏鴉、鷹、禿鷹、狗、狐狼或各種蛆蟲所食，他與自身這個同樣的身體做比較：「這身體也具有同樣的特性，就會像那樣，無法避免那樣的命運。」

以此方式，於身，他安住於對內隨觀此身；〔或他安住於對外隨觀此身；或他安住於對內並對外隨觀此身。或他安住於隨觀身體其生起的本質；或他安住於隨觀身體其滅去的本質；或他安住於隨觀身體其生起並滅去的本質。或者他安立「有這麼個身體」的覺念，其程度輕微到只足以察覺此念並能持續地繫念於其上。而且，他安住於無所倚賴，不〕執取〔世間的任何事物〕。比丘們啊！這就是比丘如何於身安住於隨觀此身。

再者，比丘們啊！正如比丘若看見棄捨在塚間的死屍，骸骨由筋腱連著，帶著血肉，〔他與自身這個同樣的身體做比較：「這身體也具有同樣的特性，就會像那樣，無法避免那樣的命運。」

以此方式，於身，他安住於對內隨觀此身；或他安住於對外隨觀此身；或他安住於對內並對外隨觀此身。或他安住於隨觀身體其生起的本質；或他安住於隨觀身體其滅去的本

質；或他安住於隨觀身體其生起並滅去的本質。或者他安立
「有這麼個身體」的覺念，其程度輕微到只足以察覺此念並
能持續地繫念於其上。而且，他安住於無所倚賴，不執取世
間的任何事物。比丘們啊！這就是比丘如何於身安住於隨觀
此身。

　　再者，比丘們啊！正如比丘若看見棄捨在塚間的死
屍〕，一具在血汙中只剩筋腱連著的骸骨，已不見肌肉，〔他
與自身這個同樣的身體做比較：「這身體也具有同樣的特
性，就會像那樣，無法避免那樣的命運。」

　　以此方式，於身，他安住於對內隨觀此身；或他安住於
對外隨觀此身；或他安住於對外並對內隨觀此身。或他安住
於隨觀身體其生起的本質；或他安住於隨觀身體其滅去的本
質；或他安住於隨觀身體其生起並滅去的本質。或者他安立
「有這麼個身體」的覺念，其程度輕微到只足以察覺此念並
能持續地繫念於其上。而且，他安住於無所倚賴，不執取世
間的任何事物。比丘們啊！這就是比丘如何於身安住於隨觀
此身。

　　再者，比丘們啊！正如比丘若看見棄捨在塚間的死
屍〕，一具已無血肉，只剩筋腱連著的骸骨，〔他與自身這
個同樣的身體做比較：「這身體也具有同樣的特性，就會像
那樣，無法避免那樣的命運。」

　　以此方式，於身，他安住於對內隨觀此身；或他安住於
對外隨觀此身；或他安住於對內並對外隨觀此身。或他安住
於隨觀身體其生起的本質；或他安住於隨觀身體其滅去的本
質；或他安住於隨觀身體其生起並滅去的本質。或者他安立
「有這麼個身體」的覺念，其程度輕微到只足以察覺此念並

能持續地繫念於其上。而且,他安住於無所倚賴,不執取世間的任何事物。比丘們啊!這就是比丘如何於身安住於隨觀此身。

再者,比丘們啊!正如比丘若看見棄捨在塚間的死屍〕,骨節分離,散落各處,此處有手骨,他處有腳骨,脛骨一處,大腿骨一處,腰骨一處,脊骨一處,頭蓋骨一處,[3]他與自身這個同樣的身體做比較:「這身體也具有同樣的特性,就會像那樣,無法避免那樣的命運。」

以此方式,於身,他安住於對內隨觀此身;〔或他安住於對外隨觀此身;或他安住於對內並對外隨觀此身。或他安住於隨觀身體其生起的本質;或他安住於隨觀身體其滅去的本質;或他安住於隨觀身體其生起並滅去的本質。或者他安立「有這麼個身體」的覺念,其程度輕微到只足以察覺此念並能持續地繫念於其上。而且,他安住於無所倚賴,不〕執取〔世間的任何事物〕。比丘們啊!這就是比丘如何於身安住於隨觀此身。

再者,比丘們啊!正如比丘若看見棄捨在塚間的死屍,骨頭已褪色,皓白如螺殼,〔他與自身這個同樣的身體做比較:「這身體也具有同樣的特性,就會像那樣,無法避免除那樣的命運。」

以此方式,於身,他安住於對內隨觀此身;或他安住於對外隨觀此身;或他安住於對內並對外隨觀此身。或他安住於隨觀身體其生起的本質;或他安住於隨觀身體其滅去的本質;或他安住於隨觀身體其生起並滅去的本質。或者他安立

---

3 緬甸和暹羅版本列出其他種類的骨頭。

「有這麼個身體」的覺念，其程度輕微到只足以察覺此念並能持續地繫念於其上。而且，他安住於無所倚賴，不執取世間的任何事物。比丘們啊！這就是比丘如何於身安住於隨觀此身。

再者，比丘們啊！正如比丘若看見棄捨在塚間的死屍〕，骨頭堆積在一起已有年餘，〔他與自身這個同樣的身體做比較：「這身體也具有同樣的特性，就會像那樣，無法避免那樣的命運。」

以此方式，於身，他安住於對內隨觀此身；或他安住於對外隨觀此身；或他安住於對內並對外隨觀此身。或他安住於隨觀身體其生起的本質；或他安住於隨觀身體其滅去的本質；或他安住於隨觀身體其生起並滅去的本質。或者他安立「有這麼個身體」的覺念，其程度輕微到只足以察覺此念並能持續地繫念於其上。而且，他安住於無所倚賴，不執取世間的任何事物。比丘們啊！這就是比丘如何於身安住於隨觀此身。

再者，比丘們啊！正如比丘若看見棄捨在塚間的死屍〕，骨頭已腐壞碎為粉末，[59] 他與自身這個同樣的身體做比較：「這身體也具有同樣的特性，就會像那樣，無法避免那樣的命運。」

以此方式，於身，他安住於對內隨觀此身；或他安住於對外隨觀此身；或他安住於對內並對外隨觀此身。或他安住於隨觀身體其生起的本質；或他安住於隨觀身體其滅去的本質；或他安住於隨觀身體其生起並滅去的本質。或者他安立「有這麼個身體」的覺念，其程度輕微到只足以察覺此念並能持續地繫念於其上。而且，他安住於無所倚賴，不執取世

間的任何事物。比丘們啊！這就是比丘如何於身安住於隨觀此身。

再者，比丘們啊！於受，比丘如何安住於隨觀諸受？

於此，比丘們啊！當感覺到樂受時，比丘確知：「我感覺到樂受」；當感覺到苦受時，他確知：「我感覺到苦受」；當感覺到不苦不樂受時，他確知：「我感覺到不苦不樂受。」

當感覺到俗世的樂受時，他確知：「我感覺到俗世的樂受」；〔當感覺到〕出世的樂〔受時，他確知：「我感覺到出世的樂受。」當感覺到〕俗世的苦〔受時，他確知：「我感覺到俗世的苦受」；當感覺到〕出世的苦〔受時，他確知：「我感覺到出世的苦受。」當感覺到〕俗世的不苦不樂〔受時，他確知：「我感覺到俗世的不苦不樂受」〕；當感覺到出世的不苦不樂受時，他確知：「我感覺到出世的不苦不樂受。」

以此方式，於受，他安住於對內隨觀諸受，或他安住於對外隨觀諸受，或他安住於對內並對外隨觀諸受。或他安住於隨觀諸受其生起的本質，或他安住於隨觀諸受其滅去的本質，或他安住於隨觀諸受其生起並滅去的本質。或他安立「於此有受」的覺念，其程度輕微到只足以察覺此念並能持續地繫念於其上。而且，他安住於無所倚賴，不執取世間的任何事物。比丘們啊！這就是比丘如何於受安住於隨觀諸受。

再者，比丘們啊！於心，比丘如何安住於隨觀此心？

於此，比丘們啊！比丘確知心上有強烈貪欲時，「此心有強烈貪欲」；或是他確知：心上沒有強烈貪欲時，「此心

沒有強烈貪欲」。〔或是他確知：心上〕有瞋恨〔時，「此心有瞋恨」；或是他確知：心上〕沒有瞋恨〔時，「此心沒有瞋恨」。或是他確知：心上〕有邪見〔時，「此心有邪見」；或是他確知：心上〕沒有邪見〔時，「此心沒有邪見」。或是他確知：〕收攝〔的心是「此心是收攝的」；或是他確知：〕散亂〔的心是「此心是散亂的」。

或是他確知：心已〕成廣大時〔是「此心已成廣大」；或是他確知：心〕未成廣大時〔是「此心未成廣大」。或是他確知：〕可被增益的〔心是「此心可被增益」；或是他確知：〕毋可被增益的〔心是「此心毋可被增益」。或是他確知：心〕專注時〔是「此心是專注的」；或是他確知：心〕非專注時〔是「此心並非專注的」。或是他確知：心〕已解脫時〔是「此心是已解脫的」〕；或是他確知：心未解脫時是「此心尚未解脫」。

以此方式，於心，他安住於對內隨觀此心，或他安住於對外隨觀此心，或他安住於對內並對外隨觀此心。他於心安住於隨觀其生起的本質，[60] 或他於心安住於隨觀其滅去的本質，或他於心安住於隨觀其生起並滅去的本質。或他安立「於此有心」的覺念，其程度輕微到只足以察覺此念並能持續地繫念於其上。而且，他安住於無所倚賴，不執取世間的任何事物。比丘們啊！這就是比丘如何於心安住於隨觀此心。

再者，比丘們啊！於法，比丘如何安住於隨觀諸法？

於此，比丘們啊！於法，比丘依五蓋而安住於隨觀諸法。而比丘們啊！於法，比丘如何依五蓋以安住於隨觀諸法？

比丘們啊！於此，如果感官的欲望於內在現起，比丘確知：「於我之內有感官的欲望」；或是如果感官的欲望並未於內在現起，他確知：「於我之內無感官的欲望。」而且，他確知未生起的感官欲望是如何生起，他確知已生起的感官欲望如何可斷除，同時他確知已斷除的感官欲望如何在未來能不再生起。

如果瞋怒於內在現起，他確知：「於我之內有瞋恚」；〔或是如果瞋恚未於內在現起，他確知：「於我之內無瞋恚。」而且，他確知未生起的瞋恚是如何生起，他確知已生起的瞋恚如何可斷除，同時他確知已斷除的瞋恚如何在未來能不再生起。〕

如果昏沉嗜睡於內在現起，他確知：「於我之內有昏沉嗜睡」；〔或是如果昏沉嗜睡並未於內在現起，他確知：「於我之內無昏沉嗜睡。」而且，他確知未生起的昏沉嗜睡是如何生起，他確知已生起的昏沉嗜睡如何可斷除，同時他確知已斷除的昏沉嗜睡如何在未來能不再生起。〕

如果掉悔於內在現起，他確知：「於我之內有掉悔」；〔或是如果掉悔並未於內在現起，他確知：「於我之內無掉悔。」而且，他確知未生起的掉悔是如何生起，他確知已生起的掉悔如何可斷除，同時他確知已斷除的掉悔如何在未來能不再生起。〕

如果疑於內在生起，他確知：「於我之內有疑生」；或是如果疑並未於內在生起，他確知：「於我之內未生疑。」而且，他確知未生之疑是如何生起，他確知已生之疑可如何斷除，同時他確知已斷除之疑如何在未來能不再生起。

以此方式，於法，他安住於對內隨觀諸法，或他安住於

對外隨觀諸法，或他安住於對內並對外隨觀諸法。或他安住於隨觀諸法其生起的本質，或他安住於隨觀諸法其滅去的本質，或他安住於隨觀諸法其生起並滅去的本質。或他安立「於此有諸法」的覺念，其程度輕微到只足以察覺此念並能持續地繫念於其上。而且，他安住於無所倚賴，不執取世間的任何事物。比丘們啊！這就是比丘如何於法依五蓋安住於隨觀諸法。

再者，比丘們啊！於法，比丘依五取蘊而安住於隨觀諸法。[61]而比丘們啊！於法，比丘如何依五取蘊安住於隨觀諸法？

比丘們啊！於此，比丘確知：「色是這樣」；「色的生起是這樣」；「色的滅去是這樣」。「受是這樣」；「受的生起是這樣」；「受的滅去是這樣」。「想是這樣」；「想的生起是這樣」；「想的滅去是這樣」。「行是這樣」；「行的生起是這樣」；「行的滅去是這樣」。「識是這樣」；「識的生起是這樣」；「識的滅去是這樣」。

以此方式，於法，他安住於對內隨觀諸法，〔或他安住於對外隨觀諸法，或他安住於對內並對外隨觀諸法。或他安住於隨觀諸法其生起的本質，或他安住於隨觀諸法其滅去的本質，或他安住於隨觀諸法其生起並滅去的本質。或他安立「於此有諸法」的覺念，其程度輕微到只足以察覺此念並能持續地繫念。而且，他安住於無所倚賴，不〕執取〔世間的任何事物〕。比丘們啊！這就是比丘如何於法依五取蘊安住於隨觀諸法。

再者，比丘們啊！於法，比丘依內外六處而安住於隨觀諸法。而比丘們啊！於法，比丘如何依內外六處而安住於隨

觀諸法？

比丘們啊！於此，比丘確知眼根；他確知色塵；而且他確知由這兩者相對而生起的繫縛。而且他確知未生起的羈縛是如何生起，他確知已生起的繫縛可如何斷除，同時他確知已斷除的繫縛如何在未來能不再生起。

他確知耳根；他確知聲塵；〔而且他確知由這兩者相對而生起的羈縛。而且他確知未生起的羈縛是如何生起，他確知已生起的羈縛可如何斷除，同時他確知已斷除的羈縛如何在未來能不再生起〕。

他確知鼻根；他確知香塵；〔而且他確知由這兩者相對而生起的羈縛。而且他確知未生起的羈縛是如何生起，他確知已生起的羈縛可如何斷除，同時他確知已斷除的羈縛如何在未來能不再生起〕。

他確知舌根；他確知味塵；〔而且他確知由這兩者相對而生起的羈縛。而且他確知未生起的羈縛是如何生起，他確知已生起的羈縛可如何斷除，同時他確知已斷除的羈縛如何在未來能不再生起〕。

他確知身根；他確知觸塵；〔而且他確知由這兩者相對而生起的羈縛。而且他確知未生起的羈縛是如何生起，他確知已生起的羈縛可如何斷除，同時他確知已斷除的羈縛如何在未來能不再生起〕。

他確知意根；他確知法塵；而且他確知由這兩者相對而生起的羈縛。而且他確知未生起的羈縛是如何生起，他確知已生起的羈縛可如何斷除，同時他確知已斷除的羈縛如何在未來能不再生起。

以此方式，於法，他安住於對內隨觀諸法，〔或他安住

於對外隨觀諸法，或他安住於對內並對外隨觀諸法。或他安住於隨觀諸法其生起的本質，或他安住於隨觀諸法其滅去的本質，或他安住於隨觀諸法其生起並滅去的本質。或他安立「於此有諸法」的覺念，其程度輕微到只足以察覺此念並能持續地繫念於其上。而且，他安住於無所倚賴，不〕執取〔世間的任何事物〕。比丘們啊！這就是比丘如何於諸法依內外六處而安住於隨觀諸法。

再者，比丘們啊！於法，比丘依七覺支而安住於隨觀諸法。而比丘們啊！於法，比丘如何依七覺支而安住於隨觀諸法？

比丘們啊！於此，如果念覺支於內在現起，比丘確知：「於我之內有念覺支」；如果念覺支未於內在現起，他確知：「於我之內無念覺支。」[62] 而且他確知未生起的念覺支是如何生起，同時他確知已生起的念覺支可如何發展而圓滿。

如果擇法覺支於內在現起，〔他知道：「於我之內有擇法覺支」；如果擇法覺支未於內在現起，他確知：「於我之內無擇法覺支。」而且他確知未生起的擇法覺支是如何生起，同時他確知已生起的擇法覺支可如何發展而圓滿〕。

如果精進覺支於內在現起，〔他知道：「於我之內有精進覺支」；如果精進覺支未於內在現起，他確知：「於我之內無精進覺支。」而且他確知未生起的精進覺支是如何生起，同時他確知已生起的精進覺支可如何發展而圓滿〕。

如果喜覺支於內在現起，〔他知道：「於我之內有喜覺支」；如果喜覺支未於內在現起，他確知：「於我之內無喜覺支。」而且他確知未生起的喜覺支是如何生起，同時他確

知已生起的喜覺支可如何發展而圓滿〕。

如果輕安覺支於內在現起，〔他知道：「於我之內有輕安覺支」；如果輕安覺支未於內在現起，他確知：「於我之內無輕安覺支。」而且他確知未生起的輕安覺支是如何生起，同時他確知已生起的輕安覺支可如何發展而圓滿〕。

如果定覺支於內在現起，〔他知道：「於我之內有定覺支」；如果定覺支未於內在現起，他確知：「於我之內無定覺支。」而且他確知未生起的定覺支是如何生起，同時他確知已生起的定覺支可如何發展而圓滿〕。

如果捨覺支於內在現起，他知道：「於我之內有捨覺支」；如果捨覺支未於內在現起，他確知：「於我之內無捨覺支。」而且他確知未生起的捨覺支是如何生起，同時他確知已生起的捨覺支可如何發展而圓滿。

以此方式，於法，他安住於對內隨觀諸法，〔或他安住於對外隨觀諸法，或他安住於對內並對外隨觀諸法。或他安住於隨觀諸法其生起的本質，或他安住於隨觀諸法其滅去的本質，或他安住於隨觀諸法其生起並滅去的本質。或他安立「於此有諸法」的覺念，其程度輕微到只足以察覺此念並能持續地繫念。而且，他安住於無所倚賴，不〕執取〔世間的任何事物〕。比丘們啊！這就是比丘如何於法依七覺支而安住於隨觀諸法。

再者，比丘們啊！於法，比丘依四聖諦而安住於隨觀諸法。而比丘們啊！於法，比丘如何依四聖諦而安住於隨觀諸法？

比丘們啊！於此，比丘如實確知：「這是苦。」他如實確知：「這是苦的生起。」他如實確知：「這是苦的止

息。」他如實確知：「這是通往苦滅的道路。」

　　以此方式，於法，他安住於對內隨觀諸法，或他安住於對外隨觀諸法，或他安住於對內並對外隨觀諸法。或他安住於隨觀諸法其生起的本質，或他安住於隨觀諸法其滅去的本質，或他安住於隨觀諸法其生起並滅去的本質。或他安立「於此有諸法」的繫念，其程度輕微到只足以察覺此念並能持續地繫念。而且，他安住於無所倚賴，不執取世間的任何事物。比丘們啊！這就是比丘如何於法依四聖諦而安住於隨觀諸法。

　　比丘們啊！若任何人如是修習四念住七年，此人可預期得兩種果位之一：或可當下證得究竟智；或者，如果還有一絲執著，則得不還果。

　　比丘們啊！不用說七年，若任何人如是修習四念住六年，[63]〔此人可預期得兩種果位之一：或可當下證得究竟智；或者，如果還有一絲的執著，則得不還果。

　　比丘們啊！不用說六年，若任何人如是修習四念住〕五年，〔此人可預期得兩種果位之一：或可當下證得究竟智；或者，如果還有一絲的執著，則得不還果。

　　比丘們啊！不用說五年，若任何人如是修習四念住〕四年，〔此人可預期得兩種果位之一：或可當下證得究竟智；或者，如果還有一絲的執著，則得不還果。

　　比丘們啊！不用說四年，若任何人如是修習四念住〕三年，〔此人可預期得兩種果位之一：或可當下證得究竟智；或者，如果還有一絲的執著，則得不還果。

　　比丘們啊！不用說三年，若任何人如是修習四念住〕二年，〔此人可預期得兩種果位之一：或可當下證得究竟智；

或者，如果還有一絲的執著，則得不還果。

　　比丘們啊！不用說二年，若任何人如是修習四念住〕一年，〔此人可預期得兩種果位之一：或可當下證得究竟智；或者，如果還有一絲的執著，則得不還果〕。

　　比丘們啊！不用說一年，若任何人如是修習四念住七個月，此人可預期得兩種果位之一：或可當下證得究竟智；或者，如果還有一絲的執著，則得不還果。

　　比丘們啊！不用說七個月，若任何人如是修習四念住六個月，〔此人可預期得兩種果位之一：或可當下證得究竟智；或者，如果還有一絲的執著，則得不還果。

　　比丘們啊！不用說六個月，若任何人如是修習四念住〕五個月，〔此人可預期得兩種果位之一：或可當下證得究竟智；或者，如果還有一絲的執著，則得不還果。

　　比丘們啊！不用說五個月，若任何人如是修習四念住〕四個月，〔此人可預期得兩種果位之一：或可當下證得究竟智；或者，如果還有一絲的執著，則得不還果。

　　比丘們啊！不用說四個月，若任何人如是修習四念住〕三個月，〔此人可預期得兩種果位之一：或可當下證得究竟智；或者，如果還有一絲的執著，則得不還果。

　　比丘們啊！不用說三個月，若任何人如是修習四念住〕二個月，〔此人可預期得兩種果位之一：或可當下證得究竟智；或者，如果還有一絲的執著，則得不還果。

　　比丘們啊！不用說二個月，若任何人如是修習四念住〕一個月，〔此人可預期得兩種果位之一：或可當下證得究竟智；或者，如果還有一絲的執著，則得不還果。

　　比丘們啊！不用說一個月，若任何人如是修習四念住〕

半個月，〔此人可預期得兩種果位之一：或可當下證得究竟
智；或者，如果還有一絲的執著，則得不還果〕。

比丘們啊！不用說半個月，若任何人如是修習四念住七
天，此人可預期得兩種果位之一：或可當下證得究竟智；或
者，如果還有一絲的執著，則得不還果。

於此，正是如先前所說：「比丘們啊！這是一條直接之
道──可以清淨眾生，可以超脫憂傷和悲歎，可以滅除苦與
不滿，可以得取正法，可以實證涅槃，名為四念住。」

這是世尊所宣說的。諸比丘們得聞世尊所說，愉悅且歡
喜。

二、《中阿含經》

《念處經》[4]

一時，佛遊拘樓瘦，在劍磨瑟曇拘樓都邑。

爾時，世尊告諸比丘：「有一道淨眾生，度憂畏，滅苦
惱，斷啼哭，得正法，謂：四念處。若有過去諸如來、無所
著、等正覺，悉斷五蓋、心穢、慧羸，立心正住於四念處，
修七覺支，得覺無上正盡之覺。若有未來諸如來、無所著、
等正覺，悉斷五蓋、心穢、慧羸，立心正住於四念處，修七
覺支，得覺無上正盡之覺。我今現在如來、無所著、等正
覺，我亦斷五蓋、心穢、慧羸，立心正住於四念處，修七覺

4　MĀ 98 at T I 582b7-584b28; Minh Chau 1964/1991: 87-95 已將此經譯成英
　文，Saddhāloka 1983: 9-15, Nhat Hanh 1990: 151-167 以及 Kuan 2008:
　146-154。

支,得覺無上正盡之覺。

　　云何為四?觀身如身念處,如是觀覺、心、法如法念處。云何觀身如身念處?比丘者,行則知行,住則知住,坐則知坐,臥則知臥,眠則知眠,寤則知寤,眠寤則知眠寤。如是比丘觀內身如身,觀外身如身,立念在身,有知有見,有明有達,是謂比丘觀身如身。復次,比丘觀身如身,比丘者,正知出入,善觀分別,屈伸低昂,儀容庠序,善著僧伽梨及諸衣鉢,行住坐臥,眠寤語默皆正知之。如是比丘觀內身如身,觀外身如身,立念在身,有知有見,有明有達,是謂比丘觀身如身。

　　復次,比丘觀身如身,比丘者,生惡不善念,以善法念治斷滅止,猶木工師、木工弟子,彼持墨繩,用絣於木,則以利斧斫治令直。如是比丘生惡不善念,以善法念治斷滅止。如是比丘觀內身如身,觀外身如身,立念在身,有知有見,有明有達,是謂比丘觀身如身。復次,比丘觀身如身,比丘者,齒齒相著,舌逼上齶,以心治心,治斷滅止。猶二力士捉一羸人,處處旋捉,自在打鍛。如是比丘齒齒相著,舌逼上齶,以心治心,治斷滅止。如是比丘觀內身如身,觀外身如身,立念在身,有知有見,有明有達,是謂比丘觀身如身。

　　復次,比丘觀身如身,比丘者,念入息即知念入息,念出息即知念出息,入息長即知入息長,出息長即知出息長,入息短即知入息短,出息短即知出息短;學一切身息入,學一切身息出,學止身行息入,學止身行息出。[5] 如是比丘觀

---

[5]　這段經文實際上說到當息出時的「口行」,這顯然是文本上的訛誤,因此我修正為「身行」,與息入時所經歷的一致。

內身如身,觀外身如身,立念在身,有知有見,有明有達,是謂比丘觀身如身。

復次,比丘觀身如身,比丘者,離生喜樂,漬身潤澤,普遍充滿於此身中,離生喜樂無處不遍。猶工浴人器盛澡豆,水和成摶,水漬潤澤,普遍充滿無處不周。如是比丘離生喜樂,漬身潤澤,普遍充滿於此身中,離生喜樂無處不遍。如是比丘觀內身如身,觀外身如身,立念在身,有知有見,有明有達,是謂比丘觀身如身。

復次,比丘觀身如身,比丘者,定生喜樂,漬身潤澤,普遍充滿於此身中,定生喜樂無處不遍。猶如山泉,清淨不濁,充滿流溢,四方水來,無緣得入,即彼泉底,水自涌出,流溢於外,漬山潤澤,普遍充滿無處不周。如是比丘定生喜樂,漬身潤澤,普遍充滿於此身中,定生喜樂無處不遍。如是比丘觀內身如身,觀外身如身,立念在身,有知有見,有明有達,是謂比丘觀身如身。

復次,比丘觀身如身,比丘者,無喜生樂,漬身潤澤,普遍充滿於此身中,無喜生樂無處不遍。猶青蓮華,紅、赤、白蓮,水生水長,在於水底,彼根莖華葉悉漬潤澤,普遍充滿無處不周。如是比丘無喜生樂,漬身潤澤,普遍充滿於此身中,無喜生樂無處不遍。如是比丘觀內身如身,觀外身如身,立念在身,有知有見,有明有達,是謂比丘觀身如身。

復次,比丘觀身如身,比丘者,於此身中,以清淨心意解遍滿成就遊,於此身中,以清淨心無處不遍。猶有一人,被七肘衣或八肘衣,從頭至足,於其身體無處不覆。如是比丘於此身中,以清淨心無處不遍。如是比丘觀內身如身,觀

外身如身，立念在身，有知有見，有明有達，是謂比丘觀身
如身。

　　復次，比丘觀身如身，比丘者，念光明想，善受善持，
善憶所念，如前後亦然，如後前亦然，如晝夜亦然，如夜晝
亦然，如下上亦然，如上下亦然。如是不顛倒，心無有纏，
修光明心，心終不為闇之所覆。如是比丘觀內身如身，觀外
身如身，立念在身，有知有見，有明有達，是謂比丘觀身如
身。

　　復次，比丘觀身如身，比丘者，善受觀相，善憶所念，
猶如有人，坐觀臥人，臥觀坐人。如是比丘善受觀相，善憶
所念。如是比丘觀內身如身，觀外身如身，立念在身，有知
有見，有明有達，是謂比丘觀身如身。

　　復次，比丘觀身如身，比丘者，此身隨住，隨其好惡，
從頭至足，觀見種種不淨充滿，我此身中有髮、髦、爪、
齒、麁細薄膚、[6] 皮、肉、筋、骨、心、腎、肝、肺、大
腸、小腸、脾、胃、摶糞、腦及腦根、淚、汗、涕、唾、
膿、血、肪、髓、涎、痰、小便。猶如器盛若干種子，有目
之士，悉見分明，謂稻、粟種、蔓菁、芥子。如是比丘此身
隨住，隨其好惡，從頭至足，觀見種種不淨充滿，我此身中
有髮、髦、爪、齒、麁細薄膚、皮、肉、筋、骨、心、腎、
肝、肺、大腸、小腸、脾、胃、摶糞、腦及腦根、[7] 淚、

---

[6] 關於目前提及「麁細薄膚」，Glass 2007: 153ff 建議原始意義可能是
「肌腱和血管網絡」。

[7] 據 Kuan 2008: 211 n. 28 的註解說明，上述文字譯成「brain stem」（腦
根），指的是枕骨。

汗、涕唾、[8] 膿、血、肪、髓、涎、痰、[9] 小便。如是比丘觀內身如身，觀外身如身，立念在身，有知有見，有明有達，是謂比丘觀身如身。

復次，比丘觀身如身，比丘者，觀身諸界，我此身中有地界、水界、火界、風界、空界、識界。猶如屠兒殺牛，剝皮布地於上，分作六段。如是比丘觀身諸界，我此身中，地界、水界、火界、風界、空界、識界。如是比丘觀內身如身，觀外身如身，立念在身，有知有見，有明有達，是謂比丘觀身如身。

復次，比丘觀身如身，比丘者，觀彼死屍，或一、二日，至六、七日，烏鴉所啄，犲狼所食，火燒埋地，悉腐爛壞，見已自比：「今我此身亦復如是，俱有此法，終不得離。」如是比丘觀內身如身，觀外身如身，立念在身，有知有見，有明有達，是謂比丘觀身如身。

復次，比丘觀身如身，比丘者，如本見息道，骸骨青色，爛腐食半，骨鎖在地，見已自比：「今我此身亦復如是，俱有此法，終不得離。」如是比丘觀內身如身，觀外身如身，立念在身，有知有見，有明有達，是謂比丘觀身如身。復次，比丘觀身如身，比丘者，如本見息道離皮肉血，唯筋相連，見已自比：「今我此身亦復如是，俱有此法，終不得離。」如是比丘觀內身如身，觀外身如身，立念在身，有知有見，有明有達，是謂比丘觀身如身。

復次，比丘觀身如身，比丘者，如本見息道，骨節解

8　我的譯文是採用 Glass 2007: 162 的建議，讀作一個身分，其根據《大正藏》版的標點符號是二個身分。

9　關於「phlegm」（痰）的翻譯，我是採用 Kuan 2008: 211，n. 29。

散，散在諸方，足骨、膞骨、髀骨、髖骨、脊骨、肩骨、頸骨、髑髏骨，各在異處，見已自比：「今我此身亦復如是，俱有此法，終不得離。」如是比丘觀內身如身，觀外身如身，立念在身，有知有見，有明有達，是謂比丘觀身如身。復次，比丘觀身如身，比丘者，如本見息道骨白如螺，青猶鴿色，赤若血塗，腐壞碎粖，見已自比：「今我此身亦復如是，俱有此法，終不得離。」如是比丘觀內身如身，觀外身如身，立念在身，有知有見，有明有達，是謂比丘觀身如身。若比丘、比丘尼，如是少少觀身如身者，是謂觀身如身念處。

云何觀覺如覺念處？比丘者，覺樂覺時，便知覺樂覺。覺苦覺時，便知覺苦覺。覺不苦不樂覺時，便知覺不苦不樂覺。覺樂身、苦身、不苦不樂身；樂心、苦心、不苦不樂心；樂食、苦食、不苦不樂食；樂無食、苦無食、不苦不樂無食；樂欲、苦欲、不苦不樂欲。樂無欲覺、苦無欲覺、不苦不樂無欲覺時，便知覺不苦不樂無欲覺。如是比丘觀內覺如覺，觀外覺如覺，立念在覺，有知有見，有明有達，是謂比丘觀覺如覺。若比丘、比丘尼如是少少觀覺如覺者，是謂觀覺如覺念處。

云何觀心如心念處？比丘者，有欲心知有欲心如真，無欲心知無欲心如真，有恚，無恚，有癡，無癡，有穢污，無穢污，有合，有散，有下，有高，有小，有大，修，不修，定，不定，有不解脫心知不解脫心如真，有解脫心知解脫心如真。如是比丘觀內心如心，觀外心如心，立念在心，有知有見，有明有達，是謂比丘觀心如心。若有比丘、比丘尼如是少少觀心如心者，是謂觀心如心念處。

云何觀法如法念處？眼緣色生內結，比丘者，內實有結知內有結如真，內實無結知內無結如真，若未生內結而生者知如真，若已生內結滅不復生者知如真；如是耳、鼻、舌、身，意緣法生內結，比丘者，內實有結知內有結如真，內實無結知內無結如真，若未生內結而生者知如真，若已生內結滅不復生者知如真。如是比丘觀內法如法，觀外法如法，立念在法，有知有見，有明有達，是謂比丘觀法如法，謂內六處。

復次，比丘觀法如法。比丘者，內實有欲知有欲如真，內實無欲知無欲如真，若未生欲而生者知如真，若已生欲滅不復生者知如真，如是瞋恚、睡眠、掉悔。內實有疑知有疑如真，內實無疑知無疑如真，若未生疑而生者知如真，若已生疑滅不復生者知如真。如是比丘觀內法如法，觀外法如法，立念在法，有知有見，有明有達，是謂比丘觀法如法，謂五蓋也。

復次，比丘觀法如法。比丘者，內實有念覺支知有念覺支如真，內實無念覺支知無念覺支如真，若未生念覺支而生者知如真，若已生念覺支便住不忘而不衰退，轉修增廣者知如真，如是擇法、精進、喜、息、定。比丘者，內實有捨覺支知有捨覺支如真，內實無捨覺支知無捨覺支如真，若未生捨覺支而生者知如真，若已生捨覺支便住不忘而不衰退，轉修增廣者知如真。如是比丘觀內法如法，觀外法如法，立念在法，有知有見，有明有達，是謂比丘觀法如法，謂七覺支。若有比丘、比丘尼如是少少觀法如法者，是謂觀法如法念處。

若有比丘、比丘尼七年立心正住四念處者，彼必得二

果：或現法得究竟智，或有餘得阿那含。置七年，六……五
……四……三……二……一年……若有比丘、比丘尼七月立
心正住四念處者，彼必得二果：或現法得究竟智，或有餘得
阿那含。置七月，六……五……四……三……二……一月
……若有比丘、比丘尼七日七夜立心正住四念處者，彼必得
二果：或現法得究竟智，或有餘得阿那含。置七日七夜，六
……五……四……三……二……置一日一夜……若有比丘、
比丘尼少少須臾頃立心正住四念處者，彼朝行如是，暮必得
昇進；暮行如是，朝必得昇進。

佛說如是。彼諸比丘聞佛所說，歡喜奉行。

三、《增一阿含經》

〈壹入道品第十二〉（一）[10]

聞如是：

一時，佛在舍衛國祇樹給孤獨園。

爾時，世尊告諸比丘：「有一入道，淨眾生行，除去愁
憂，無有諸惱，得大智慧，成泥洹證。所謂：當滅五蓋，思
惟四意止。[11] 云何名為一入？所謂專一心，是謂一入。云何
為道？所謂賢聖八品道，一名正見，二名正治，三名正業，
四名正命，五名正方便，六名正語，七名正念，八名正定，

---

[10] EĀ 12.1 at T I 568a1-569b12; Nhat Hanh 1990: 168-177 和 Pāsādika 1998:
495-502 已將此經譯成英文。

[11] EĀ 12.1 中使用二個中文字，字面意義是「意止」，然而看起來確實是
譯自印度原文中巴利對應語 satipaṭṭhāna（念住）；參考 Hirakawa 1997:
491。

是謂名道，是謂一入道。」

云何當滅五蓋？所謂貪欲蓋、瞋恚蓋、掉戲〔悔〕蓋、睡眠蓋、疑蓋，是謂當滅五蓋。

云何思惟四意止？於是，比丘內自觀身，除去惡念，無有愁憂〔而自娛樂〕；[12] 外觀身，[13] 除去惡念，無有愁憂；內外觀身，除去惡念，無有愁憂。內觀痛痛而自娛樂，外觀痛痛，內外觀痛痛；內觀心而自娛樂，外觀心，內外觀心；內觀法，外觀法，內外觀法而自娛樂。

云何比丘內觀身而自娛樂？於是，比丘觀此身隨其性行，從頭至足，從足至頭，觀此身中皆悉不淨，無有可貪。復觀此身有毛、髮、爪、齒、皮、肉、筋、骨、髓、腦、脂膏、腸、胃、心、肝、脾、腎之屬，皆悉觀知。屎、尿、生熟二藏、目淚、唾、涕、血脈、肪、膽，皆當觀知，無可貪者。如是，諸比丘！當觀身自娛樂，除去惡念，無有愁憂。

復次，比丘！還觀此身有地種耶？水、火、風種耶？如是，比丘觀此身。復次，比丘！觀此身，分別諸界，此身有四種，猶如巧能屠牛之士、若屠牛弟子，解牛節解，而自觀

---

[12] 我補充「而自娛樂」，是順應於這詞語多次出現在文中，做為「無有愁憂」的結果。

[13] 此處經文對於外隨觀實際上重複了「自」的限定，但是對於內外隨觀則沒有出現相同限定。然而如果「內」和「外」都適用於自己本身，則結合二者的這種隨觀法也將同樣適用。這表明經文可能有訛誤，因為「自」的限定原本只適用於內隨觀而已，經文現況可能是由於口誦傳承中很常見錯誤的結果，故此「自」的限定意外地應用到下一個描述中。這個假設在身隨觀結尾的敘述得到證實，經中「自」的限定確實只適用於內隨觀。是故我修正這段經文，譯文猶如第二外隨觀不具有「自」的限定。

見此是脚，此是心，此是節，此是頭。如是，彼比丘分別此界，而自觀察此身有地、水、火、風種。如是，比丘觀身而自娛樂。

復次，比丘！觀此身有諸孔，漏出不淨。猶如彼人觀竹園，若觀葦叢。如是，比丘觀此身有諸孔，漏出諸不淨。

復次，比丘！觀死屍，或死一宿，或二宿，或三宿、四宿，或五宿、六宿、七宿，身體膖脹，臭處不淨。復自觀身與彼無異，吾身不免此患。若復比丘觀死屍，烏鵲、鵄鳥所見噉食；或為虎狼、狗犬、虫獸之屬所見噉食。復自觀身與彼無異，吾身不離此患。是謂比丘觀身而自娛樂。

復次，比丘！觀死屍，或噉半散落在地，臭處不淨。復自觀身與彼無異，吾身不離此法。復次，觀死屍，肉已盡，唯有骨在，血所塗染。復以此身觀彼身亦無有異。如是，比丘觀此身。復次，比丘！觀死屍筋纏束薪，復自觀身與彼無異。如是，比丘觀此身。

復次，比丘！觀死屍骨節分散，散在異處，或手骨、脚骨各在一處，或膊骨，或腰骨，或尻骨，或臂骨，或肩骨，或脇骨，或脊骨，或頸骨，或髑髏。復以此身與彼無異，吾不免此法，吾身亦當壞敗。如是，比丘觀身而自娛樂。

復次，比丘！觀死屍白色、白珂色。復自觀身與彼無異，吾不離此法，是謂比丘自觀身。

復次，比丘！若見死屍骨青瘀想，無可貪者，或與灰土同色不可分別。如是，比丘！自觀身除去惡念，無有愁憂；此身無常，為分散法。如是，比丘內自觀身，外觀身，內外觀身，解無所有。

云何比丘內觀痛痛？於是，比丘得樂痛時，即自覺知我

得樂痛；得苦痛時，即自覺知我得苦痛；得不苦不樂痛時，即自覺知我得不苦不樂痛。若得食樂痛時，便自覺知我得食樂痛；若得食苦痛時，便自覺知我得食苦痛；若得食不苦不樂痛時，亦自覺知我得食不苦不樂痛。若得不食樂痛時，便自覺知我得不食樂痛；若得不食苦痛時，亦自覺知我不食苦痛；若得不食不苦不樂痛時，亦自覺知我得不食不苦不樂痛。如是，比丘內自觀痛。

復次，若復比丘得樂痛時，爾時不得苦痛，爾時自覺知我受樂痛。若得苦痛時，爾時不得樂痛，自覺知我受苦痛。若得不苦不樂痛時，爾時無苦無樂，自覺知我受不苦不樂痛。彼習法而自娛樂，亦觀盡法，復觀習盡之法。或復有痛而現在前可知可見，思惟原本，無所依倚而自娛樂，不起世間想；於其中亦不驚怖，以不驚怖，便得泥洹：生死已盡，梵行已立，所作已辦，更不復受有，如真實知。如是，比丘內自觀痛，除去亂念，無有愁憂；外觀痛，內外觀痛，除去亂念，無有愁憂。如是，比丘內外觀痛。

云何比丘觀心心法而自娛樂？於是，比丘有愛欲心，便自覺知有愛欲心；無愛欲心，亦自覺知無愛欲心。有瞋恚心，便自覺知有瞋恚心；無瞋恚心，亦自覺知無瞋恚心。有愚癡心，便自覺知有愚癡心；無愚癡心，便自覺知無愚癡心。有愛念心，便自覺知有愛念心；無愛念心，便自覺知無愛念心。有受入心，便自覺知有受入心；無受入心，便自覺知無受入心。有亂念心，便自覺知有亂心；無亂心，便自覺知無亂心。有散落心，亦自覺知有散落心；無散落心，便自覺知無散落心。有普遍心，便自覺知有普遍心；無普遍心，便自覺知無普遍心。有大心，便自覺知有大心；無大心，便

自覺知無大心。有無量心，便自覺知有無量心；無無量心，便自覺知無無量心。有三昧心，便自覺知有三昧心；無三昧心，便自覺知無三昧心。未解脫心，便自覺知未解脫心；已解脫心，便自覺知已解脫心。如是，比丘心心相觀意止。

觀習法，觀盡法，并觀習盡之法，思惟法觀而自娛樂。可知、可見、可思惟、不可思惟，無所倚，不起世間想，已不起想，便無畏怖；已無畏怖，便無餘；已無餘，便涅槃：生死已盡，梵行已立，所作已辦，更不復受有，如實知之。如是，比丘內自觀心心意止，除去亂念，無有憂愁；外觀心，內外觀心心意止。如是，比丘心心相觀意止。

云何比丘法法相觀意止？於是，比丘修念覺意，依觀、依無欲、依滅盡，捨諸惡法。修法覺意、修精進覺意、修喜覺意、[14] 修猗覺意、修三昧覺意、修護覺意，依觀、依無欲、依滅盡，捨諸惡法。如是，比丘法法相觀意止。

復次，比丘！於愛欲解脫，除惡不善法，有覺、有觀，有猗念，樂於初禪而自娛樂。如是，比丘法法相觀意止。

復次，比丘！捨有覺、有觀，內發歡喜，專其一意，成無覺、無觀，念猗喜安，遊二禪而自娛樂。如是，比丘法法相觀意止。

復次，比丘！捨於〔喜〕念，[15] 修於護，恒自覺知身覺

---

[14] 此處經文再次提及念覺支，這是一個明顯錯誤，因此我以喜覺支來取代。根據七覺支的標準敘述，喜覺支應該是在這個位置，在《增一阿含經》其他處經文也可見到，參例 T II 741b3。

[15] 這裡問題的關鍵在棄捨喜，這點可見於其他四禪敘述在《增一阿含經》T II 582b8 或 T II 696c15，每一禪與此描述相比時，都有一些變化。

樂，諸賢聖所求，護念清淨，[16] 行於三禪。如是，比丘法法相觀意止。

復次，比丘！捨苦樂心，無復憂喜，無苦無樂，護念清淨，樂於四禪。如是，比丘法法相觀意止。彼行習法，行盡法，并行習盡之法而自娛樂，便得法意止而現在前。可知可見，除去亂想，無所依猗，不起世間想；已不起想，便無畏怖；已無畏怖，生死便盡；梵行已立，所作已辦，更不復受有，如實知之。諸比丘！依一入道眾生得清淨，遠愁憂，無復喜想，便逮智慧，得涅槃證。所謂滅五蓋，修四意止也。

爾時，諸比丘聞佛所說，歡喜奉行。

---

[16] 提及護念清淨似乎是意外複製適合第四禪用語的結果。

參考書目

Agostini, Giulio 2010: "'Preceded by Thought Are the Dhammas': The Ancient Exegesis on Dhammapada 1-2", in *Buddhist Asia 2, Papers from the Second Conference of Buddhist Studies Held in Naples in June 2004*, G. Orofino and S. Vita (ed.), 1–34, Kyoto: Italian School of East Asian Studies.

Anacker, Stefan 1984/2005: *Seven Works of Vasubandhu: The Buddhist Psychological Doctor*, Delhi: Motilal Banarsidass.

Anālayo 2003a: "Nimitta", in *Encyclopaedia of Buddhism*, W.G. Weeraratne (ed.), 7/1: 177–9, Sri Lanka: Department of Buddhist Affairs.

Anālayo 2003b: *Satipaṭṭhāna: The Direct Path to Realization*, Birmingham: Windhorse Publications.

Anālayo 2007a: "The Divine Messengers", in *Buddhist Studies in Honour of Venerable Kirindigalle Dhammaratana*, S. Ratnayaka (ed.), 15–26, Colombo: Felicitation Committee.

Anālayo 2007b: "Mindfulness of Breathing in the Saṃyukta-āgama", *Buddhist Studies Review*, 24/2: 137–50.

Anālayo 2009: *From Craving to Liberation: Excursions into the Thought-world of the Pāli Discourses*, 1: *From Craving to Liberation*, New York: Buddhist Association of the United States.

Anālayo 2010a: "Channa's Suicide in the Saṃyukta-āgama", *Buddhist Studies Review*, 27/2: 125–37.

Anālayo 2010b: *From Craving to Liberation: Excursions into the Thought-world of the Pāli Discourses*, 2: *From Grasping to Emptiness*, New York: Buddhist Association of the United States.

Anālayo 2010c: "Saccaka's Challenge: A Study of the Saṃyukta-āgama Parallel to the Cūḷasaccaka-sutta in Relation to the Notion of Merit Transfer", *Chung-Hwa Buddhist Journal*, 23: 39–70.

Anālayo 2010d: "Teachings to Lay Disciples: The Saṃyukta-āgama Parallel to the Anāthapiṇḍikovāda-sutta", *Buddhist Studies Review*, 27/1: 3–14.

Anālayo 2011a: *A Comparative Study of the Majjhima-nikāya*, Taipei: Dharma Drum Publishing Corporation.

Anālayo 2011b: "The Tale of King Ma(k)hādeva in the Ekottarika-āgama and the Cakravartin Motif", *Journal of the Centre for Buddhist Studies, Sri Lanka*, 9: 43–77.

Anālayo 2012a: "The Dynamics of Theravāda Insight Meditation", in *Fojiao chanzuo chuantong guoji xueshu yantaohui lunwenji* [*Buddhist Meditation Traditions: An International Symposium*], K. Chuang (ed.), 23–56, Taiwan: Dharma Drum Publishing Corporation.

Anālayo 2012b: *Excursions into the Thought-world of the Pāli Discourses*, Onalaska, WA: Pariyatti.

Anālayo 2012c: "The Historical Value of the Pāli Discourses", *Indo-Iranian Journal*, 55: 223–53.

Anālayo 2012d: *Madhyama Āgama Studies*, Taipei: Dharma

Drum Publishing Corporation.

Anālayo 2012e: "Protecting Oneself and Others through Mindfulness: The Acrobat Simile in the Saṃyukta-āgama", *Sri Lanka International Journal of Buddhist Studies*, 2: 1–23.

Anālayo 2012f: "Purification in Early Buddhist Discourse and Buddhist Ethics", *Bukkyō Kenkyū*, 40: 67–97.

Anālayo 2013a: "Defying Māra: Bhikkhunīs in the Saṃyukta-āgama", in *Women in Early Indian Buddhism: Comparative Textual Studies*, A. Collett (ed.), 116–39, Oxford: Oxford University Press.

Anālayo 2013b: "On the Five Aggregates (2): A Translation of Saṃyukta-āgama Discourses 256 to 272", *Dharma Drum Journal of Buddhist Studies*, 12: 1–68.

Anālayo 2014a: *The Dawn of Abhidharma*, Hamburg: Hamburg University Press.

Anālayo 2014b: "Perspectives on the Body in Early Buddhist Meditation", in *Proceedings of the International Conference on Buddhist Meditative Traditions*, Kuo-pin Chuang (ed.), Taipei: Dharma Drum Publishing Corporation.

Anālayo in preparation: "Asubha Gone Overboard: A Comparative Study of the Mass Suicide of Monks".

Arch, Joanna J. and M.G. Craske 2006: "Mechanisms of Mindfulness: Emotion Regulation Following a Focused Breathing Induction", *Behaviour Research and Therapy*, 44: 1849–58.

Baba, Norihisa 2004: "On Expressions regarding 'śūnya' or 'śūnyatā' in the Northern Āgamas and the Pali Commentaries", *Journal of Indian and Buddhist Studies*, 52/2: 946–4.

Bapat, P.V. 1926: "The Different Strata in the Literary Material of the Dīgha Nikāya", *Annals of the Bhandarkar Oriental Research Institute*, 8: 1–16.

Bareau, André 1962: "La légende de la jeunesse du Buddha dans les Vinayapiṭaka anciens", *Oriens-Extremus*, 9/1: 6–33.

Barua, Dipak Kumara 1971/2003: *An Analytical Study of Four Nikāyas*, Delhi: Munshiram Manoharlal.

Bechert, Heinz and K. Wille 2000: *Sanskrithandschriften aus den Turfanfunden*, 8, Wiesbaden: Franz Steiner.

Bechert, Heinz and K. Wille 2004: *Sanskrithandschriften aus den Turfanfunden*, 9, Wiesbaden: Franz Steiner.

Bendall, Cecil 1902/1970: *Çikshāsamuccaya: A Compendium of Buddhist Teaching Compiled by Çāntideva, Chiefly from Earlier Mahāyāna-Sūtras*, Osnabrück: Biblio Verlag.

Bernhard, Franz 1965: *Udānavarga*, 1, Göttingen: Vandenhoeck & Ruprecht.

Bingenheimer, Marcus 2011: *Studies in Āgama Literature, with Special Reference to the Shorter Chinese Saṃyuktāgama*, Taiwan: Shi Weng Feng Print Co.

Bishop, Scott R., M. Lau, S. Shapiro, L. Carlson, N.D. Anderson, J. Carmody, Z.V. Segal, S. Abbey, M. Speca, D. Velting, and G. Devins 2004: "Mindfulness: A Proposed Operational

Definition", *Clinical Psychology: Science and Practice*, 11/3: 230–41.

Bodhi, Bhikkhu 2000: *The Connected Discourses of the Buddha: A New Translation of the Saṃyutta Nikāya*, Boston: Wisdom Publications.

Bodhi, Bhikkhu 2011: "What Does Mindfulness Really Mean? A Canonical Perspective", *Contemporary Buddhism*, 12/1: 19–39.

Bodhi, Bhikkhu 2012: *The Numerical Discourses of the Buddha: A Translation of the Aṅguttara Nikāya*, Boston: Wisdom Publications.

Bowker, John 1991: *The Meanings of Death*, Cambridge: Cambridge University Press.

Brough, John 1962/2001: *The Gāndhārī Dharmapada, Edited with an Introduction and Commentary*, Delhi: Motilal Banarsidass.

Brown, Kirk Warren, R.J. Goodman, M. Inzlicht 2013: "Dispositional Mindfulness and the Attenuation of Neural Responses to Emotional Stimuli", *Social Cognitive and Affective Neuroscience*, 8/1:93–9.

Brown, Kirk Warren, R.M. Ryan, and J.D. Creswell 2007: "Mindfulness: Theoretical Foundations and Evidence for Its Salutary Effects", *Psychological Inquiry*, 18/4: 211–37.

Bühler, G. 1886: *The Laws of Manu, Translated with Extracts from Seven Commentaries*, Oxford: Clarendon Press.

Choong, Mun-keat 2000: *The Fundamental Teachings of Early*

Buddhism: A Comparative Study Based on the Sūtrāṅga Portion of the Pāli Saṃyutta-Nikāya and the Chinese Saṃyuktāgama, Wiesbaden: Otto Harrassowitz.

Chun, Marvin M. and N.B. Turk-Browne 2007: "Interactions Between Attention and Memory", *Current Opinion in Neurobiology*, 17: 177–84.

Cone, Margaret 1989: "Patna Dharmapada", *Journal of the Pali Text Society*, 13: 101–217.

Creswell, J.D., B.M. Way, N.I. Eisenberger, and M.D. Lieberman 2007: "Neural Correlates of Dispositional Mindfulness during Affect Labelling", *Psychosomatic Medicine*, 69: 560–5.

Deleanu, Florin 1992: "Mindfulness of Breathing in the Dhyāna Sūtras", in *Transactions of the International Conference of Orientalists in Japan*, 37: 42–57, Tokyo: Institute of Eastern Culture.

Deo, Shantaram Bhalchandra 1956: *History of Jaina Monachism, from Inscriptions and Literature*, Poona: Deccan College, Postgraduate and Research Institute.

de Silva, Padmal 2001: "A Psychological Analysis of the Vitakkasaṇṭhāna Sutta", *Buddhist Studies Review*, 18/1: 65–72.

Devacandra 1996: *Gang po la sogs pa'i rtogs pa brjod pa brgya pa*, Xining.

Dhammajoti, Bhikkhu K.L. 1995: *The Chinese Version of Dharmapada, Translated with Introduction and Annotations*, Colombo: University of Kelaniya, Postgraduate Institute of

Pali and Buddhist Studies.

Dhammajoti, Bhikkhu K.L. 2009: "The aśubhā Meditation in the Sarvāstivāda", *Journal of the Centre for Buddhist Studies, Sri Lanka*, 7: 248–95.

Dutt, Nalinaksha 1934/2000: *Pañcaviṃśatisāhasrika Prajñāpāramitā, Edited with Critical Notes and Introduction*, Calcutta: Bhattacharya.

Eimer, Helmut 1983: *Rab tu 'byuṅ ba'i gźi: Die Tibetische Übersetzung des Pravrajyāvastu im Vinaya der Mūlasarvāstivādins*, 2, Wiesbaden: Otto Harrassowitz.

Enomoto, Fumio 1989: "Śarīrārthagāthā: A Collection of Canonical Verses in the Yogācārabhūmi", in *Sanskrit-Texte aus dem Buddhistischen Kanon: Neuentdeckungen und Neueditionen Folge 1*, 1: 17–35, Göttingen: Vandenhoeck & Ruprecht.

Enomoto, Fumio 1994: *A Comprehensive Study of the Chinese Saṃyuktāgama, Indic Texts Corresponding to the Chinese Saṃyuktāgama as Found in the Sarvāstivāda-Mūlasarvāstivāda Literature*, 1: *Saṃgītanipāta, Kyoto: Kacho Junior College.

Enomoto, Fumio 1997: "Sanskrit Fragments from the Saṃgītanipāta of the Saṃyuktāgama", in *Bauddhavidyāsudhākaraḥ: Studies in Honour of Heinz Bechert on the Occasion of his 65th Birthday*, J.U. Hartmann et al. (ed.), 91–105, Swisstal-Odendorf: Indica et Tibetica.

Gethin, Rupert 1992: *The Buddhist Path to Awakening: A Study of the Bodhi-Pakkhiyā Dhammā*, Leiden: E.J. Brill.

Gethin, Rupert 2011: "On Some Definitions of Mindfulness", *Contemporary Buddhism*, 12/1: 263–79.

Ghosa, Pratāpacandra 1914: *Çatasāhasrikā-prajñā-pāramitā-sūtra: A Theological and Philosophical Discourse of Buddha with His Disciples*, Calcutta: Asiatic Society.

Glass, Andrew 2007: *Four Gāndhārī Saṃyuktāgama Sūtras: Senior Kharoṣṭhī Fragment 5*, Seattle: University of Washington Press.

Gnoli, Raniero 1977 (part 1), 1978 (part 2): *The Gilgit Manuscript of the Saṅghabhedavastu, Being the 17th and Last Section of the Vinaya of the Mūlasarvāstivādin*, Rome: Istituto Italiano per il Medio ed Estremo Oriente.

Gombrich, Richard F. 2009: *What the Buddha Thought*, London: Equinox.

Griffiths, Paul J. 1992: "Memory in Classical Indian Yogācāra", in *In the Mirror of Memory: Reflections on Mindfulness and Remembrance in Indian and Tibetan Buddhism*, J. Gyatso (ed.), 109–31, Albany: State University of New York Press.

Gunaratana, Henepola 1991/1992: *Mindfulness in Plain English*, Boston: Wisdom Publications.

Hamilton, Sue 1995: "From the Buddha to Buddhaghosa: Changing Attitudes towards the Human Body in Theravāda Buddhism", in *Religious Reflections on the Human Body*, J.M. Law (ed.), 46–63, Bloomington: Indiana University Press.

Hamilton, Sue 1996: *Identity and Experience: The Constitution of*

the Human Being according to Early Buddhism, London: Luzac Oriental.

Harmon-Jones, Eddie, L. Simon, J. Greenberg, T. Pyszczynski, S. Solomon, and H. McGregor 1997: "Terror Management Theory and Self-Esteem: Evidence that Increased Self-Esteem Reduces Mortality Salience Effects", *Journal of Personality and Social Psychology*, 72/1: 24–36.

Harrison, Paul 1997: "The Ekottarikāgama Translations of An Shigao", in *Bauddhavidyāsudhākaraḥ: Studies in Honour of Heinz Bechert on the Occasion of his 65th birthday*, J.U. Hartmann et al. (ed.), 261–84, Swisstal-Odendorf: Indica et Tibetica.

Harrison, Paul 2007: "A Fragment of the *Saṃbādhāvakāśasūtra from a Newly Identified Ekottarikāgama Manuscript in the Schøyen Collection", *Annual Report of the International Research Institute for Advanced Buddhology at Soka University*, 10: 201–11.

Hirakawa, Akira 1997: *Buddhist Chinese–Sanskrit Dictionary*, Tokyo: Reiyukai.

Hoffmann, Wilhelm and L. Van Dillen 2012: "Desire: The New Hot Spot in Self-control Research", *Current Directions in Psychological Science*, 21/5: 317–22.

Hölzel, Britta K., S.W. Lazar, T. Gard, Z. Schuman-Olivier, D.R. Vago, and U. Ott 2011: "How Does Mindfulness Meditation Work? Proposing Mechanisms of Action from a Conceptual and Neural Perspective", *Perspectives on Psychological*

Science, 6/6: 537–59.

Ireland, John D. 1990: *The Udāna, Inspired Utterances of the Buddha*, Kandy: Buddhist Publication Society.

Jaini, Padmanabh S. 1979/1998: *The Jaina Path of Purification*, Delhi: Motilal Banarsidass.

Jayawickrama, N.A. 1990: *The Story of Gotama Buddha: The Nidāna-kathā of the Jātakaṭṭhakathā*, Oxford: Pali Text Society.

Jones, Dhivan Thomas 2009: "New Light on the Twelve Nidānas", *Contemporary Buddhism*, 10/2: 241–59.

Jones, J.J. 1952/1976: *The Mahāvastu, Translated from the Buddhist Sanskrit*, 2, London: Pali Text Society.

Jurewicz, J. 2000: "Playing with Fire: The Pratītyasamutpāda from the Perspective of Vedic Thought", *Journal of the Pali Text Society*, 26: 77–103.

Kabat-Zinn, Jon 2011: "Some Reflections on the Origins of MBSR, Skillful Means, and the Trouble with Maps", *Contemporary Buddhism*, 12/1: 281–306.

Kabat-Zinn, Jon, L. Lipworth, and R. Burney 1985: "The Clinical Use of Mindfulness Meditation for the Self-Regulation of Chronic Pain", *Journal of Behavioral Medicine*, 8/2: 163–90.

Karunadasa, Y. 1967/1989: *Buddhist Analysis of Matter*, Singapore: Buddhist Research Society.

Karunadasa, Y. 2010: *The Theravāda Abhidhamma: Its Inquiry into the Nature of Conditioned Reality*, Hong Kong: University of Hong Kong, Centre of Buddhist Studies.

Kuan, Tse-Fu 2001: "The Four Satipaṭṭhānas in Early Buddhism", *Satyābhisamaya*, 17: 154–209.

Kuan, Tse-Fu 2008: *Mindfulness in Early Buddhism: New Approaches through Psychology and Textual Analysis of Pali, Chinese and Sanskrit Sources*, London: Routledge.

Kudo, Noriyuki 2009: "Or. 15009/101–150", in *Buddhist Manuscripts from Central Asia: The British Library Sanskrit Fragments*, S. Karashima et al. (ed.), 2: 169–98, Tokyo: International Research Institute for Advanced Buddhology, Soka University.

Lamotte, Étienne 1970: *Le Traité de la grande vertu de sagesse de Nāgārjuna (Mahāprajñāpāramitāśāstra)*, 3, Louvain-la-Neuve: Institut Orientaliste.

Lamotte, Étienne 1973/1993: "Three Sūtras from the Saṃyuktāgama concerning Emptiness", S. Webb-Boin (trsl.), *Buddhist Studies Review*, 10/1: 1–23.

Lévi, Sylvain 1925: *Vijñpatimātratāsiddhi: deux traités de Vasubandhu: Viṃsatikā (la Vingtaine), accompagnée d'une explication en prose et Trimsikā (la Trentaine) avec le commentaire de Sthiramati, original sanscrit publié pour la première fois d'après des manuscrits rapportés du Népal*, Paris: Librairie Ancienne Honoré Champion.

Lévi, Sylvain 1932: *Mahākarmavibhaṅga (La Grande Classification des actes) et Karmavibhaṅgopadeśa (Discussion sur le Mahā Karmavibhaṅga): textes sanscrits rapportés du Népal, édités et traduits avec les textes parallèles en sanscrit, en pali, en*

tibétain, en chinois et en koutchéen, Paris: Ernest Leroux.

Liu, Zhen 2010: *Dhyānāni tapaś ca*, Shanghai: Guji chubanshe.

Lutz, Antoine, H.A. Slagter, J.D. Dunne, and R.J. Davidson 2008: "Attention Regulation and Monitoring in Meditation", *Trends in Cognitive Sciences*, 12/4: 163–9.

Minh Chau, Thich 1964/1991: *The Chinese Madhyama Āgama and the Pāli Majjhima Nikāya*, Delhi: Motilal Banarsidass.

Muzzio, Isabel A., C. Kentros, and E. Kandel 2009: "What Is Remembered? Role of Attention on the Encoding and Retrieval of Hippocampal Representations", *The Journal of Physiology*, 587/12: 2837–54.

Ñāṇamoli, Bhikkhu 1956/1991: *The Path of Purification (Visuddhimagga) by Bhadantācariya Buddhaghosa*, Kandy: Buddhist Publication Society.

Ñāṇamoli, Bhikkhu 1982: *The Path of Discrimination (Paṭisambhidāmagga) Translated from the Pali*, London: Pali Text Society.

Ñāṇamoli, Bhikkhu 1995: *The Middle Length Discourses of the Buddha: A Translation of the Majjhima Nikāya*, Bhikku Bodhi (ed.), Boston: Wisdom Publications.

Ñāṇaponika Thera 1949/1985: *Abhidhamma Studies: Researches in Buddhist Psychology*, Kandy: Buddhist Publication Society.

Ñāṇaponika Thera 1968/1986: *The Power of Mindfulness*, Kandy: Buddhist Publication Society.

Ñāṇaponika Thera 1983: *Contemplation of Feeling: The Discourse-Grouping on the Feelings (Vedana-Saṃyutta)*

Translated from the Pali with an Introduction, Kandy: Buddhist Publication Society.

Nattier, Jan 2007: "'One Vehicle' (yi cheng) in the Chinese Āgamas: New Light on an Old Problem in Pāli", *Annual Report of the International Research Institute for Advanced Buddhology at Soka University*, 10: 181–200.

Nhat Hanh, Thich 1990: *Transformation & Healing: The Sutra on the Four Establishments of Mindfulness*, Berkeley: Parallax Press.

Norman, K.R. 1969: *The Elders' Verses: Theragāthā, Translated with an Introduction and Notes*, 1, Oxford: Pali Text Society.

Norman, K.R. 1992: *The Group of Discourses (Sutta-nipāta), Revised Translation with Introduction and Notes*, Oxford: Pali Text Society.

Norman, K.R. 1997/2004: *The Words of the Doctrine (Dhammapada), Translated with an Introduction and Notes*, Oxford: Pali Text Society.

Olendzki, Andrew 2009: "Mindfulness and Meditation", in *Clinical Handbook of Mindfulness*, F. Didonna (ed.), 37–44, New York: Springer.

Olendzki, Andrew 2010: *Unlimiting Mind: The Radically Experiential Psychology of Buddhism*, Boston: Wisdom Publications.

Olendzki, Andrew 2011: "The Construction of Mindfulness", *Contemporary Buddhism*, 12/1: 55–70.

Olivelle, Patrick 2002: "Deconstruction of the Body in Indian Asceticism", in *Asceticism*, V.L. Wimbush et al. (ed.), 188–210, New York: Oxford University Press.

Pāsādika, Bhikkhu 1998: "The Smṛtyupasthānasūtra of the Ekottarāgama (EĀ), Translated from the Chinese Version", in *Facets of Indian Culture: Gustav Roth Felicitation Volume, Published on the Occasion of his 82nd Birthday*, C.P. Sinha (ed.), 494–502, Patna: Bihar Puravid Parishad.

Pe Maung Tin 1976: *The Expositor (Atthasālinī): Buddhaghosa's Commentary on the Dhammasaṅgaṇī, the First Book of the Abhidhamma Piṭaka*, C.A.F. Rhys Davids (ed.), London: Pali Text Society.

Pischel, Richard 1904: "Bruchstücke des Sanskritkanons der Buddhisten aus Idyuktšari Chinesisch-Turkestān" and "Neue Bruchstücke des Sanskritkanons der Buddhisten aus Idyuktšari, Chinesisch-Turkestān", *Sitzungsbericht der Königlich Preussischen Akademie der Wissenschaften, Berlin*, 25: 807–27 and 1138–45.

Potter, Karl H. 1996: "A Few Early Abhidharma Categories", in *Encyclopaedia of Indian Philosophies*, 7: *Abhidharma Buddhism to 150 AD*, K. Potter et al. (ed.), 121–33, Delhi: Motilal Banarsidass.

Pradhan, P. 1967: *Abhidharmakośabhāṣya of Vasubandhu*, Patna: K.P. Jayaswal Research Institute.

Pyszczynski, Tom, J. Greenberg, S. Solomon, J. Arndt, and J. Schimel 2004: "Why Do People Need Self-Esteem? A

Theoretical and Empirical Review", *Psychological Bulletin*, 130/3: 435–68.

Radhakrishnan, S. 1953/1992: *The Principal Upaniṣads, Edited with Introduction, Text, Translation and Notes*, New York: Humanity Books.

Rahder, J. 1926: *Daśabhūmika et Bodhisattvabhūmi: chapitres Vihāra et Bhūmi, publiés avec une introduction et des notes*, Paris: Paul Geuthner.

Ronkin, Noa 2005: *Early Buddhist Metaphysics: The Making of a Philosophical Tradition*, London: RoutledgeCurzon.

Rupp, Heather A. and K. Wallen 2008: "Sex Differences in Response to Visual Sexual Stimuli: A Review", *Archives of Sexual Behaviour*, 37: 206–18.

Saddhāloka, Bhikkhu 1983: "The Discourse on the Foundations of Mindfulness", *Buddhist Friendship*, 12–13: 9–22.

Sakaki, Ryōzaburō 1926/1962: *Hon'yaku myōgi taishū* [*Mahāvyutpatti*], Tokyo: Suzuki Research Foundation.

Salmon, Paul, S. Sephton, I. Weissbecker, K. Hoover, C. Ulmer, and J.L. Studts 2004: "Mindfulness Meditation in Clinical Practice", *Cognitive and Behavioral Practice*, 11: 434–46.

Samtani, N.H. 1971: *The Arthaviniścaya-Sūtra and Its Commentary (Nibandhana) (Written by Bhikṣu Vīryaśrīdatta of Śrī-Nālandāvihāra), Critically Edited and Annotated for the First Time with Introduction and Several Indices*, Patna: K.P. Jayaswal Research Institute.

Sander, Lore and E. Waldschmidt 1985: *Sanskrithandschriften*

aus den Turfanfunden, 5, Stuttgart: Franz Steiner.

Schlingloff, Dieter 1964: *Ein Buddhistisches Yogalehrbuch*, Berlin: Akademie Verlag.

Schmidt-Leukel, Perry 1984: *Die Bedeutung des Todes für das menschliche Selbstverständnis im Pali-Buddhismus*, Munich: Missio Verlags- und Vertriebsgesellschaft.

Schmithausen, Lambert 1976: "Die vier Konzentrationen der Aufmerksamkeit, zur geschichtlichen Entwicklung einer spirituellen Praxis des Buddhismus", *Zeitschrift für Missionswissenschaft und Religionswissenschaft*, 60: 241–66.

Schmithausen, Lambert 2012: "Achtsamkeit 'innen', 'außen' und 'innen wie außen'", in *Achtsamkeit: ein buddhistisches Konzept erobert die Wissenschaft, mit einem Beitrag S.H. des Dalai Lama*, M. Zimmermann et al. (ed.), 291–303, Bern: Hans Huber.

Senart, Émile 1890: *Le Mahāvastu: texte sanscrit publié pour la première fois et accompagné d'introductions et d'un commentaire*, 2, Paris: Imprimerie Nationale.

Shaoyong, Ye 2009: "Or. 15009/201–250", in *Buddhist Manuscripts from Central Asia: The British Library Sanskrit Fragments*, S. Karashima et al. (ed.), 2: 227–57, Tokyo: International Research Institute for Advanced Buddhology, Soka University.

Sheng Yen 2006: *Attaining the Way: A Guide to the Practice of Chan Buddhism*, Boston: Shambhala.

Shukla, Karunesha 1973: *Śrāvakabhūmi of Ācārya Asaṅga*, Patna:

K.P. Jayaswal Research Institute.

Skilling, Peter 1993: "Theravādin Literature in Tibetan Translation", *Journal of the Pali Text Society*, 19: 69–201.

Skilling, Peter 1997: *Mahāsūtras: Great Discourses of the Buddha*, 2, Oxford: Pali Text Society.

Skilling, Peter 2007: "'Dhammas Are as Swift as Thought ...': A Note on Dhammapada 1 and 2 and Their Parallels", *Journal of the Centre for Buddhist Studies, Sri Lanka*, 5: 23–50.

Speyer, J.S. 1909/1970: *Avadānaçataka: A Century of Edifying Tales Belonging to the Hīnayāna*, 2, Osnabrück: Biblio Verlag.

Sujato, Bhikkhu 2005: *A History of Mindfulness: How Insight Worsted Tranquility in the Satipatthana Sutta*, Taipei: Corporate Body of the Buddha Educational Foundation.

Ṭhānissaro Bhikkhu 1996: *The Wings to Awakening: An Anthology from the Pali Canon*, Massachusetts: Barre Center for Buddhist Studies.

Ṭhānissaro Bhikkhu 2012: *Right Mindfulness: Memory & Ardency on the Buddhist Path*, California: Metta Forest Monastery.

Thiṭṭila, P.A. 1969: *The Book of Analysis (Vibhaṅga): The Second Book of the Abhidhammapiṭaka, Translated from the Pāli of the Burmese Chaṭṭasaṅgīti Edition*, London: Pali Text Society.

Thomas, E.J. 1927/2003: *The Life of Buddha as Legend and History*, Delhi: Munshiram Manoharlal.

Tripāṭhī, Chandrabhāl 1962: *Fünfundzwanzig Sūtras des*

Nidānasaṃyukta, Berlin: Akademie Verlag.

Tripāṭhī, Chandrabhal 1995: *Ekottarāgama-Fragmente der Gilgit-Handschrift*, Reinbek: Verlag für Orientalistische Fachpublikationen.

Vetter, Tilmann 2000: *The "Khandha Passages" in the Vinayapiṭaka and the Four Main Nikāyas*, Vienna: Österreichische Akademie der Wissenschaften.

von Gabain, Annemarie 1954: *Türkische Turfan-Texte*, 8, Berlin: Akademie Verlag.

von Hinüber, Oskar 1996/1997: *A Handbook of Pāli Literature*, Delhi: Munshiram Manoharlal.

von Rospatt, Alexander 1995: *The Buddhist Doctrine of Momentariness: A Survey of the Origins and Early Phase of This Doctrine up to Vasubandhu*, Stuttgart: Franz Steiner.

Waldschmidt, Ernst 1950: *Das Mahāparinirvāṇasūtra: Text in Sanskrit und Tibetisch, verglichen mit dem Pāli nebst einer Übersetzung der chinesischen Entsprechung im Vinaya der Mūlasarvāstivādins, auf Grund von Turfan-Handschriften herausgegeben und bearbeitet*, 1, Berlin: Akademie Verlag.

Waldschmidt, Ernst 1953: *Das Mahāvadānasūtra: ein kanonischer Text über die sieben letzten Buddhas, Sanskrit, verglichen mit dem Pāli nebst einer Analyse der in chinesischer Übersetzung überlieferten Parallelversion, auf Grund von Turfan-Handschriften herausgegeben*, 1, Berlin: Akademie Verlag.

Waldschmidt, Ernst 1965: *Sanskrithandschriften aus den*

Turfanfunden, 1, Wiesbaden: Franz Steiner.

Waldschmidt, Ernst 1967: "Zu einigen Bilinguen aus den Turfan-Funden", in *Von Ceylon bis Turfan, Schriften zur Geschichte, Literatur, Religion und Kunst des indischen Kulturraums, Festgabe zum 70. Geburtstag am 15. Juli 1967 von Ernst Waldschmidt*, 238–57, Göttingen: Vandenhoeck & Ruprecht.

Waldschmidt, Ernst 1971: *Sanskrithandschriften aus den Turfanfunden*, 3, Wiesbaden: Franz Steiner.

Walshe, Maurice 1987: *Thus Have I Heard: The Long Discourses of the Buddha*, London: Wisdom Publications.

Wayman, Alex 1982: "The Religious Meaning of Concrete Death in Buddhism", in *Sens de la mort dans le christianisme et les autres religions*, M. Dhavamony et al. (ed.), 273–95, Rome: Università Gregoriana Editrice.

Weber, Claudia 1994: *Wesen und Eigenschaften des Buddha in der Tradition des Hīnayāna Buddhismus*, Wiesbaden: Harrassowitz.

Wille, Klaus 1990: *Die handschriftliche Überlieferung des Vinayavastu der Mūlasarvāstivādin*, Stuttgart: Franz Steiner.

Wille, Klaus 2008: *Sanskrithandschriften aus den Turfanfunden*, 10, Stuttgart: Franz Steiner.

Winternitz, Moriz 1920/1968: *Geschichte der Indischen Literatur*, 2: *Die Buddhistische Literatur und die heiligen Texte der Jainas*, Stuttgart: K.F. Koehler.

Xuezhu, Li and E. Steinkellner 2008: *Vasubandhu's Pañcaskandhaka*,

Beijing/Vienna: China Tibetology Publishing House/ Austrian Academy of Sciences Press.

Zysk, Kenneth G. 1991: *Asceticism and Healing in Ancient India: Medicine in the Buddhist Monastery*, New York: Oxford University Press.

縮語表

AN	*Aṅguttara-nikāya*	《增支部》
As	*Atthasālinī*	《殊勝義注》
CBETA	Chinese Buddhist Electronic Text Association	《中華電子佛典協會》
D	Derge edition 德格版	《大藏經》
DĀ	*Dīrgha-āgama* (T 1)	《長阿含經》
Dhp	*Dhammapada*	《法句經》
Dhp-a	*Dhammapada-aṭṭhakathā*	《法句經注》
DN	*Dīgha-nikāya*	《長部》
EĀ	*Ekottarika-āgama* (T 125)	《增一阿含經》
EĀ²	*Ekottarika-āgama* (T 150A)	《七處三觀經》
Jā	*Jātaka*	《本生》
MĀ	*Madhyama-āgama* (T 26)	《中阿含經》
MN	*Majjhima-nikāya*	《中部》
Mp	*Manorathapūraṇī*	《滿足希求》
Paṭis	*Paṭisambhidāmagga*	《無礙解道》
Ps	*Papañcasūdanī*	《破除迷障》
Q	Qian-long (Peking) edition 乾隆北京版	《大藏經》
SĀ	*Saṃyukta-āgama* (T 99)	《雜阿含經》
SĀ²	*Saṃyukta-āgama* (T 100)	《別譯雜阿含經》
SHT	Sanskrithandschriften aus den Turfanfunden	《吐魯番出土梵文寫本》
Si	Sichuan Tanjur edition	《四川丹珠爾版本》

Sn	*Sutta-nipāta*《經集》
SN	*Saṃyutta-nikāya*《相應部》
Spk	*Sāratthappakāsinī*《顯揚真義》
T	Taishō (CBETA)《大正新脩大藏經》
Th	*Theragāthā*《長老偈》
Ud	*Udāna*《自說》
Vibh	*Vibhaṅga*《分別論》
Vin	*Vinayapiṭaka*《律藏》

索引

說明：
1. 本索引依英文版所列並加以編修。
2. 依性質分為一般索引、人名索引、地名索引、典籍索引與典籍出處索引，各依筆劃排序之。
3. 部分索引所列之頁碼，僅顯示該詞條之相關詞或相關概念，並非列出完全相同詞條。

一般索引

【一劃】

一入道、直接之道 *ekāyana*
　　24, 25, 26, 28, 36, 195,
　　234, 285, 310
一道、一入道、壹入道
　　one-going path　25, 195,
　　310, 311, 315

【二劃】

八正道、八聖道、八品道
　　eightfold path　27, 164,
　　174, 194, 195, 207, 211,
　　281, 310
了知 knows (*pajānāti*)　53
入出息念 mindfulness of
　　breathing　51, 52, 58, 65,
　　69, 71, 87, 257, 258, 262,
　　264-269, 283
入出息念十六行和四念住
　　the sixteen steps and four
　　satipaṭṭhānas　64,
　　263-266
入出息冷暖 cool or warm
　　breath　106
入出息念四步驟 four steps

64-66

修入出息念的地點和坐姿
place and posture 64

入出息念十六行 sixteen
steps 65, 257, 266, 268,
283

七寶 seven treasures 248, 249

七種心理素質 seven mental
qualities 228

十蓋 ten hindrances 214-217

十二支 twelve links 148

【三劃】

口誦傳承 oral transmission
52, 61, 65, 69, 195, 218,
311

【四劃】

不淨 impurity 56, 57, 69, 70,
81-87, 82, 102, 115, 120,
123, 175, 176, 185, 288,
306, 311, 312

不淨 *asuci* 84, 85

不淨 *bùjìng* 84, 98, 99, 212

不美好 lack of beauty (*asubha*)
70, 79, 84-86, 212

不執取 detachment 32, 70, 76,
78, 85-88, 97, 122, 137,
138, 149, 156, 158, 163,
246, 263, 264, 281, 286,
291-295, 297, 301

不善法 unwholesome states
46, 152, 154, 155, 172,
192, 207, 208, 212,
215-217, 228, 229,
236-241, 249-251, 253,
254, 261, 314

不善念 unwholesome thoughts
23, 57, 58, 122, 174-180,
182, 184, 189, 304

不善反應 unwholesome
reactions 40, 152, 177

不食（非世俗）受 unworldly
feelings 141-143, 147,
151, 153, 155, 199, 265,
294, 308, 313

僧人 monk 14

比較 compares (*upasaṃharati*)
53

火界 fire element 101, 104,
105, 112, 289, 307

五蘊 five aggregates 24, 112,

116, 191, 196, 197, 203

五欲 five senses　94, 138

五蓋 five hindrances　24, 25,
　　63, 64, 97, 195, 196, 199,
　　201-203, 206, 207, 209,
　　211, 213-215, 217-220,
　　222, 223, 230, 235, 236,
　　295, 297, 303, 309-311,
　　315

　　五蓋和七覺支 and
　　awakening factors　199,
　　203

　　五蓋對治法 antidotes　211,
　　215, 231

　　五蓋譬喻 similes　219-222

　　無五蓋譬喻 similes for
　　absence　221-223

五種方法 five methods　174,
　　180, 182

心、意 mind　130, 131

心受 mental feelings　143-147

心清淨 mental purity　59, 159,
　　181, 186

心理平衡 mental balance　30,
　　255, 273

心理健康 mental health　160

內心清明 mental clarity　213

孔竅 orifices　56

　　九孔 nine orifices　56

　　身有諸孔 bodily orifices
　　23, 55-57, 312

六入處 six sense-spheres　24,
　　164, 191, 200, 201, 203

六界 six elements　23, 55, 102

水界 water element　101,
　　103-105, 112, 289, 307

止 tranquillity (samatha)　45

【五劃】

生滅 arising and passing away
　　33, 127, 131, 159, 162,
　　195, 264

正覺、覺悟 awakening　33, 79,
　　109, 132, 135, 138, 160,
　　161, 163-165, 171, 179,
　　197, 201-203, 227, 228,
　　230, 242-244, 247,
　　249-251, 255, 266, 273,
　　277, 278, 281, 282, 303

　　佛陀正覺 of Buddha　132,
　　135, 171

　　毘婆尸佛正覺 of Buddha

Vipassī 197

舍利弗正覺 of Sāriputta
161, 163

正道上前進 progress on the
path 150, 278

平等、平衡 balance 30, 38, 83,
85-87, 99, 103, 105, 156,
177, 186, 187, 230, 241,
246, 254, 255, 273-277,
280, 281, 283

以心治心 forceful mind control
23, 55, 57, 304

四禪 four absorptions 23, 24,
55, 58-61, 76, 78, 153,
191, 192, 194-196, 202,
236, 238, 314, 315

四界 four elements 23, 55, 69,
70, 79, 101-103, 105-107,
112-116, 122, 193, 254,
265

四門遊觀 four encounters
133, 134

四聖諦 four noble truths 24,
191, 196, 198, 199, 203,
229, 281, 282, 300, 301

四正勤 four right efforts 164,

237, 238

未來世 future life 98, 111,
147

出家 going forth 133, 134,
157

必死性 mortality 135

【六劃】

如來 Tathāgata 126, 223, 247,
248, 271, 303

因果關係、因果關聯 causality
201

死亡 death 70, 71, 79, 95,
121, 122, 125-127,
131-139, 163, 203, 246,
257, 262

死亡天使 as a divine
messenger 134

死隨念 recollection of death
122, 126, 127, 136

死之現前 dying 136

地 earth 115

地界 earth element 101, 103,
105, 112, 114, 115, 137,
289, 307

自性 independent nature

(*svabhāva*)　107

光明 light　60, 181, 212, 213, 306

光明想 perception of light　23, 55, 60, 61, 306

名色 name-and-form (*nāma-rūpa*)　107

防護 protection　37, 40, 41, 43-45, 47

防護念 protective mindfulness　37, 40-43, 47, 48, 53

【七劃】

佛陀 Buddha　6, 12, 13, 35, 46, 52, 87, 96, 109, 110, 112, 126, 127, 132-134, 154, 155, 160, 161, 163, 209, 210, 218, 229, 242-244, 247, 257, 267, 270-275

身分 anatomical parts　23, 30, 39, 55, 57, 60, 61, 69, 70, 79, 81, 83-93, 97-99, 102, 105, 115, 122, 123, 138, 162, 176, 193, 216, 265, 307

身受 bodily feelings　141, 143-147, 159, 160, 163, 308

作意、注意、關注 attention　35, 48, 49, 74, 202, 273

弟子善聽／不善聽 disciples who do/don't listen　35, 271-273

我 self　104, 107-115, 193, 262

我慢 I-conceit　113

我見、認同 identity　70, 112, 172, 263

我所有 ownership　107, 112-114, 117

忘失念 loss of mindfulness　37, 39, 47, 54, 264

忘失念比丘 monk without mindfulness　37-39, 41

吠陀 Vedas　52, 148

【八劃】

受 feelings　29, 32-34, 75, 76, 108, 125, 137, 141-166, 192, 193, 198, 247, 257, 263, 265, 286, 294, 308, 311, 313, 314

捨受 neutral, painful,
　　pleasant　146, 153
無欲受 non-sensual　143,
　　147
欲受 sensual　143, 147
受入、成就 attainments
　　168-170, 280, 314
受影響身體 bodily effects of
　　feelings　145-146
定、三昧 concentration　28, 34,
　　35, 76, 96, 97, 153,
　　173-175, 181, 187,
　　194-196, 223, 238, 239,
　　241, 245, 246, 251, 305,
　　310
定覺支 concentration
　　awakening factor　225,
　　226, 230, 233, 238, 241,
　　245, 253, 300
直接之道 direct path
果報、後果 consequences　37,
　　47, 98, 112, 173
念 mindfulness (*sati*)　13, 23,
　　27-29, 37-54, 159, 160,
　　192, 193, 203, 206-209,
　　211, 217, 233, 239,

245-247, 253-255, 270
念定錨 anchoring　72, 257
念和五蓋 and hindrances
　　206-209
忘失念 loss of　37, 39, 47,
　　54, 164
死隨念 of death　122, 126,
　　127, 136, 262
身念住 of the body　45, 53,
　　58, 73-79
念住療效 therapeutic effects
　　160
錯誤的念住 wrong forms
　　207
念覺支 mindfulness awakening
　　factor　53, 225, 230, 233,
　　237, 249, 250, 299, 309,
　　314
念覺支如轉輪寶 as wheel
　　248
念住 *satipaṭṭhāna*
　　法念住 and dharmas　239
　　念住所緣多樣性 and variety
　　　　192, 193
　　念住為清淨之道 as path of
　　　　purification　24, 25

念住作為正念 as right mindfulness 173

念住定義 definition 29-31, 33, 34

四念住 four 24, 30, 33, 41, 43-45, 52, 53, 61, 64-66, 68, 141, 158-160, 167, 185, 191, 194, 197-199, 202, 203, 207, 223, 234, 237, 238, 246, 247, 257, 258, 263, 264-270, 273, 274, 277, 278, 283, 285, 301-303

內外念住 internal and external 35, 36, 87-89

念住結語 summary 36, 78, 79

三念住 three 202, 270, 272, 273, 283

依止 reliance 217

使、隨眠 underlying tendency (*anusaya*) 113, 114, 152-154, 159, 165

典籍發展、經典傳承 textual development 12, 61

性欲 sexual desire 90

昏沉嗜睡 sloth-and-torpor 160, 205, 212, 213, 215, 216, 218, 220, 222-224, 231, 233, 296

【九劃】

信心 confidence 137, 216-218

界 elements 23, 55, 69, 70, 79, 101-103, 105-107, 112-116, 122, 193, 254, 265

思 volition 178

思、意志 intention 46, 49, 112, 178

剎那 *khaṇa* 130

剎那心 mind-moment 148, 207

剎那論 momentariness 127-129

後設覺知 meta-awareness 203

姿勢 postures 55, 66-69, 72
入出息念的姿勢 for mindfulness of breathing 64, 65

審視身體部位 for reviewing
　　anatomical parts　82, 96

相 sign (*nimitta*) of anger　38,
　　216

風界 wind element　101,
　　104-106, 112, 115, 289,
　　307

食（世俗）受 worldly feelings
　　141-143, 147, 151, 154,
　　155, 199, 294, 308, 313

苦 *dukkha*　24, 113, 144,
　　147-150, 156, 162, 163,
　　166, 195, 198,199, 229,
　　250, 255, 262,263, 282,
　　286, 300, 301, 303

苦 pain　124, 145, 153,
　　158-160, 162, 192, 312,
　　313, 315

苦受 painful feelings　141-143,
　　145, 146, 150-153,
　　157-159, 162, 165, 294

降伏心 subduing the mind　57,
　　58, 178-180

【十劃】

息、呼吸 breath　33, 51, 63-65,

104, 106, 127, 258, 260,
　　262, 265-270

修治心 mind control　58

修行目的 goal of practice
　　282

病 sickness　93, 125, 133-134,
　　158-159, 242-244

病 illness　125, 159

　給孤獨之病 of
　　Anāthapiṇḍika　136, 137

　阿那律之病 of Anuruddha
　　159

　佛陀之病 of Buddha
　　242-244

　病舍裡的病比丘 of monks
　　in sick ward　158

涅槃 Nirvāṇa　24, 30, 132,
　　138, 172, 175, 188, 194,
　　195, 214, 215, 229, 230,
　　239, 240, 243, 256, 258,
　　263, 282, 285, 303, 314,
　　315

　涅槃特性 qualities of　282

造惡者 evil doer　134, 135

【十一劃】

第四行蘊 fourth aggregate
149
執著、貪執、執取 attachment
39, 41, 70, 86, 99, 103,
104, 113, 114, 122, 123,
138, 153-156, 164, 247
梵住 divine abodes
(brahmavihāra) 187
唯心論 idealism 107
貪 lust 34, 38-41, 159, 167,
183, 213, 294, 295
貪欲、感官欲望 sensual desire
37-39, 41, 43, 78, 89, 90,
92, 93, 97, 99, 123, 167,
169, 172, 173, 181, 183,
184, 205, 206, 210,
212-216, 220, 222, 230,
231, 294, 295, 308, 309,
311
　欲受 sensual feelings 143,
　147
欲、五種感官 senses 41, 54
掉 restlessness 214, 215, 217
掉悔 restlessness-and-
　worry 205, 206, 21-214,
　220, 222-224, 230, 231,

296, 309
掉、擾動、驚怖 agitation 32,
178, 215, 220, 232-235,
255
清明 clarity 54, 176, 213, 221,
224
深定 deep concentration 28,
78, 96, 99, 153, 195, 196,
245, 249
捨 equanimity 88, 153, 156,
187, 192, 246, 250, 251,
255, 256, 264
捨覺支 equanimity awakening
factor 225, 226, 230,
238, 241, 251, 253, 300,
309
捨、放下 letting go 159, 162,
163, 227-229, 249-253,
255, 256, 260-262, 264
捨受 neutral feelings 146,
153

【十二劃】

惡言、辱罵 abuse 114
無為相應 Asaṅkhata-saṃyutta
282

善法 wholesome state 45, 57, 76, 77, 154, 155, 181, 207, 213, 216, 217, 236, 237, 237, 238, 239, 240-242, 251, 253, 254, 268, 304

善念 wholesome thoughts 173, 175-177, 183

善聽 listening 35, 244, 272, 273

善巧受 commendable feelings 154

散亂、分心 distraction 47, 54, 74, 79, 167-170, 182, 183, 238, 255, 295

惡念 evil thoughts 29, 30, 32, 120, 121, 174, 175, 178, 179, 311, 312

結、羈縛、羈絆 fetters 113, 200, 201, 280, 298, 309

無常 impermanence (anicca) 33, 34, 36, 70, 78, 79, 119, 121, 123, 125, 126, 127-131, 139, 149, 155, 156, 158-163, 182, 194-197, 199, 254, 258-259, 261-266, 312

無我 not-self (anattā) 70, 107-109, 111, 112, 114, 117, 199, 257, 262, 263

無欲受、無欲覺 non-sensual feelings 142, 143, 308

喜覺支 joy awakening factor 225, 230, 237, 240, 241, 251, 253, 299, 300, 314

想行止息 stilling the thought-formation 178

滋養食 nourishment
七覺支滋養食 of awakening factors 236-238
五蓋滋養食 of hindrances 211-213

遊觀 encounters 133, 134

遊方者 wanderer 161

【十三劃】

慈 mettā 98, 187, 212, 213, 216

慈 benevolence 98, 187, 212, 213, 216, 275

慈 loving-kindness 98, 187, 216

愛、渴愛 craving 39, 75, 113,

147-150, 165, 168, 192,
196, 199, 227, 229, 249,
250, 313, 314

煩惱 defilements　28, 110, 147,
153, 163, 180, 181,
185-187, 201, 206-208,
211, 223, 227, 229, 268,
269, 280, 281, 283

解脫 liberation　27, 138, 153,
154, 163, 183, 187, 188,
194, 195, 199, 203, 265,
268, 278, 281-283

解脫 freedom　91, 97, 99, 113,
114, 163, 183, 195

心解脫 mental freedom
187, 188, 199

照 illumination　212, 213

業 karma　38, 96, 111, 112,
135, 156, 164, 181, 310

聖諦 noble truths　191, 198,
199, 229, 282, 300, 301

想 perception (saññā)　14, 46

當下 present moment　29, 31,
35, 38, 40, 47, 48, 50-54,
75, 86, 97, 98, 126, 127,
136, 139, 142, 147-149,

150, 159, 165, 166, 170,
174, 182, 187, 193, 203,
206, 208, 209, 213, 224,
233, 247, 262, 266, 270,
272-274, 277, 278, 281,
283, 301-303

經文訛誤、文本訛誤 textual
errors　195, 202

滅、滅盡、止息 cessation　128,
198, 226-229, 249-251,
258, 260-263, 314

滅、死亡 passing away　32, 33,
128, 129, 138, 196, 228,
264

【十四劃】

對治不善念 countering
unwholesome mental
states　57

腐壞 decay　119-124, 132, 135,
193, 293, 308

疑 doubt　110, 205, 206,
212-218, 220, 222-224,
230, 235, 237, 296, 309,
311

精進 energy　165, 174, 194,

211, 226, 227, 230, 232,
234, 236-246, 251,
253-255, 266, 309, 314

過於旺盛 excess 215

缺乏動力 lack of 215

心的動能 mental 213

精進覺支 energy awakening
factor 225, 230, 237,
240, 251, 253, 299

對立狀態 opposite conditions
171

實有論 realism 107

厭離、厭惡 repulsiveness 82,
83, 87, 88, 306

輕安覺支 tranquillity
awakening factor 225,
237, 253, 300

漸次法、漸進法 gradual
approach 174-184

漏出不淨 impure liquids 56,
57

【十五劃】

瞋、恚、瞋怒 anger 98,
167-169, 183-184, 205,
206, 212-218, 220,

222-224, 231, 234, 295,
296, 308, 309, 313

緣起 dependent arising (paṭicca
samuppāda) 107, 144,
147-151, 163, 165, 194,
212, 213, 250

憂、不樂、不滿 discontent 24,
28, 29, 34, 78, 264, 285,
286, 303

審觀 examines (paccavekkhati)
83, 86, 150, 192, 202

樂 happiness 38, 39, 41, 50,
58, 59, 73, 78, 90, 92-99,
108, 122-125, 138,
141-143, 150-156, 160,
162, 164, 165, 171, 173,
176, 181, 184, 192, 244,
246, 249, 258, 259, 260,
261, 263, 265, 270, 271,
277, 294, 305, 308, 313,
315

樂受 pleasant feelings 92, 95,
96, 141-143, 146, 150-159,
162, 165, 215, 216, 265,
294

輪迴 rebirth 188

憂、悲 sadness　153, 155, 156, 162, 192, 246, 271

憂、悔 worry　145, 162, 214, 215, 217, 310, 311

慧 wisdom　25-28, 44, 76, 79, 103, 104, 109, 113, 131, 139, 150, 154, 156, 158, 164, 165, 172, 184, 194, 223, 230, 244, 245, 264, 303, 310, 315

蓮花 lotus　59

隨念、憶念 recollection (*anussati*)　51, 57, 60, 121, 304, 305

　死隨念 of death　122, 126, 127, 136

　回憶過去世 of past lives　52

　六隨念 six　28

隨觀他身 contemplating others　35, 91

遲緩 sluggishness　220, 231-235

【十六劃】

閻羅王 King Yama　134, 135

禪那、禪定、禪 absorptions　58-61, 78, 97, 152, 153, 191-196, 202, 236, 238, 240-242, 244, 245, 251, 253, 260, 261, 314, 315

禪修、禪定、定 meditation　9, 13, 51-53, 63, 96, 99, 169, 181-183, 188, 194, 195, 208, 210, 213, 223, 224, 240, 244, 245

　禪修指導 instructions　14, 267

　禪修所緣境 object　213, 254, 266

　禪期 retreat　75

獨身 celibacy　89

擇法覺支 investigation-of-dharmas awakening factor　225, 230, 235, 237, 241, 253, 299

療癒、療效 medical healing　242

【十八劃】

轉輪王 universal monarch　247, 248

轉輪王 wheel-turning monarch
　　(*cakkavattin*)　247-249
離欲、無欲、離貪
　　dispassion/fading away
　　(*virāga*)　155, 156, 161,
　　226-229, 236, 243, 247,
　　249-253, 255, 261-263,
　　314

【十九劃】

識 consciousness (*viññāṇa*)
　　45

【二十劃】

覺支 awakening factors　52,
　　53, 203, 211, 212, 214,
　　217, 223, 225-227,
　　229-242, 244-247,
　　249-253, 255, 257, 265,
　　266, 270
　　覺支與療癒 and healing
　　　242
　　覺支與五蓋 and hindrances
　　　206-209
　　十四覺支 fourteen　214,
　　　239

覺支順序 sequence of　230
七覺支 seven　24, 52, 191,
　　197, 199, 201-203, 217,
　　223, 225, 227, 230, 231,
　　233, 234, 236, 238,
　　243-245, 247-253, 255,
　　265, 299, 300, 303, 309,
　　314
覺知、了知 awareness　29, 36,
　　40, 47-50, 54, 74, 75, 130,
　　185, 186
　　覺知身體 of body　38, 50,
　　69, 71, 72, 74, 75, 96, 97,
　　105, 106, 257
　　覺知變化 of change　36,
　　192
　　覺知他人 of others　35

【二十一劃】

魔波旬、魔羅、魔王 Māra　41,
　　77, 78, 109, 110
顧戀 emotional attachment
　　138

【二十三劃】

變異、變遷、轉變 change　36,

116, 128-131, 193, 194, 196,

【二十五劃】

觀 insight (*vipassanā*)　45

觀相 reviewing sign　23, 55, 60, 61, 306

人名索引

【三劃】

大目犍連 Mahāmoggallāna 160, 161, 163, 164,

【五劃】

世親 Vasubandhu　198, 209

【七劃】

阿那律 Anuruddha　28, 159

阿難 Ānanda　242, 243

【八劃】

舍利弗 Sāriputta　115, 137, 160-164, 253

法施 Dhammadinnā　151

【九劃】

毘婆尸佛 Buddha Vipassī 197

【十二劃】

喬達摩 Gotama　179

給孤獨 Anāthapiṇḍika　136

【十九劃】

羅睺羅 Rāhula　112, 267

地名索引

【八劃】

拘樓國 Kurus　285

迦蘭陀竹園 Squirrels' Feeding
　　Place　243

【十六劃】

劍磨瑟曇 *Kammāsadhamma*
303

典籍索引

【二劃】

《入出息念經》
　　Ānāpānasati-sutta　63, 64,
　　227, 237, 247, 252, 260,
　　261, 263-265, 270

《二種尋經》*Dvedhāvitakka-*
　　sutta　171, 173

【三劃】

《大乘阿毘達磨雜集論》
　　Abhidharmasamuccaya-
　　vyākhyā　229

《大乘五蘊論》
　　Pañcaskandhaka-

prakaraṇa　209

《大緣經》*Mahānidāna-sutta*
143, 148

《六處大經》
　　Mahāsaḷāyatanika-sutta
164

《念住大經》
　　Mahāsatipaṭṭhāna-sutta
198

《大智度論》
　　Mahāprajñāpāramitāśastra
127

【四劃】

《火經》*Aggi-sutta*　231-235,

252, 253

《六淨經》*Chabbisodhana-*
sutta 113, 114

《天使經》*Devadūta-sutta*
134

《中邊分別論》*Madhyānta-*
vibhāgabhāṣya 198

《六處分別經》
Saḷāyatanavibhaṅga-
sutta 35, 36, 270-273

《分別論》*Vibhaṅga* 30, 34,
69, 91, 148, 202

【五劃】

《本生經註釋》*Jātaka*
commentary 133, 134

《四十大經》
Mahācattārīsaka-
sutta 27, 211

【六劃】

《有明小經》*Cūḷavedalla-sutta*
151, 154

各部律 *Vinaya* 33, 63, 87,
132-134, 191, 257, 258,
260, 261

《自歡喜經》*Sampasādanīya-*
sutta 35, 36, 91

【七劃】

《身至念經》
Kāyagatāsati-sutta 57,
59-61, 63, 76, 78, 96, 97,
146

《私達迦經》*Sedaka-sutta*
275

《沙門果經》
Sāmaññaphala-sutta 221,
222

《阿毘達磨俱舍論》
Abhidharmakośabhāṣya
84, 84, 148, 208, 215, 272

【八劃】

《念住經》*Satipaṭṭhāna-sutta*
　《念住經》重誦 refrain
　31-36, 196, 197
　《念住經》翻譯 translation
　10, 13, 14, 285-315
　《念住經》版本 versions
　9-14, 23, 24, 56, 62, 143,
　168, 170, 191, 285-315

《長爪經》*Dīghanakha-sutta*
163

《舍利弗阿毘曇論》
Śāriputrābhidharma 31,
33, 56

《長老偈》*Theragāthā* 139

《勝經》*Vijaya-sutta* 56

《法蘊足論》*Dharmaskandha*
31, 34, 69

《法門經》*Pariyāya-sutta*
214-216, 239, 240, 244,
245, 253

【九劃】

《界分別經》*Dhātuvibhaṅga-*
sutta 103

《枳吒山邑經》*Kīṭāgiri-sutta*
155

《苦蘊大經》
Mahādukkhakkhandha-
sutta 95, 123-125

【十劃】

《根本說一切有部毘奈耶破
僧事》*Saṅghabhedavastu*
221

《師子吼大經》*Mahāsīhanāda-*
sutta 25-28

【十一劃】

《教誡給孤獨經》
Anāthapiṇḍikovāda-
sutta 136, 137

梵文《法句經》*Udānavarga*
98, 108, 135, 136, 171

【十二劃】

《無穢經》*Anaṅgaṇa-sutta*
124, 185, 186

《無礙解道》
Paṭisambhidāmagga 69,
147

《發智論》 *Jñānaprasthāna*
147

《象跡喻大經》
Mahāhatthipadopama-
sutta 114

《尋止息經》*Vitakkasaṇṭhāna-*
sutta 58, 174, 176-180,
182, 216

【十三劃】

《聖求經》*Ariyapariyesanā-sutta* 132

《傷歌邏經》
Saṅgārava-sutta
218-220

《經集》*Sutta-nipāta* 43, 56

《瑜伽師地論》
Yogācārabhūmi 43

【十五劃】

《摩奴法典》*Manusmṛti* 52

《摩犍提經》*Māgandiya-sutta*
92, 93, 96, 143

《箭經》*Salla-sutta* 163

【十六劃】

《闍尼沙經》
Janavasabha-sutta 34,
36

【十七劃】

《聲聞地》*Śrāvakabhūmi* 31,
68, 84, 105, 135, 251, 261

【十八劃】

《瞿默目犍連經》
Gopakamoggallāna-sutta 209

《薩遮迦大經》
Mahāsaccaka-sutta 179

【二十劃】

《譬喻大經》
Mahāpadāna-sutta 197

【二十三劃】

《癰經》 *Gaṇḍa-sutta* 56

典籍出處索引

【四劃】

《中部》*Majjhima-nikāya*

MN 5　124n6, 185n23

MN 10　76n30, 91n20, 285n1

MN 12　25n4, 26n5

MN 13   95n31, 123n5, 125n8, 9

MN 19   172n5, 6, 173n7

MN 20   57n3, 174n9, 10, 175n11, 177n12, 178n13

MN 22   146n7

MN 26   132n23

MN 28   114n27

MN 36   179n14

MN 43   193n4

MN 44   152n20, 151n21

MN 54   93n23-25, 94n26-28, 95n29, 30

MN 62   267n16

MN 66   97n35

MN 70   154n23

MN 74   143n1, 162n45, 46, 163n48

MN 75   92n21, 96n32

MN 99   188n26

MN 108   210n11

MN 109   111n19

MN 112   114n26

MN 117   27n9, 211n12

MN 118   63n13, 237n25, 245n37, 246n38-41, 260n3, 261n6, 264n11, 12, 265n14

MN 119   57n3, 58n5, 59n6-8, 63n12, 14, 76n30, 77n32, 96n33

MN 125   194n5

MN 130   134n32

MN 135   98n37

MN 137   155n24, 156n26-28, 271n24, 272n25, 273n27

MN 140   103n3, 104n5

MN 143   137n37

MN 149   164n50

《中阿含經》
Madhyama-āgama

MĀ 3   45n31

MĀ 24   115n29-31

MĀ 30   114n27

MĀ 35   279n40, 281n47

MĀ 51   68n19

MĀ 52   68n19

MĀ 53   68n19

MĀ 64   134n32

MĀ 74   207n3

MĀ 81   60n9, 10, 76n31,

96n33

MĀ 83　160n40

MĀ 86　262n7

MĀ 87　124n6, 185n23

MĀ 97　107n12, 143n1,
　148n9

MĀ 98　303n4

MĀ 99　95n31, 123n4

MĀ 101　57n3, 174n8

MĀ 102　171n4

MĀ 113　27n10

MĀ 117　132n25

MĀ 118　194n6

MĀ 145　210n10, 11

MĀ 152　188n26

MĀ 153　92n21, 96n32

MĀ 160　129n17

MĀ 162　103n2

MĀ 163　155n25, 271n23

MĀ 170　98n37

MĀ 187　114n24, 25

MĀ 189　27n9

MĀ 192　97n35

MĀ 195　154n22

MĀ 198　194n5

MĀ 200　146n7

MĀ 203　93n22

MĀ 204　132n22

MĀ 210　152n20, 153n21,
　193n4

【八劃】

《法句經》Dhammapada

Dhp 1　171n3

Dhp 41　136n34

Dhp 96　188n27

Dhp 279　108n15

Dhp 290　98n36

《長部》Dīgha-nikāya

DN 1　222n33

DN 2　221n30, 31, 222n33

DN 3　222n33

DN 14　197n10

DN 15　107n12, 143n1, 148n9

DN 18　35n27

DN 22　194n8

DN 28　36n29, 91n20

《長阿含經》Dīrgha-āgama

DĀ 2　68n18, 262n7

DĀ 4　30n15, 34n26

DĀ 10   207n3

DĀ 13   107n12, 143n1, 148n9

DĀ 18   35n28, 91n20

DĀ 20   222n33

DĀ 30.4   134n32

【九劃】

《相應部》*Saṃyutta-nikāya*

SN 4.14   273n27

SN 5.10   110n17, 18

SN 7.11   53n49

SN 12.2   49n36, 144n2

SN 12.61   131n20

SN 12.62   150n15, 16,
    151n18

SN 20.10   37n3, 38n5

SN 22.82   111n19

SN 22.95   116n34

SN 22.101   279n43, 280n44,
    45

SN 35.85   108n14

SN 35.95   39n9

SN 35.127   39n6, 89n17

SN 35.204   44n25, 27, 28

SN 35.206   72n24, 73n25

SN 36.3   165n52, 53

SN 36.6   144n4, 145n5

SN 36.7   159n35, 36

SN 36.12   157n29, 30

SN 36.14   157n31, 32

SN 43   282n51

SN 45.4   53n48

SN 46.2   212n14

SN 46.4   235n19, 20

SN 46.8   231n13

SN 46.14   243n33

SN 46.15   243n33

SN 46.16   243n32

SN 46.27   227n3

SN 46.38   244n35

SN46.40   230n10

SN 46.42   248n44

SN 46.51   212n14, 15

SN 46.52   214n20, 215n21,
    239n29

SN 46.53   231n16

SN 46.54   99n39

SN 46.55   219n26, 27,
    220n28

SN 47.4   185n21

SN 47.5   207n2

SN 47.6   42n17-20

SN 47.7 40n12, 41n13-15

SN 47.8 269n22

SN 47.10 278n39

SN 47.12 197n11

SN 47.14 9n3

SN 47.19 274n32, 33,
　275n34, 35

SN 47.20 74n27, 28

SN 47.42 202n16

SN 48.52 27n8

SN 52.1 88n15

SN 52.3 28n11

SN 52.10 160n38

SN 54.1 68n14

SN 54.6 267n15

SN 54.9 87n13

SN 54.10 268n20

SN 55.54 138n40

【十三劃】

《經集》 *Sutta-nipāta*

Sn 77 53n49

Sn 197 56n2

Sn 199 86n10

Sn 791 131n21

Sn 1035 43n23

【十五劃】

《增支部》 *Aṅguttara-nikāya*

AN 1.21 77n32

AN 3.35 134n32

AN 3.38 132n25, 134n31

AN 3.47 129n16

AN 3.100 180n16, 181n17,
　181n18, 181n19

AN 4.177 112n22, 113n23

AN 5.12 27n7

AN 5.28 66n10

AN 5.193 219n26, 27,
　220n28

AN 6.19 127n12

AN 6.26 28n12

AN 6.29 60n9

AN 6.43 194n6

AN 7.46 262n7

AN 7.48 89n18

AN 7.58 161n41, 43

AN 7.63 46n32

AN 7.67 279n43, 280n44, 45

AN 7.70 130n18

AN 8.19 279n41, 282n50

AN 8.73 127n12

AN 8.83 27n10

AN 9.11　115n29-31

AN 9.15　56n1

AN 10.20　43n21

AN 10.60　85n7

AN 10.61　68n19

AN 10.62　68n19

《增一阿含經》

Ekottarika-āgama

EĀ 12.1　122n3, 310n10, 11

EĀ 16.6　207n3

EĀ 17.1　106n10, 267n16

EĀ 21.2　227n1

EĀ 21.9　95n31, 123n5,
　　125n8, 9

EĀ 22.5　128n15

EĀ 25.6　124n6, 185n22

EĀ 28.4　105n8

EĀ 32.4　134n32

EĀ 37.6　115n28

EĀ 37.10　262n7

EĀ 39.4　45n31

EĀ 40.6　227n1

EĀ 40.8　126n10

EĀ 42.4　279n41, 281n49

EĀ 43.5　115n32

EĀ 49.5　49n36, 144n2

EĀ 50.6　25n3

EĀ 51.8　137n38

EĀ 52.7　43n21

【十八劃】

《雜阿含經》*Saṃyukta-āgama*

SĀ 58　111n19

SĀ 98　53n49

SĀ 232　107n13, 108n14

SĀ 263　279n42

SĀ 265　116n33

SĀ 271　207n3

SĀ 290　130n19, 150n14, 15

SĀ 305　164n49

SĀ 312　39n8

SĀ 465　112n21

SĀ 468　165n51

SĀ 470　144n3

SĀ 471　157n29, 31

SĀ 472　157n29, 31

SĀ 498　197n11

SĀ 536　88n14

SĀ 537　28n11

SĀ 541　160n37

SĀ 550　28n12

SĀ 609   202n16

SĀ 611   207n2

SĀ 615   278n39

SĀ 616   269n21

SĀ 617   41n16, 42n17

SĀ 619   274n31

SĀ 620   40n11

SĀ 621   185n21

SĀ 623   73n26

SĀ 639   9n3, 30n15

SĀ 654   27n8

SĀ 706   230n9

SĀ 713   214n19, 239n28

SĀ 714   231n15

SĀ 715   211n13, 212n14 ,16,
    236n21

SĀ 718   235n18

SĀ 719   230n11

SĀ 721   248n43

SĀ 727   242n31

SĀ 729   227n2

SĀ 743   98n38

SĀ 747   262n7

SĀ 769   53n49

SĀ 803   63n14, 258n1

SĀ 805   267n15

SĀ 809   87n13

SĀ 810   228n4, 237n25,
    245n36, 263n8, 265n14

SĀ 813   268n19

SĀ 890   282n51

SĀ 969   161n44, 163n47

SĀ 1028   159n34

SĀ 1032   137n36

SĀ 1122   138n39

SĀ 1165   39n6, 89n17

SĀ 1171   72n23, 72n25

SĀ 1175   44n24-26

SĀ 1202   110n17

SĀ 1246   180n15

SĀ 1260   37n2

SĀ2 203   163n47

SĀ2 218   89n17

SĀ2 264   53n49

國家圖書館出版品預行編目資料

從比較的觀點看念住的實修方法 /無著比丘(Bhikkhu
Anālayo)著;釋心承, 劉雅詩, 呂文仁譯. -- 初版. --
臺北市 : 法鼓文化, 2020.10
　　面;　　公分

譯自 : Perspectives on Satipaṭṭhāna
ISBN 978-957-598-865-4(平裝)

　1.佛教修持

225.7　　　　　　　　　　　109013000

法鼓文理學院譯叢 **4**
Dharma Drum Institute of Liberal Arts Translation Series 4

從比較的觀點看念住的實修方法
Perspectives on *Satipaṭṭhāna*

著者	無著比丘
譯者	釋心承、劉雅詩、呂文仁
主編	釋惠敏
出版	法鼓文化
總監	釋果賢
總編輯	陳重光
編輯	羅珮心
封面設計	黃聖文
地址	臺北市北投區公館路186號5樓
電話	(02)2893-4646
傳真	(02)2896-0731
網址	http://www.ddc.com.tw
E-mail	market@ddc.com.tw
讀者服務專線	(02)2896-1600
初版一刷	2020年10月
初版二刷	2023年5月
建議售價	新臺幣450元
郵撥帳號	50013371
戶名	財團法人法鼓山文教基金會—法鼓文化
北美經銷處	紐約東初禪寺
	Chan Meditation Center (New York, USA)
	Tel: (718)592-6593　E-mail: chancenter@gmail.com

Perspectives on *Satipaṭṭhāna*
@2013 by Bhikkhu Anālayo

In observance of the monastic rule and as an act of *dhammadāna*, Bhikkhu Anālayo
has waived any translation rights and royalty payments for this book.

Dharma Drum Institute of Liberal Arts Translation Series 4
First published in October 2020
Dharma Drum Cultural and Educational Foundation–Dharma Drum Publishing Corp.
5F., No. 186, Gongguan Rd., Beitou District, Taipei City, 112004 Taiwan
ALL RIGHTS RESERVED

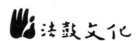